宫崎世民
回忆录

杨贵言 译

中国社会科学出版社

图书在版编目(CIP)数据

宫崎世民回忆录 /杨贵言译. —北京：中国社会科学出版社，
2012.5
ISBN 978 - 7 - 5161 - 0644 - 0

Ⅰ.①宫… Ⅱ.①杨… Ⅲ.①宫崎世民(1902～1985)—回忆录
Ⅳ.①K833.137＝5

中国版本图书馆 CIP 数据核字(2012)第 048294 号

宫崎世民回忆录　杨贵言译

出 版 人　赵剑英

责任编辑　郭晓鸿(guoxiaohong149@163.com)
责任校对　王应来
封面设计　李尘工作室
技术编辑　戴　宽

出版发行　中国社会科学出版社
社　　址　北京鼓楼西大街甲 158 号　　邮　编　100720
电　　话　010-84024577(编辑)　64058741(宣传)　64070619(网站)
　　　　　010-64030272(批发)　64046282(团购)　84029450(零售)
网　　址　http://www.csspw.cn(中文域名:中国社科网)
经　　销　新华书店
印　　刷　北京君升印刷有限公司　　装　订　廊坊市广阳区广增装订厂
版　　次　2012 年 5 月第 1 版　　印　次　2012 年 5 月第 1 次印刷
开　　本　710×1000　1/16
印　　张　17.75
字　　数　246 千字
定　　价　38.00 元

1976年11月19日，宫崎世民与夫人于荒尾矶山宫崎家墓碑前。

1977年9月29日，宫崎世民和夫人于成田机场。

1992年9月28日，宫崎千代于北京。

宇都宫德马于宫崎世民的葬礼上。

1959年10月22日夜中南海，毛泽东主席接见庆祝国庆节日本各界代表团，右起毛泽东、宫崎世民、片山哲。

1970年周恩来总理接见宫崎世民。

左起：宋庆龄、廖承志、宫崎世民、
西园寺公一。

1981年10月9日，宫崎世民于辛亥革命70周年之际访
华，受到叶剑英委员长的接见。

1966年11月，陈毅接见宫崎世民一行。

王震接见宫崎世民。

1981年10月9日，宫崎世民于辛亥革命70周年访华之际，受到邓颖超的接见。

宫崎世民与廖承志在一起。

宫崎世民与赵朴初在一起。

1981年11月，廖梦醒住院，左起：宫崎世民、李楣、廖梦醒，右起：廖承志、宫崎千代。

周恩来总理接见宫崎世民一行。

李先念、廖承志接见宫崎世民一行。

邓小平、廖承志接见宫崎世民一行。

序

此次，山西大学杨贵言先生将我丈夫宫崎世民的著作《宫崎世民回忆录》译成中文出版，不胜荣幸。

中国朋友们如果能通过这部书，加深对日中友好运动的理解，我相信安眠于黄泉之下的世民也会感到满意。

世民之父民藏，民藏之胞弟弥藏、寅藏（滔天）三兄弟，很早就对中国持有亲切感，对日中友好抱有一种特殊的信念。为此，曾参加孙中山先生所领导的辛亥革命的某些活动。他们与孙中山先生、廖仲恺先生、黄兴先生等均有很深的交情。世民作为民藏的长子被养育成人。他就是在那样一种环境下成长的。世民长大以后，就读于东京帝国大学法学部。毕业后，为了谋生，曾一度到保险公司就职。1937年，日中战争全面爆发之际，应国家招募，乘坐医院轮船"白山丸"，被送往上海。当时要按顺序入港，故在海上停泊三天。在船上举办过文艺演出，世民吟唱了王翰的《凉州词》："葡萄美酒夜光杯，欲饮琵琶马上催。醉卧沙场君莫笑，古来征战几人回。"关于这一事，他已写入回忆录中。由此可以体察到世民的心情及他如何反对战争。

如谈及世民的性格，很多人都说他非常固执。他是一位对自己信念坚守到底的人。战争结束后，他回到日本，但他喜爱中国的心情却一点儿都没有变。他从心底里感到日中友好很有必要。他对毛泽东主席的思想有共鸣，如赞成毛主席说的："人民，只有人民，才是创造世界历史的动力。"他把日中友好运动作为自己毕生的使命，与志同道合的人一起开创了日中友好的大业，并为完成这一友好事业奉献了自己的生命。当时，日本政府的立场是对美国"一边倒"，对人民渴望实现"日中两国邦交正常化"进行阻挠。在那个时代，世民是舍身拼命，以斗争的姿态送走日日夜夜的。

1993 年 6 月，在世民故乡熊本县荒尾市，由荒尾市民协助，在世民家宅地上建起了宫崎家先祖遗址纪念馆，同时恢复了孙中山先生访问他家时的场景，还设有资料馆，收集了反映日中友好发展情况的各种资料，可供后世子孙阅览和学习。

我认为日中友好系亚洲乃至世界和平与稳定的基础，作为日本人民的一种信念，应该沿着这条路世世代代走下去。这部中文版的书，与世民取得的日中友好运动的业绩一起，将收藏在纪念馆内，供更多人阅读，我作为其遗属，甚为高兴。

世民病故后，我的力量虽微不足道，但决心继承其日中友好的精神尽力而为。幸好我是医师，从事医疗工作。我虽不能在政治领域起什么作用，然而可在医疗方面，特别是在中西医结合的医疗活动中做些事情。日本开创了用于精神医学的森田疗法，我可为其在中国国内推广而开展一些力所能及的活动。从文化这个角度加深日中两国的友好关系，切望日中两国子子孙孙走和平的道路。

最后，请允许我在此对山西大学杨贵言先生所做出的努力和辛勤劳动表示由衷的、深切的谢意。是他将《宫崎世民回忆录》译成中文出版，使该书在中国人民中传播，获得中国人民的理解。

宫崎千代

1993 年 9 月 27 日于东京

（贾惠萱　译）

2

自 序

除了浩瀚无边的宇宙以外，万事万物都有始有终。人类的终点不知何时也会来临。然而，人们却忘记了自己迟早有一天也会死亡的事实，尽情地享受着生的快乐。一个人死亡了，同时却也获得了新生。如果世界没有变化，也就没有万物的存在，从而也就没有人类的历史。世界缺乏变化，人生就会显得平淡无奇，而变化太快，又会勾起人回忆往事。这就是人生。

我辞去日中友好协会的工作之后，就决定把自己的经历写成回忆录。人们常说的一个词叫大器晚成，我的情形可以说是小器晚成。从什么也不懂，到小学、中学、高中，直到进入大学，在初涉世事之后，又开始投身于日中友好运动，我把这些回忆及日中关系的前前后后写成几篇感想，整理成册奉献给读者。

既然开始写了，总希望能多几个读者。当时和一位朋友商谈，他说："如果是你写的回忆录，那肯定畅销，我可以帮助你。"其他的朋友则劝我说："写对现在的中国带有批评意思的文章没有用处，因为中国人即使不读你的回忆录，对实际情况自己也非常清楚。"

可是，我多少也了解一点现在的中国社会。在中国，不管怎么说，还是有言论自由的，但如果谁也不第一个开口，那么，就不会有震撼人心的破天荒的语言。再说，内情虽然自己清楚，但往往是短视的，而像我这样远距离地从外国人的角度看问题，也许看得更清楚。正如鲁迅说的那样，显微镜不能取代望远镜。我决定叙述有关用望远镜观察到的中国问题的想法。虽说如此，这也许还是有点类似于盲人摸象。

无论如何，我打算带着对日中友好的真情实感来撰写此书。其中也含有作为外国友人的直言，这与其说是为了日本读者，倒不如说是为了中国读者。写出来的东西如果真有一点参考价值的话，那我就感到无比欣慰了。

对于我来说，二三十年前翻译过萧乾先生以实录形式写的关于中国土改情况的一本书，并偶尔给报纸写些有关时事问题的文章，但是，能称得上自己著作的东西却一部也没有。这本《宫崎世民回忆录》如果没有青年出版社福井肇先生的帮助，恐怕就不会和读者见面了，在此特表谢意。

1984 年 3 月

译者序

宫崎世民（1902—1985），日本日中友好协会前理事长。熊本县人。宫崎滔天（曾协助孙中山在日本成立同盟会并任该会顾问）的侄子。毕业于东京帝国大学法律专业。早年在保险公司工作，曾参加该公司的"共济工会"以及"关东消费组合"的活动。1937年应征入伍，随侵华日军到过上海一带，1939年退伍返日本。1940年在上海经营发电厂，1946年回国。从50年代开始从事日中友好活动。多次访问中国。历任日本友好协会理事、常任理事、副会长、理事长等职。1985年8月19日病故。

《宫崎世民回忆录》所写的内容如作者在自序中所说："从什么也不懂，到小学、中学、高中，直到进入大学，在初涉世事之后，又开始投身于日中友好运动"，将"这些回忆及日中关系的前前后后"写成的"几篇感想"。全书分为两部六章。第一部是奇人传记，第一、二章回忆了家族史及本人学习的经历，第三、四章主要回忆了从事中日友好运动的经历。第二部是奇人奇语，第一章是向中国的直言，第二章是向日本的直言，主要是作者对中国问题和日本问题的感言。从内容上看，主要有以下几个方面：

一 史料珍贵

孙中山先生的革命是得到日本友人的帮助的，尤其是与宫崎寅藏的关系，很多史料都有记载，但孙中山先生秘密到荒尾宫崎家里的情况，却很少见史料提及。作者叙述孙中山先生来到宫崎家，"平常只在院内走动，不到院外去，为的是好隐蔽，以避人耳目。当时听说他被清政府悬赏追捕。寅藏叔父也和中山先生住在一起。"第二次1913年，"为了表示对援助过他革命活动的日本各界的谢意，他以铁路总局长的身份对日本进行了访问，顺便来到了荒尾我家，还住了一夜。"从这一点看，中山先生确实和宫崎家的关系不一般。

从事日中友好运动总是和中国的事情有关，"在日本，如果从事日中友好运动，每当遇到中国发生这种事的时候，我们都要体验一次大的困惑。"中国的"文化大革命"在国内轰轰烈烈地进行着，也有口号说北京是世界革命的中心，也有资料记载在外交场合要求外宾拿语录本等等的情况，但具体到外国的"文化大革命"到底是个什么情形，还很少见资料记载。本书中记述了由于"文化大革命"中中共和日共的分裂，协会内部也出现了两派的斗争情况。其中，如作者所说，"文化大革命"一闹起来，就出现了几个影响："第一，所谓的受中国不良影响的一部分人，根本不管两国的社会体制是如何的不同，而只是一味地模仿，也闹起了保皇派、走资派、造反派、三角帽、群众斗争、大字报等。第二，以前本来就敌视中国的一部分人，庆幸现在抓住了反面宣传的好材料而大写特写。……一般日本人也受敌视中国宣传的影响，认为中国这种国家经常发生一些事情，不知道将来还要发生什么事情，和这样不安定的国家发展友好不合情理。第三，协会内部（日共）的影响力增强了，而且还加深了和抗拒的社会党派系会员之间的对立。……第四，日共蜕变为反中国派，不得不和协会诀别。""文化大革命"初期，协会内部的一部分"革命"派，模仿"文化大革命"，骂"我们协会（正统）干部是'走资派'，'保皇派'，用'团体交涉'和大字报（墙报）进行攻击，最后还威胁说要让我们戴三角帽、上街游行。"诸如此类的记述还有，请读者自己读。

二 视角独特

作为一个外国人，对中国问题有自己的看法，有自己的视角。比如宫崎世民对毛主席的看法，他说"我至今仍然尊敬毛主席，认为他是优秀的马克思主义者、伟大的革命家。我对毛主席的评价是这样的：没有毛泽东就没有今天的中国，可是，不管说什么，毛泽东不是神。"这在当时中国国内还有各种各样的看法的时候，作为外国人有这样的看法，很不容易。又比如，对资本主义和社会主义的比较，就很精辟，资本主义"有钱就有势，有权也有势力；金钱能变成权力，权力能变成金钱。可是，结果，有权势的在金钱面前也抬不起头来。只要有钱，什么能力也没有的人，除了赚钱什么也不会的人，都是因为有钱而八面威风。""据说社会主义国家没有自由。那么，在资本主义国家就有自由吗？"像这样的叙述，书中比比皆是，读者可以自己去读。

三 对中国友好

中日关系是东亚国际关系中最重要的双边关系之一，中日关系的今天是许许多多中日有识之士努力的结果，宫崎世民就是其中一位，正如宫琦千代先生所说的那样，"他把日中友好运动作为自己毕生的使命，与志同道合的人一起开创了日中友好的大业，并为完成这一友好事业奉献了自己的生命。当时，日本政府的立场是对美国'一边倒'，对人民渴望实现'日中两国邦交正常化'进行阻挠。在那个时代，世民是舍身拼命，以斗争的姿态送走每个日日夜夜的"。他说，"我是以差不多和新中国同时诞生的日中友好协会为根据地，到去年年底前一直从事日中友好的人"，这是他看问题的出发点，字里行间体现了他对中国的友好。比如对台湾问题，他说："我自己深信中国对台湾问题的主张确实是有根据的，所以，为台湾回归中国做了两件事。"中日关系真正是"合则两利，离则两伤。"

四 中国共产党与日本共产党的关系

中国共产党与日本共产党已于 1998 年实现关系正常化，双方就"中方对于两党关系中由于受 20 世纪 60 年代国际环境和中国'文化大革命'等因素的影响而出现不符合党际交往四项原则特别是互不干涉内部事务原则的做法，已经作了认真的总结和纠正，日方对中方的真诚态度表示赞赏"这一表述达成共识，书中涉及的对日本共产党的评价等系作者个人观点。

最后，需要指出的是，作者所叙述的是日本的中日友好运动的情况，他是站在对中国友好的立场上看问题的，有些就类似于中国的观点，却又完全不像，对有些问题的叙述难免也有偏颇之处，这里就不一一指出了，还需要读者用自己的智慧来判断。

杨贵言

于兰州安宁家中

2011 年 3 月 15 日

4

目　　录

第一部　奇人传记

4

第二部　奇人奇语

第一部

奇人传记

熊本春秋

（一）我的故乡

宫崎的家

我 1910 年（明治 34 年）出生于熊本县玉名郡荒尾村（现在的荒尾市）。

故乡荒尾是个半农半渔的村庄，坐落在有明海的东海岸。有明海是内海，在九州中部。东海（中国东海）的海水环绕着众多岛屿，流过半岛形成有明海。

虽说是半农半渔，但是，平地狭小，村民多以渔业为生。孩子们对海要比对山有更多的亲近感。从村里远远望去，有明海的对面有两座山，一座是温仙岳，一座是多良岳。紧挨着这两座大山是一座小山，叫小岱山。小岱山海拔不足 1000 米，山上长满杂草树木。北临福冈县，过了福冈县就是在三池煤矿上发展起来的新兴工业城市大牟田。随着煤矿周围新建工厂的增多，大多数荒尾农民为了追求现金收入，开始放弃佃耕的水田和旱田，投身到煤矿当工人去了。

我们是朝朝夕夕眺望着温仙岳、多良岳及满载着煤炭往来于海上的小汽船长大的。村边有一片白净的向南北延伸的沙滩，这里是孩子们最理想的游乐场所。就是在这片沙滩上，村民们排成长队，提着灯笼，庆祝日俄战争获胜。这些事情，现在我还能隐隐约约地记得一些。

有时，我去赶海，从茫茫的海面上眺望我那遥远的村庄，有一种怯生生的感觉。我想起了祖母讲过的在腰间挂获物筐的年轻人的故事，不由得毛骨悚然。故事讲的是，那时候，有人在海岸边搭起竹篱笆，等待海潮退去之后，采集留在竹篱笆当中的小鱼等。当然，除了篱笆的主人之外，别人是不允许从中获取猎物的。可是有一个年轻男子犯了禁忌，被看守的人用矛刺破了肚子。被刺男子在泥水中拖着从腹部漏出的内脏逃走了。所以，每次去赶海的时候，都如同做梦一般，恍恍惚惚，有时甚至连涨潮都不知道，竟被海水淹没了。这时，可以看见有几个白白的贝壳漂流过来。据说，这是被刺男子的冤魂，他在提醒人们要小心危险，不要疏忽大意。这就是祖母讲的故事。

我家在村里算是旧式家庭，或者因为还残留着士族身份，比较受村民的尊敬。另外，祖父和他的几个孩子不但关心自己家里及地方上发生的事情，而且对一般村民关心的事情也有很大兴趣，对于国家大事以及外国的政治、文化等具有广泛的社会知识。每当村里发生纠纷的时候，村民们就来家里要求祖父从中调解，有时也要求祖父对国内外发生的大事件进行讲解、说明。受村民的尊敬和这种因素也是不无关系的。

据说，祖父长兵卫热衷和精通武术，而且还结成了二天一流①的流

---

① 剑术的一个流派。祖师是宫本武藏。二天是宫本武藏的法名。最初称为园明流。宫本50岁时住在江户，改称二刀一流。晚年，宫本迁至肥后，改成了现在的名称。因为用二刀，也称二刀流。——译者

派。为了修炼武艺，他曾周游列国。

祖父在村里大谷的山脚下有一座别墅。祖父把别墅周围的土地租借给从别处流浪来的部落民①。他爱护那些部落民，所以，渐渐地许多部落民都在大谷安家落户了。大谷原来是人烟稀少的地方，现在却变成了一个村庄。

在我童年时代，只要大谷的人因购物和其他事情来村里，可以肯定地说，都要顺便到我家来一趟。我家的女佣和保姆都是从大谷雇来的。因为大谷的人来家里的时候总要带些鸡、鸡蛋以及西瓜和梨等季节性水果，所以，我们很欢迎他们来。我家遇到诸如翻修房屋等重活需要人手的时候，总要向大谷求援。我已经把大谷的人当成了亲戚。大谷的人来村里时经常出入我家也觉得是很体面的事情，并以此为荣。

"不吃官饭"

祖父在我出生以前就死了。父亲的哥哥八郎在明治 10 年（1877年）的西南战争中战死，死在祖父之前。

八郎伯父，作为熊本协同队的中心人物在八代附近阵亡。接到这个阵亡通知的时候，祖父想了解八郎阵亡的最后详情，就请人进行调查。了解到八郎在人吉附近的秋原河堤上中了官军的子弹，身负重伤，正潜藏在附近的草丛中，不料被官军发现了。官军质问八郎："你不是肥后的宫崎八郎吗？"八郎伯父没有回答，官军武士挥起战刀，从眉间一刀劈下。事情的经过就是这样。

据说祖父听完这个报告后，顿足捶胸号啕大哭，大声喊叫说："宫崎家的人今后全都不吃官饭！"

---

① 日本的贱民，受歧视。——译者

祖母的故事

祖母佐喜在我七八岁的时候死去了。当时我正在外边玩耍,有人来叫我回家,这才知道祖母死了。

祖母虽说是女流,可也是个体格健壮的人。她坐的时候,总是把两掌握成拳头放在膝盖上。祖母为了查看自己家的山的现状,上山时总是走在最前面。据说乡里的人称赞祖母:"走在最前面的肯定是长兵卫的媳妇。"

我们兄弟之间打架、跑着追赶的时候,对我们来说,没有家里和外头的区别。从外头跑进家里,穿过客厅又追到屋外打闹,于是,祖母就挥起蝇拍或尺子大声训斥起来,她实在是个厉害的祖母。

比银行还放心

我家宅地大约有 5 段步(1500 坪)① 大小。靠后面有一棵一搂粗细的棕树,还有榎树和银杏等大树,周围有竹篱笆围着。宅地的周围种植很多品种的柑橘树和柿树等,到结果实的季节,孩子们比什么都快乐。

维持全家生计的是每年从佃户那里征收的 50 俵② 左右的佃租米。可是,这些佃租米越来越不够用了。家里做酱油什么的也用米,酱油做成,还曾让用人担着,母亲步行走在后面跟着去卖过。可是,家里米不够用的时候,就卖土地或者以土地做担保向人借钱买米。经常以土地做担保借钱,最后到底土地还剩了多少,连我们也不知道,所以借钱给我们的人就更不知道了。只是借钱给我们的人有这样一个认识,那就是:

---

① 段、坪都是面积单位。1 段=9.915 公亩=300 坪。5 段步约合 50 公亩。——译者
② 俵是草袋子、草包。——译者

"如果让宫崎给保管的话，比保管在银行还要放心。"

一家的开销除了生活费以外，还包括父亲从事土地复权运动的旅费，叔父弥藏、寅藏协助中国辛亥革命的活动费，以及随着我们兄弟的成长所必需的教育费用等。

宫崎家的家谱

幼年的时候，听到的和直接经历的有关祖父母的一些事情，现在还能清楚地记起，真是不可思议。可是，随着年龄的增长和见闻的扩大，有关家族的事情却全不记得了。

因此，为了备忘，有必要追溯一下宫崎家的家谱。这里，有很多地方参考了《祖国》杂志 1954 年 5 月号后藤是山执笔的《先觉宫崎民藏》一文。

宫崎家的家谱图如下：

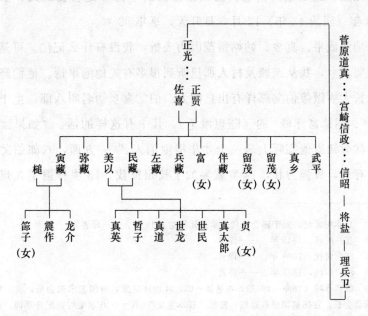

据宫崎家的家谱图，宫崎家是菅原道真的后裔，从道真起直到第

12 代信政，在承久^①年代，移民到筑前国三笠郡宫崎村，以宫崎为姓。以后，到了宫崎伊势守信昭，因为侍奉龙造寺隆信而移民到佐贺，其子宫崎将盐效忠锅岛胜茂，将盐的儿子宫崎理兵卫的四男弥次兵卫正光，在正保 4 年^②，移民到现在老家的一个叫肥后的玉名郡荒尾村。在宽文 7 年^③，曾得到细川的 1 两银 1 匹丝绸 20 石俸禄米。这以后经过数代，延续到了祖父长兵卫正贤。宫崎家是肥后城北地方的家世。

祖父长兵卫正贤也叫长藏，擅长剑术且为人耿直，1879 年（明治 12 年）升天，享年 62 岁。

祖母佐喜是玉名郡长州地方永屋清次的女儿，共生育 11 个儿女。据父亲民藏说，祖母在祖父修炼武艺、周游列国期间，养活着一家人，多亏了她有一个聪明的脑子和健康的身体。作为当时的地方女性，她的进取心和坚定信念是少有的。祖母把自己叫"谷之火"，自己是山上的火，自己的力量不能被世人知道，可是，孩子和孙子的力量，一定要让世人知道，这是她的信念。她相信自己的子孙都是善良的人。祖母在 1909 年（明治 42 年）12 月 5 日升天，享年 82 岁。

伯父武平、真乡、姑姑留茂因为夭折，我没有什么记忆。可是，关于伯父真乡，我从亲戚及村人那里听到很多有关他的事情。他们经常鼓励我长大要做像伯父那样有出息的人。伯父真乡幼名叫八郎，生于嘉永 4 年^④。据德富苏峰^⑤的《随想漫笔》，其中有这样的话："如果读他的诗，就会知道他实际上是一个才华横溢的人。"一方面，八郎伯父身高六尺有余，身强力壮，14 岁就参加了长州征伐，18 岁打遍了九州一带

---

① 日本中世纪，处于镰仓时代，承久元年是 1219 年。——译者
② 江户时代，1648 年。——译者
③ 江户时代，1668 年。——译者
④ 江户时代，1852 年。——译者
⑤ 德富苏峰（1863—1957），本名猪一郎，政治评论家，帝国艺术院会员，前大日本文学报国会会长。宣扬富国强兵思想，提倡"日本主义"。九·一八事变时，配合军部，宣传天皇主义思想，写了许多忠君黩武的传记故事。日本投降后，一度以甲级战犯被捕。后从事历史著作。代表作有《将来之日本》、《大日本膨胀论》等。——译者

的练武场，没有对手。年纪轻轻，游学东京，成了自由民权论者。为了反政府，组织了熊本协同队，参加西乡党，27 岁战死。下面一个同名的姑姑留茂，嫁给宫崎正谊。伴藏伯父，19 岁游学东京时客死他乡。姑姑富，嫁给筑地真俊。伯父兵藏、左藏早逝。父亲民藏，1928 年（昭和 3 年）8 月 15 日死去，终年 64 岁。叔父弥藏，1896 年（明治 29 年）7 月 4 日，在横滨学习汉语时客死他乡，享年 28 岁。叔父寅藏，号滔天，1922 年（大正 11 年）12 月 6 日死于东京，享年 51 岁。

母亲美以是福冈县三池出身，是立花小一郎的妹妹。立花小一郎后来做了陆军大将、男爵，退职后历任贵族院议员、福冈市长等，是父亲的密友。母亲美以毕业于德富苏峰、德富芦花兄弟俩的伯母竹崎顺子创立的熊本大江女子学校，是基督教徒，也是祖母信仰上的朋友。父母于 1872 年（明治 25 年）夏天结婚，父亲 29 岁，母亲 20 岁。

1893 年，长女贞出世了。姐姐毕业于津田私塾，长期做英语教师。1983 年死去。长男真太郎生于 1896 年，夭折。我自己正如前面已经写过的，1901 年，作为二男出生了。这以后，又有三男世龙、四男真道、二女哲子、五男真英出世。到 1912 年（明治 45 年），共生了五男二女。

来过我家的人们

在我上小学一、二年级的时候，发生了震惊世界的某一大逆事件①。我家也被卷进了这个旋涡中。这是由父亲的土地复权运动造成的。父亲和高知的新贝卯一郎、坂本清马、熊本的松本卯一太等这几个当时被认为是危险的人物有朋友关系。

这些所谓的危险人物有的曾经来过我家，所以，我还能记起其中一

---

① 1910 年，有数名社会主义者、无政府主义者被当作制定暗杀明治天皇计划的嫌疑犯而遭逮捕。其中 26 名被以大逆罪起诉，除 4 名以外，其他人根本就没有找到什么犯罪证据，可结果却宣判他们为死刑。第二年，幸德秋水等 12 名"罪犯"被处死。——译者

二人的面孔。

可是，父亲的土地复权运动的出发点是天赋人权说，我想另章叙述。那既不是共产主义，也不是无政府主义。

这个大逆事件，和美国的尼古拉·萨科及巴尔托洛梅奥·万斯埃庭事件①、法国的阿尔弗雷德·德雷弗斯事件②一样，纯属凭空捏造的事实。是对当时才萌芽的社会主义运动大镇压的事件，这正如后来所判明的那样。

（二）因大逆事件被抄家

1910 年夏

事情发生在 1910 年（明治 43 年）7 月底。连日来天气晴朗，赤日炎炎，栖息在房屋周围树木上的油蝉，伴随着冉冉升起的朝阳，一齐发出鸣叫。即使没有油蝉的叫声，酷热的气候就已经使人大脑发昏；加上蝉的叫声，情景更是可想而知。

---

① 1920 年 4 月，美国马萨诸塞州波士顿近郊鞋场的经理部长和守卫被杀，抢走约 15000 美元现金。事件发生后，意大利移民尼古拉·萨科和巴尔托洛梅奥·万斯埃庭作为嫌疑犯遭逮捕。审判的结果，认定他们两个人有罪，按一级杀人犯处理。这个事件既有第一次世界大战后俄国十月革命的影响，也有当时美国对外来左翼思想的不宽容的影响。对此事件持反对意见的人士主张，指定被告是无政府主义者并没有充分的证据，只是由于偏见而判被告有罪，所以要求重新审理此案。判刑没有立即执行。可是，到 1927 年 8 月，州长和州长咨询委员会都发表意见，一致认为审判公正，应维持原判。不久，判刑就被执行了。辛克莱的小说《波士顿》（1928）就是以此事件为素材创作的。——译者

② 1894 年，在法国发生犹太人陆军大尉德雷弗斯被怀疑向德国出卖法国军事情报的事件。德雷弗斯遭逮捕，被问成叛国罪。他否认自己有罪。军事法庭判他终身流放，并剥夺了他的军籍，流放到南美洲圭亚那的恶魔岛。这一事件在法国社会引起了很大的反响，形成支持和反对的两个阵营。1906 年，最高法院推翻原判，宣布德雷弗斯无罪。——译者

从明天起，盼望已久的暑假就要到了。虽说由于农村生活的贫穷，不能像有身份的人那样去海滨浴场和避暑胜地度假，但是，不管怎么说，在前一天，也就是第一学期的最后一天，想到可以不用去学校了，在假期里能够尽情地玩耍，就有一种如释重负的感觉，不由得情绪激动，心魂荡漾。

今天正好去学校，我打算听一听老师关于暑假生活的各种注意事项，然后，再把放在课桌抽屉里的笔和砚，以及老师用红笔改过并加了评语的习字和图画本带回家。可是，我一脚门里一脚门外正要出去上学的时候，被一个男子从后面用双手拦腰抱住，说我不能到外头去。我在出门以前，看见有几个不认识的男子来到家里，不知和母亲谈什么，我当时还不太想离开家；从后面抱住我的就是他们当中的一个人。

傲慢无礼

我当时深信去学校上课是"学生神圣不可侵犯的权利"，当然奋力反抗。我连咬带踢，暴跳如雷地乱闹，最后还是被他们轻而易举地带回来了。然后，他们开始抄家，把家整个搜了个遍。当发现他们认为有用的东西时，像头目的男子就向母亲走过来，用极其傲慢的腔调问这问那，说："喂！美以（母亲的名字），来一下，这是什么？"

他们剥掉榻榻米①，把壁橱里的东西全部拖出来，乱扔在地下。最后挖开床下的土，甚至连厕所的粪坑也乱翻了一遍。没收了一些无聊的东西，诸如书架上父亲藏书中有关法语、催眠术等书籍，以及母亲放进茶罐罐漱口用的硼酸之类。当时，在家的人除母亲以外，只有我们兄弟四个，全都是幼小的儿童。因为当时没有任何依赖，所以，我有作为一个人的使命感，我始终跟在母亲左右。我渐渐了解到这些不认识的男人

———————————————

① 日本房间铺在地板上的草席、草垫。——译者

是从熊本县检察厅来的。到了吃中午饭的时候，他们停止了翻搜活动。因为太热，先是那个头目去了井边，脱光衣服，裸露出骨瘦如柴的身体，坐在井边的台阶上，让部下用吊桶打水给他浇洗。我们几个幼小的兄弟在旁边看着这一切。实际上，在水井里，有我们昨天晚上用竹筐子盛着浸凉的西瓜。看见这些陌生的男人水浴，兄弟们都开始担心起西瓜的安全问题了，急忙央求着要拿出来吃，我只好耐心地劝解。一吃完中午饭，他们又开始旁若无人地粗暴地搜查，直搜到天黑。

天一黑，白天在家周围震耳欲聋地鸣叫着的蝉的声音也突然停止，全都安静下来了。有两个检察厅的人留下来值夜班，其他人都撤回去了。

天黑之后，有个老人提着灯笼来到我家门前。门前有两棵大松树，从今天早晨起，这两棵松树之间就被用绳子张着了，差不多有点像发生赤痢、伤寒等传染病时的情景。每当传染病发生，哪家门口就被拉着绳子，以示隔离。老人提着灯笼钻过绳子想进来，被值夜班的检察厅的人发现了，问老人："谁？什么事？"老人说："我是左泽太村长，听说宫崎家发生了什么事，所以，想来探望探望。发生了什么事？""不行，不行，谁也不许进去。"村长嘟嘟囔囔地说了些什么，就沮丧地离开了。

干松鱼①·检察厅·训示

由于这一突如其来的事件，家里被折腾了一整天，而且还有留下的两个"客人"，所以，做什么事也没有情绪，就早早地撑开蚊帐睡了。两个"客人"老老实实地呆在铺木板的走廊上，似乎对我们也不干涉。只是他们为了防止凶猛的蚊子大军的攻击，一会儿用手巾把头和脚缠起

---

① 干松鱼，调味用。——译者

来，一会儿用手掌拍打，看样子一晚上没有睡觉。

可是，到了第二天才知道，在这种令人讨厌的紧张气氛中，昨天夜里，发生了一件滑稽可笑的事。我家厨房附近的小房间住着女佣人，她感觉有年轻男子向她的房间靠近，她想"噢，原来是……"于是，她就采取了警戒的措施。年轻男子压低声音说："没有蚊帐吗?"糊涂的女佣人，把蚊帐错听成干松鱼①，她穿好衣服后，从橱柜里拿出干松鱼盒给了那个男子——实际上是警察。对方无奈，只好抱着那个干松鱼盒回到廊下。这两个警察是可怜的，可对我们家人来说，觉得滑稽可笑——虽然这样说，可是也不能发出大的声音，只好唏唏地窃笑。"蚊帐"一词，警察如能用当地话说，而不用拘谨生硬的发音，就会避免这一误会。

这样，警察对我家连续彻夜监视了数日。当然，母亲借给了他们蚊帐。

几天后，熊本检察厅派人给我家送来了传票。母亲背着最小的孩子去了检察厅，只是接受了二三次讯问，几天后就回来了。母亲对发生的这一系列事件，只说了一句"父亲不应该做那种坏事"。对孩子们并没有做什么说明。

暑假结束了。我唱着"在万里晴空里，美丽的蜻蜓—蜻蜓、蜻蜓，长江蜻蛉，雌的长江蜻蜓回来了啊，等着配偶来到我的身旁"这首歌，高高兴兴地去学校。校长先生挂着一个长如拐杖的竹竿，站在那操场上集合起来的全校师生员工队伍面前，用和平时完全不一样的死板表情进行训话。他说："在我日本，发生了像大逆事件这种难以言喻的不祥事件。而且，遗憾之至的是，我熊本县也出了这样可恶之极的人。"校长的训示持续了很长时间，我听着听着，身子缩成了一团，心里暗暗地祈祷着校长的训示能早一点结束。

---

① 日语的"蚊帐"和"干松鱼"读音相近。——译者

挨训斥

少年时代挨训斥的事印象格外深刻,所以,至今记忆犹新。

因为我家在学校附近,所以,午饭可以回家吃。正如前面叙述的那样,在我家的后面,有竹林,还有一棵朴树,很适合攀爬。有一天,我和附近淘气的伙伴一起攀上这棵树,不顾一切地摘取朴树的果实,然后放进同伴的胸前衣服里。正在这时,传来了学校下午上课的钟声,我们两人慌慌张张滑下树,直接往学校跑,可是,当我们跑到学校的时候,已经开始上课了。走进教室,老师瞪着可怕的眼睛让我们两人老老实实的站在门口,把带子解开。这一下可糟了,朴树果啪啦啪啦全部从怀中掉到地下。我们就那样一直被罚站在门口。

(三)孙中山先生来访

1912 年,我 11 岁的时候,孙中山先生来了日本。这是孙中山先生第二次访日。

中山先生第一次来荒尾是 1901 年,就是我刚出生的那一年。父亲从 1897 年(明治 30 年)以来,大约有五年不在家,他去海外游历美国、英国和法国。当时大姐贞才 7 岁左右,寅藏叔父一家住在村边的矶山。节子就是在那里出生的。叔母槌子(娘家是前田家)为了一家人的生计雇用老庄(矢野庄三)来家烧炭。寅藏叔父秘密地带着中山先生来到家里,让客人住在铺着毛毯的内客厅。槌子叔母每天都过来,用在女校学的英语接待。母亲和叔母尽心尽力地改善伙食,看样子很辛苦。

中山先生按顺序阅读客厅内多宝式橱架上的各种书籍,他说:“其中有很多自己想读的书。”先生回去的时候,把他要借读的书收拾了两柳条箱子带走了。

中山先生平常只在院内走动，不到院外去，为的是好隐蔽，以避人耳目。当时，听说他被清政府悬赏追捕。寅藏叔父也和中山先生住在一起。这是中山先第一次来荒尾的情景。

那时候，清政治府正在计划以外国资本为后盾把全国的主要铁路国有化。在粤汉铁路上，遭到当地资本家的反对，他们正在着手募集股东。政府的方针是让外国人承担铁路的管理。这事件一公布，立刻爆发了和反对国有化的粤汉铁路相关的四川、广东、湖南民众的示威运动。反对铁路国有化和反满兴汉的革命运动相结合，使革命的火焰迅速蔓延到全国各地。孙中山及他的革命同志当然看到了这种有利形势。孙中山经美国到了欧洲，这时候，清政府为了使铁路国有化，正在和四国银团进行借款交涉。孙中山访问伦敦就是为了阻止这笔借款，如果可能的话，他想把这笔借款转变成革命活动的资金。

中山先生被清政府伦敦公使馆囚禁，就是那时发生的。1911 年，由于香港医学校的教师康德黎的斡旋和索尔斯伯里外相的抗议，孙中山才被释放出来。在欧洲，他目睹了各国的社会政治状况，认识到民主主义的重要性，把民权、民族结合起来，归纳成了三民主义的构想。1911年 10 月，孙中山获悉武昌起义爆发，马上回到自己的祖国，在南京建立了中华民国共和国政府。到此为止，连续统治了中国近 300 年之久的满族封建专制制度被推翻了，革命党人推举中山先生担任临时大总统。第二年的 1913 年，为了表示对援助过他革命活动的日本各界的谢意，他以铁路总局长的身份对日本进行了访问，顺便来到了荒尾我家，还住了一夜。这是中山先生的第二次来访。

和上次来的时候完全不一样，这回举行了盛大的欢迎会，除了宫崎家的近亲、村长和村里有身份的人，邻村的村民，还有数十名小学生也参加了欢迎会。当时，挥动着青天白日旗欢迎中山先生的盛况，至今还能记得。

中山先生站着致词，首先对欢迎他的人群说了"数年前，受到这个家很大帮助，当时健在的伯母（祖母）如今已去世了，无法表达我心中的敬意，深感遗憾"之类的话。担任翻译的是戴季陶，他那非常尖细的声音，现在还留在我的耳边。

随同中山先生来访的主要人员有：中国方面的要人何天炯、戴季陶（天仇）等，作为日本人的叔父滔天、森格（三井物产上海分店经理）等。以前院的假山和老梅树为背景，主客站在一起拍了纪念照。

这张照片，过了数十年后，我在北京西郊碧云寺的中山先生纪念品陈列馆内看到。我的手头也留下一张，可颜色全部褪掉了。

(四)月田蒙齐先生

父亲的故事

父亲为了土地复权运动，经常去国内和中国各地旅行，很少回家，即使回家，住的时间也很短。因此，家里的一切事情，从孩子的教育到家计及与邻近地方的交往等等，都由母亲一人承担。

所以，父亲和我们交谈的机会也很少。可是，在我上小学的时候，经常听到俄国革命的消息。因为那时候我连革命为何物都不知道，所以，只记得有个叫列宁的伟大的革命家，我知道世界上还有女革命家，俄罗斯也有女伟人啊。

有信念的人

在父亲和我的谈话中，留下特别记忆的是关于月田蒙齐先生的事。

月田先生是荒尾村头月田神社的神主，神社被茂密的森林包围着。月田先生在附近乡里是有名的阳明学派的学者，听说八郎伯父在少年时代还师从过他。

据说月田家也特别贫穷，为了学习，想去东京，却没有足够的路费，从荒尾去东京的途中，全部伙食靠豆腐来维持。

父亲讲的关于蒙齐先生的故事中，特别让我感动而难以忘怀的是下面这件事。

曾有一个时期，蒙齐先生在相邻的长州①开办了一家私塾，把年轻人召集起来授课。有天晚上，他正在授课，家里来了急使，说先生的一个脑子略微迟钝的弟子，因为杀了神社境内池子里的小乌龟，遭了神的惩罚，眼睛变瞎了。听了这个消息，先生立即停止授课，像飞一样走了一里半的路程回到家里，没有脱鞋就直接跑上神殿，向神殿深处大声喊叫，他说："别看弟子脑子不好，平时无事仍巡视境内，警惕火灾，扫除神殿，一心一意为神社服务。可是，今天因为杀了一只小乌龟就毁坏了他的眼睛，这真是什么事！这样的神再不能供在这里了，趁早搬出去！"

菊地武光的故事

父亲讲的故事中，还有一个人，也留在我的记忆里，那就是菊地武光的故事。

镰仓时代后期，肥后的勤皇家菊地武光拥戴怀良亲王。为了南朝奋战，武光率领士兵刚到筑前的筥崎八幡宫之前，突然，战马嘶鸣，前蹄腾空，停止前进，武光急得直发脾气。他从背后的箭囊中取出一支箭搭在弓弦上，拉满弓向神的眼睛射去，箭上的羽毛发出咝咝的响声，射中了。之后，战马老老实实地继续前进。

---

① 在今山口县。——译者

17

父亲讲的这些故事，给我灌输了这样的观念：在人类正义的信念面前，连神佛权威的绝对性都被否定。

（五）我的中学时代

一切都是神秘的

在我上中学的时候，有个叫藤村操的一高学生，曾说过一句话，他说："人活一世到最后又能怎样？"后来，投身日光的华严瀑布自杀了。这一事件，当时，在青年人中引起很大震动。

那时候，很多青年人都喜欢读高山樗牛①、姉崎潮风②等人写的东西。在这种风潮中，我也认为人生啦、宇宙啦这些问题都挺神秘的。长时间彷徨在空想的迷路上，难以自拔。

这说明我还是把自己看得太高，脱离世俗，不仅架子大，而且因摆脱不了贫穷而鄙视金钱。这也许是在没落武士阶层的家庭环境中成长的缘故吧！

进入玉名中学

当时，小学校中有五年制的寻常科和二年制的高等科。寻常科的毕

---

① 高山樗牛（1871—1902），文艺评论家。是明治时代天皇制军国主义文化思想的最早鼓吹者之一。甲午战争后，宣扬"日本主义"，排斥"非国家"的基督教徒思想和"消极保守"的儒家思想。主张吸收德国国权主义思想和英国功利主义、实验主义思想，发扬"明治建国精神"，推进"富国强兵"政策。——译者

② 姉崎潮风（1873—1949），宗教研究家、评论家。曾提倡"浪漫思潮"，后开始宗教活动，研究日莲宗、基督教等，被称为"对宗教进行科学研究的开拓者"。——译者

业生进入本校的高等科或者到一里左右的大牟田市私立三井工业学校，或者到距离五六里的高濑町（现在的玉名市）的县立玉名中学，从三个当中选一个。当然，也有只上完小学就不再上学的人。高等科的毕业生，也有考取了县立师范学校的。

我从荒尾的小学一毕业，就上了离自己家不太远的玉名中学。之所以叫玉名，是因为以高濑町为中心附近一带的町村叫玉名郡。

玉名中学（现在是玉名高中），离高濑町约有七八公里，坐落在山坡上开垦的田地中央，一进门就是宽阔的操场，穿过操场是学校木结构的宿舍正门，左右与教室相连。宿舍右侧建有露天体操场，后面是一个院子，做网球场用。和宿舍并排建有两栋寄宿宿舍，寄宿宿舍的左端是食堂和饭厅，右端是舍监①的宿舍。再往后就是植物园。

寄宿生活

从荒尾也可以骑自行车上学，可是，我决定过寄宿生活。

寄宿生活是第一次离开家庭的生活。中学生——特别是寄宿生是以农家子弟为主，另外，也有渔业、旅馆、商业和寺庙等各种职业家庭出身的子弟。由于家庭环境不同，每个人都有自己的特征。比如，有钱人家的子弟用钱大手大脚，服装上也能反映出这一点；寺庙人家的子弟常念经；柑橘山出身的人一到水果季节就带很多柑橘来宿舍显示他们的威力；其中还有采用抵抗疗法——就是无论冬天还是夏天都坚持每天早晨在井边洗冷水澡的人；也有吃花生时连皮吃的奇人。在高年级同学当中，有人具有"秀才"、"哲学家"的雅号，他们经常进行晦涩难懂的话题讨论，让我们低年级的同学听上半天找不着门儿。

寄宿宿舍是两层建筑，在通往一侧的走廊下，并列设置有八张榻榻

---

① 管理宿舍的教师。——译者

米大的居室、寝室、学习室等房间。因为还没有电灯，读书时就用煤油灯照亮。走廊的一面安有玻璃窗户，窗外是梧桐树。清扫煤油灯成了新生和低年级同学的工作。每日去勤杂工的房间进行清除和补充煤油。有一次，因为据说高濑町流行传染病，所以，学校禁止寄宿生外出，由町里指定的商人把馒头和点心运到勤杂工的房间，供大家买。

在学校我最讨厌的事情是有力气的人特别威风，有力气的高年级学生"只是狂妄"，因此，他们常常在深夜把低年级学生叫到植物园施加制裁。有一次，老师在回家途中也被殴打致伤。

寄宿生一到星期六就回家，只能在家住一晚上，星期日的时光是快乐的。

有一次，星期六我回家住了一晚上，那天天气非常寒冷。第二天，正要回学校，邻居过来了，看着我的内衣说："这么冷的天，小心感冒。夫人，我去买一件吧！"经和母亲说好后，飞快地骑上自行车给我买回一件针织品的衬衫来。

另有一次，同样是星期六回家，第二天返校的时候，听说有溺死者漂到海滨，我也去看了，发现是一对年轻男女溺死的尸体被用绳子绑在一起，倒卧在沙滩上。警察还没有来，小而薄的樱贝壳贴在他们白白的腿肚子上，给我留下了很深的印象。

快乐的回忆

在玉名中学最快乐的回忆之一，就是一到秋天，所进行的一年一次的猎兔活动。

猎兔的队员们（全校学生）仰望着拂晓的天空，漫无目标地前进。走在最前头的队员唱着："喂，喂，电灯泡先生，电灯泡先生哟！为什么那样发光呢？……"所谓"电灯泡先生"，是给秃着脑袋闪闪发光的地理老师起的诨名。诨名有很多，诸如给身体和脸都像球一样圆的数学老师起了"丑女"先生……

不一会儿，前面的队员已经到达了目的地，这里是被灌木覆盖的小山的山脚下，半山腰红叶已经红了。

大多数学生决定登这座山。有人手里拿着短木棒，敲敲这敲敲那，大声叫着："嗨！嗨！"① 少数高年级学生张开网等着，其他人一直追到山的对面，最后终于抓住了跳进网子的兔子。有时猎物少，厨房师傅买来牛肉猪肉补充。第二天带着茶碗和筷子来学校，准备饱餐一顿。也有人经常嘟哝说"自己连一块肉也没吃上"。

另一件快乐的事是一到寒冷的12月，纪念赤穗四十七义士的袭击②，在寄宿宿舍的食堂举行文艺汇演。

如果历史老师表演源平之战时源氏的武士梶原源太景季穿着铠甲买梅枝献给心上人的故事，那么，英语老师就表演比在尼罗河岸开的百合花更红的埃及国王和王后的恋爱故事。我对这些事不在行，所以即使被大家催促着"演吧演吧"，也常常后退。同学们规定可以吟诗，我经常吟的诗有《鞭声肃肃》啦，《天草之滩》啦，《儿岛高德》等等。也有人唱自己想报考的学校的校歌，唱得很出色。听众一般是有人吟诗时就鼓掌，有人唱校歌时也一起合着唱，晚会到深夜时达到高潮。

有时，也做点坏事。为了应付考试，学习到深夜，肚子饿得咕咕直叫，这些寄宿生就跑到食堂寻找食物，称为"厨师征伐"，然后又跑到附近的田地去，偷地里的黄瓜，马铃薯、萝卜来吃。对受害的庄稼人来学校提抗议时，学校方面好像也不太愿意处理这类事。

喜欢数学的中学生

在中学所学的科目中，我认为地理历史都是背诵性的东西，学起来

① 日本民谣的帮腔。——译者
② "赤穗义士"为报主仇，对"吉良义央"住宅进行袭击。——译者

较轻松；国语、外国语有语法，也比较容易学。但是，要说我最喜欢的科目，还是讲理论的数学。算术、代数、几何、三角，我都学得很出色。

中学毕业的时候，沼田校长把我叫到校长室，问我毕业后有什么打算，我回答说想进高中的文科，校长感到很诧异，说像我这样的人去文科有点可惜。

（六）五高的青春

寄宿目白

中学毕业后，我模仿一个同学，号称进行升学准备，第一次离开家乡到了东京。

在东京，我寄宿在目白的叔父（宫崎寅藏）家里，进了早稻田的预备学校。在宽大的教室里，坐着300多人，这些学生都是从全国各地来的，没有一个认识的人可以说说话，感到很寂寞。

叔父的家里，除了叔父夫妇外还有两个男孩和一个女孩，两个堂兄分别是东大和早稻田的学生。堂姐在女子大学上学，她中途退学后，在圆大厦某公司的事务所做打字员工作。

她领着从家乡来的我游览东京，每次都让我观看音乐会和戏剧演出，还给我买我喜欢吃的食物，对我来说，她是一个非常热情的大姐。

有一次，听说在帝国剧院有被誉为世界小提琴家的叶夫列姆·津巴利斯特①的演出，她邀请我去。我对音乐没有特别的兴趣和素养，只因

---

① 叶夫列姆·津巴利斯特，现代美国（俄罗斯籍）小提琴演奏家、作曲家。十世纪前期最杰出的小提琴家之一。主要作品有：《升c小调小提琴协奏曲》、《g小调小提琴奏鸣曲》、《美国狂想曲》等。——译者

被邀请就答应去了。我是抱着试试看的想法去的，我发现大家在膝盖上放着打开的五线谱专心致志地听着。我因为根本不懂音乐，所以，觉得时间很难熬，只是想体验一下在东京有代表性的帝国剧院的气氛而已。

转眼之间，三个多月一晃就过去了，终于到了参加第五高中入学考试的时候，我必须回到家乡去。

荞麦花盛开的"龙南"

从那时起学制变革了，过去的高中入学考试在 4 月份进行，现在改成 6 月。考试本身并没有什么了不得的。

拿到录取通知书后，应本校初中毕业现已是五高学生的邀请，决定去登温仙岳。温仙岳屹立在岛原半岛上，过去只能从家里的海滨眺望它的雄姿。坐落在七合目周围的温仙町，过去仅有几间面向外国人的油漆涂木制的旅馆，没有现在那种高楼大厦。道路两侧喷着白色蒸汽的温泉，煞是好看。

熊本的高中是一座红砖瓦的建筑，因为位于龙田山的南麓，所以，学生们喜欢把自己的学校叫"龙南"，学校被围在高 20 米左右的土堤里，堤上栽种着一排排松树，正门面向通往阿苏的大道。一进校门就是一片田地。到秋天，满眼望见的是雪白的荞麦花。曾在此校执教的夏目漱石在他的文章里写过这样的句子："进门便见荞麦花，不久即可品尝它。"不管怎么说，在校园内有田地还是很稀少的。

好多学生穿着系白棉布木屐带的高齿木屐走路，不脱木屐就走进教室里，遭到新从东京来的老师的训斥。还有的学生不剃胡须，特意戴着父辈用旧的帽子，以刚毅、木讷为人生口号，互相夸耀野蛮的举止。学校里，剑术、柔道十分盛行，学生称土堤上一排古松围着的松园为武天原，称另一个寄宿宿舍的右侧为白草原。

据说小泉八云（拉夫卡迪奥·汉）[①] 夏目漱石[②]等有名的文学家在五高当过老师。

新生到校后，大致分成文科和理科，然后再分成英语组和德语组，一组60人，共用一个教室。在我的组里，有一个学生像古代士兵一样，穿着旧大衣。我正思量着这个人是谁，一打听这才知道，他就是后来担任了总理大臣的池田勇人君。他虽早一年入学，可据说是因病或别的什么原因留级一年。

挑逗警察的故事

和高年级学生在学生宿舍里只住了一年时间。住校时，深夜常在宿舍大喊大叫胡闹。说是经常在宿舍，其实有时也在街头任性顽皮生事，恐怕这也是从高年级那儿传下来的，如故意搬弄别人指示牌。在万籁俱寂的街头，拆下挂在某商店门口的招牌，然后放在离本店数十家远的别的店门口。想必这种行为很让受害者为难！

因此，不管怎么说，在同一组里谁也有几个亲密要好的朋友。有一次，听说有名的女义太夫[③]，丰竹吕升要来熊本演出，我在东京也曾听过她的演出。这一次据说是在东云座，所以相约了三四个朋友去听。可是，到了买入场券的时候，才发现口袋里无钱，因为不管谁都指望别人口袋里的钱，可即使把每人口袋里的钱都集中起来也不够。没有办法，我们正要回家的时候，看见马路上聚集了很多人，凑过去往人群里一看，原来是一个警察殴打欺负醉汉。看样子醉汉是熊本市底下的矢部农村来的。警察说："在这里，没有像你这样的乡巴佬转悠的地方。"看见

---

① 小泉八云（1850—1904），日本小说家。原名拉夫卡迪奥·汉。1891年至日本后入日本籍，改名小泉八云。著作有《生疏的日本一瞥》、《日本印象记》、《夏日之梦》等。——译者

② 夏目漱石（1867—1916）小说家。近代日本文豪，在近代日本文学史上占有很重要的地位。主要作品有：《我是猫》、《三四郎》、《门》等。——译者

③ 义太夫，元禄年间竹本义太夫所创的"净琉璃"的一派，用琵琶或三弦伴奏。——译者

这种情况，周围的人都哄然大笑。警察越骂越起劲，用种种粗暴的语言继续嘲弄那个乡下人。我们感到很气愤，实在看不下去，一个同学就站出来问："我们是五高的学生，你叫什么名字？"他厚着脸皮回答："你们是路过的，没有必要对你说。你问名字想怎么样？"同伴信口说道："不，我们现在正在学法律，因醉汉没有正常的意识，像你这样处理是否妥当，我想向做警察部长的叔父问一下。"警察有点畏缩，对醉汉不屑一顾地说了一句"今后要规规矩矩地走路"，就离开人群，想赶快溜走。我们还不满足，说："不想去那边的咖啡馆谈一谈什么的？"警察只好答应了。于是，我们就进了一家咖啡馆。可正当我们争论的时候，其他的警察也来了，对刚才这个警察说："在这种地方，对学生不管吗？先带去派出所吧！"我们被带去了附近的派出所。警察问："虽然你们说自己是五高的学生，可有什么证据呢？""直到弄清你们是五高的学生为止，不能让你回去。"的确，我们也没有戴帽子。渐渐地我们都开始担心起明天的考试来了。一个伙伴从怀中取出笔记本读起来。警察用讽刺挖苦的口吻说："明知明天考试，还这样爱多管闲事，真行啊！你们都是头脑聪明四肢齐全的人啊！"这样，我们就完全变成了退守的立场。

正在这时候，外面的马路上走过一个人，穿着高齿木屐，发出响声。我们仔细一看，是同级同学三组的二阶堂源六，立刻喊他："喂！喂！"二阶堂源六透过玻璃窗看见我们，奇怪地问："你们在这里做什么呢？"我们说明了刚才的经历，他大声给我们证明："这三人都是我的朋友，肯定是五高的学生，没错。"

第二天，被学监叫去了，我们一说明情况，学监说："是吗？你们被狠狠地教训了一顿吧！"这件事就平安地过去了。

乘小船横渡有明海

顽皮胡闹的事还不止以上这些。

有一次，文科二组的同学 20 多人商量后决定横渡有明海。从艇库里取出两条竞赛用的小艇，下了绿河。

为了不让学校知道，朋友之间约定相互保密。当然对小艇部的人也同样保密。在班里，和我关系亲密的 K 在将要出发的两三天前，诉苦说肚子疼。我让他坐上人力车，跑遍了市内各处的医院，医生说是胆结石。可是过一阵子剧烈的疼痛就停止了。K 无论如何也不听劝，坚持要一起乘小船渡海。没有办法，只好让他同行。

所谓绿河，就是由水前寺涌出的水，其中一部分流进绘津湖。再从绘津湖流进有明海的河。绘津湖上每年都要进行一次划船比赛。艇库就在绘津湖的堤坝上。

沿绿河而下，途中有个叫做川尻的河。在堤坝上有一家有名的鳝鱼餐馆，这里的老人说小艇部的人也常来吃鳝鱼，遇到手头没有钱的时候就把小船的桨押下。听了这个故事，我们说也想吃，老人说："不，不，到达对岸的时间不够了。"所以，就没有在途中耽搁，一直往前划，不久，就看见了住吉神社的森林，有明海也出现在我们眼前了。

到了对岸岛原港，那天正好天气晴朗，我们决定住在这里的一流旅馆南风楼。我们一行游览了市容，记得还特意通过女学校的旁边观看。

第二天，旅馆的女佣人为我们送行，很顺利地踏上了归途。船出发时天气好像还可以，可划到有明海的中央时，天气突然变坏，风雨交加，小船中从南风楼带的抓饭和铺盖等物全被雨水浸湿，再加上 K 这时又诉苦肚子疼，非常狼狈。更糟糕的是两条船对归途的方向发生了争执。一方说那是住吉神社的森林，另一方说不是，住吉在更靠右的方向。最后，两条船各走各的，分道扬镳了，对此，我非常不理解。小船正在前进中，感觉船的底部触到海底了，下船一查看，才知这里的水浅，船是无法动了，大家都非常沮丧，齐声说："这算是怎么回事啊！"然后，大笑起来。

第二天，一到学校就被学监叫去狠狠地训斥了一顿，理由是擅自取出小船，让大家担心，要求我们每人写一份悔过书。

再见吧，熊本！

不知不觉地就临近毕业了。升高中时，不存在选择专业的问题。可是，一进大学，首先摆在面前的是必须决定学什么专业。为此，我找高中的老师和堂兄龙介商谈，征求他们的意见。

我自己想上社会学系，可是，高中的老师说，在东大文科系中社会学科不用考试就能上，如果你对考试没有自信的话则另当别论，有自信的话，还是上法学系好。我自己曾去社会学系听过几次课，每次都是健部遯吾教授讲同一内容，实际上也没有多大意思。堂兄是学经济学的，不用去学校学习，可学法学必须去学校学习，于是就进了法学系。再说，很多学友也必须通过正规考试选择法学系，所以，我也附和着决定进法学系学习。

终于到了和五高、熊本离别的时候了。"远远地离开，离开了我生活过三四年的龙南，难忘过去，呼！噢！嗨！共同生活了五六年的伙伴，分别后，我将永远记住他们，呼噢！嗨！"在学友当中，有的人把桌子和书籍等物全部卖掉了，也有人全部付清了饮食店和食品店的账后离开了学校。

我回到家里，母亲第一次给我做了一件斜纹哔叽和服裤。

第二章

从大学到社会

（一）银杏树荫下的学生生活

开始东京生活

那时候，东京大学虽然有入学考试一说，但是，高中毕业的学生要上东京大学，几乎没有什么问题。即使没有上东京大学，也可以选择其他没有入学考试的京都、仙台等地的大学。

就是在大学，依然是同一高中毕业的人结成一个小团伙，只在这个小团伙内交往，一般不太愿意和其他学校毕业的人交往，这也许是乡下人的一种习性吧。

东京大学有的系也有入学考试，如法学系、理工学系和医学系等。文学系没有考试。法学系的考试只考外语，有时仅仅被"陪审"这类专业词汇卡住，这并不成问题。

在东京，我和在女子学校教书的姐姐，及这次考上目白女子大学附属学校的妹妹三人一起生活。房租每月 18 日元，离妹妹的学校较近。不久，因为老家的房子已归他人所有，所以母亲和弟妹们都迁到东京来住，原来的房子就不够住了。于是我们搬到离叔父家较近的户冢，在源兵卫的一间稍大的房子住下。因频繁的搬迁，所以，就经常去目白的叔父家里玩。

衡量男子一生的不是学问

好多同学都打算法学系毕业后去做官，当律师，当大公司的高级职员，对未来有相当具体的设计。可是，我却拿不定主意：自己到底应该做什么，或者做什么最好？糊里糊涂上了法学系，我发现自己对诸如宪法、刑法、民法和商法之类的课程根本就没有太大的兴趣。

这也是理所当然的。首先，过去我除了学校以外没有社会生活的经验。因为没有劳动和商业的经验，所以，不明白经济社会的实体是怎么回事。可是，对本来应该懂得的法律规定的合法范围，合法与非法的界限，我却不懂。比如，关于票据法，我就压根儿没有见过票据和支票的使用情况，所以，学起来就不知所云。最令我头疼的两门课是票据法和刑事诉讼法。

法律这东西是以过去的社会现象为标准制定的，但是，社会现象是不断地向前发展的。

那时候，市营电车进行过守法斗争的罢工。就是说，根据规定，在上了车的乘客买票检票之前，电车不能开动。如照此规定执行，乘客就会减少，市电的财政也会减少。因此，对市电来说，是一件非常头痛的事情。

可是，在我上大学的时候。社会观念已有很大的变化。就是说，原来人们乘电车是为了减少走路的疲劳，而现在则是为了早一点到达目的地。这样，再按原来的规定，必须等乘客上车、买票、检票之后再开

车，就不合算了。

这样虽然符合了已经制定出的法律，可要适应今后的社会现实就很困难。尽管如此，我认为法学好像就是按照法律硬要对社会现象做合法与非法区别的理论构成的学问，也可以说这是律师的工作。

正因为这样，法律这门学问无论如何对我也没有魅力。

而且，讲民法的 H 教授和学生交朋友，有时也和学生一起去餐馆，和学生的关系很亲密，有这种荣幸的人只是一高毕业的学生。我读过 H 教授的著作，记得其中写道："有的学者这样说，其他学者的说法正好相反，其余的姑且可以采取怀疑、折中的态度。"我对这种无见解的做法感到吃惊。

虽然同样是讲授宪法的，可 U 教授断定："国家是最高的道德。"M 教授说："U 教授以讲那种人们难以理解的话而自得。"如此等等，背后揶揄他人的讲课。

再如，讲民法的 S 教授，在讲授入会权时说："在世上虽然有'糊涂养子'这个词，但指的是为了增加捞取蛤蜊的入会权，把养子也算在内，而没有人会说'养子是傻子'……"令人发笑。

学生与其说是根据讲授内容，不如说是根据考试时谁能给高分而选择考试科目。比如，像神仙一样的国粹主义者 K 教授的讲课，听课特别随便，只要考试时不忘记写"万岁"就能得高分，因此，选考 K 教授的宪法课的人数非常多。

为了参加远藤教授的国际法课程考试，我走进考场。只见远藤教授刚登上讲台对考试题作说明时，一个同学突然发出疯狂的笑声："哈哈哈，那就是远藤源六？"引得大家发笑。这说明他根本没有听过远藤教授讲课，只是为了来参加远藤教授的考试。

在这种情况下，我断定："这不是衡量男子一生的学问。"况且，我认为比起解释法律来，制定法律更合算。我因为不是按部就班当国会议员的那种有钱人，所以不会产生那种想法。话虽如此，可也没有一种能令我全身心投入的事业。

兄者人[①]

在大学，也经常和其他高中毕业的同学议论有关课堂的内容，可是，在校外的交际却只限于同一高中学校毕业的人士，我们经常一起去喝酒。有很多同学在异性关系上发生了问题，所以，在一起时夸耀和异性的关系就成了热门话题。还有少数同学在高中时就已经结了婚。

每当我去叔父的家里，叔父总说："因为世民从乡下来，让他在东京见识见识。"参观东京的向导就成了堂姐的差事。无论什么时候都是乡下人的我，在朋友中是一个"纯洁"的人。正因如此，也很孤独。堂姐在预备学校时代对我特别热情，常带我去看戏、听音乐会。自然，我去目白叔父家的次数也就比较频繁，如果去时见不着她，就觉得很没有意思。

偶尔，叔父不知参加了什么地方的宴席回家，叔母就厌恶地说："你叔父只管自己喝酒，有一点儿钱，何不考虑考虑生活富裕的事……"这时候，叔父也不说什么，就到面向院南安置书桌的拉窗旁边，开始动笔写什么。叔父经常和《二六新闻》等报纸有约稿，所以常常写点稿子寄给报社。这是为了维持一家的生活，叔父唯一努力的事情。

叔父对长子龙介和白莲的婚姻问题（伯爵柳原前光的二女儿柳原白莲，本名烨子。给前夫送去"去伪存真"绝缘书这一歌人所谓的白莲事件）似乎很感痛心。有一天，一个很威风的男子来到叔父家，硬要见叔父，这个男子提出要叔父和龙介断绝父子关系，并把明晃晃的日本刀插在榻榻米上，进行威吓。叔父听他说完，拒绝说："断绝，断绝父子关系，可是，就真断绝了，父子照样还是父子啊！"

---

① 对兄长尊敬的称呼。——译者

当时，我父亲住在神田一家叫玉名馆的旅馆，所以常来目白的叔父家走走。有时他们二人一起去参拜左仓的宗吾神社，回来后把我叫到玉名馆，三人边吃牛肉火锅，边用留声机听称颂宗吾郎义行的说教节①。

叔父家经常留宿客人，有印度的辛先生、白俄罗斯诗人爱罗先柯等外国友人，也有像作家江口涣②等日本朋友。另外，北一辉③夫妻也住过一阵子，他们夫妻俩经常拔院子里的草，有时也打扫厕所，而且北一辉用他那独特的调子常诵读法华经。其中，有一个奇怪人，叫堀，熊本县人。听说他是大宇宙教（或扶桑教）的新兴宗教的教祖。这个人可以做人和神灵之间的媒介，应客人的要求叫出各种神灵。因为他早知道父亲热衷于土地复权运动，所以，曾以瑟可和尚（达摩的弟子）的语言传话说："伯父只考虑人类的事情，可是，对狐和狸的事是怎么想的呢？"

父亲和叔父兄弟俩关系非常好，叔父平常称父亲为"兄者人"，父亲称叔父为"寅"。

天桥立④

来东京第二年的夏天，我想回乡下看看。正好堂姐要为龙介找白莲决定去绫部，这样，我们同乘一趟车到了京都。因为绫部离名胜天桥立很近，所以，我们俩人一起到绫部，住在天桥立的一家旅馆。游览完名胜回到京都，我们暂时分别，我回荒尾的家。

母亲还住在荒尾的家里，堂兄震作开始在荒尾做买卖，常常来家里。荒尾的家依然被如同阵雨声的蝉鸣包围着。我开始认真考虑起和堂姐的婚事了。我们是堂姐弟，她比我大。可是，我是恋爱至上主义的人

---

① 讲经文的一种曲艺。—译者
② 江口涣（1887—1975），小说家，儿童文学家。—译者
③ 北一辉（1883—1937），思想家。——译者
④ 日本三景之一，在京都府宫津湾的海滨沙滩。——译者

道主义者。如不能和堂姐结婚，那就太对不起她了。她也把想和我结婚的事直率地对她的父母谈了，叔父还给我母亲写信征求她的同意。后来，从母亲五屉柜的抽屉里看见了那封信，我才知道事情的原委。对我俩的婚事没有一个人表示反对。结婚仪式上除了新娘新郎外，父亲、叔母和我的几个姐妹都出席了。婚后，在东京武藏野铁路线下租了一间房子作为家，开始了新的生活。

第二年的春天，长女出生了。

关东大地震

那一天从早晨起，一直下着细雨，院子里出现了小片积水。我们正在廊檐下坐着，突然，房屋剧烈地晃动，这就是关东大地震。墙壁崩裂，屋顶上的瓦片飞下，我立即抱起孩子跳到院外。以后，连续数日，余震不断。东方的天空重叠着乱云，白白的，翻滚着，不时露出缝隙。眺望云天，正想着会不会有火灾，一个叫松本的人（千叶县人，称叔父为老人）从日比谷步行来了，他穿着木屐路过这里。他说："我是步行从日比谷来的，帝国剧院等日比谷一带已经成了火海。脚下的土地热得难以忍受。"我这才知道地震引起了火灾。渐渐地夜幕降临了，刚才白白的乱云变成了深红，邻居画家的房屋破坏程度和我的差不多，好在人没有受伤。晚上一片漆黑，黑暗中好像传来了画家悠闲地叫卖蛤蟆油的声音。

天还未黑的时候，穿军服戴宪兵袖章的男人，骑着机器脚踏车不时在这里巡逻，说："一队朝鲜人从目黑的行人坂向这里过来了。虽然在建筑物的墙壁上用粉笔做了记号，但是，因为井里被人投放了毒物，所以，请大家千万要小心啊！"说完离去。在我们家门前，有一条马路，铁路通过马路上面的土堤（西部武藏野线），铁路对面是女学校。朝鲜人逃进了女学校。听说追赶朝鲜人的士兵掉到井里，等等，各种谣言满天飞。因为周围是一片漆黑，余震还没有停止，不时传来各种流言。这样，胆战心惊地度过了难熬的几天。

澡堂对面附近有派出所，人们纠缠不休地问警察："如果是朝鲜人，是不是就可以杀掉?"在澡堂后面的玉米地里，有两个持刀的人活动，突然相遇，一方就向另一方乱砍。因为被砍的一方惨叫"被砍啦"，人们才围拢过来，一看，原来两人都是附近的居民。

山手线还在运营，不管是机车还是货车，统统挤满了人，货物堆积如山，因为人们想拼命逃到外地去避难。我们家门前的武藏野线停止运行，成群结队的避难者在铁道上行走。邻居把床搬出来放在路上，撑开蚊帐睡觉，到了早晨，被路过的避难者看见，轻蔑地说："啊，两个人睡，哼!"

以后，经过数日，余震渐渐地平息了。叔父的崇拜者松本，去寻找被委托保护在本乡的一个富豪家里的白莲，同时，说要顺便到受灾地看看。我也跟着去了。我们两人都带着盒饭。记得当时好像从九层高的台阶上向东方远望，展现在我面前的是一片广阔的燃烧着的原野，残留下的建筑物的痕迹只有几个坚固的仓库的架子。路过神田，本乡，到处都是烧得剩下铁架子的电车，和还没有被处理的尸体。

保护白莲的本乡的富豪家附近，全被火烧光了，剩下一片废墟。连和我们有深厚感情的35号的大学最大礼堂也被烧塌了。看样子目前很难开课。记忆中的从前的浅草立刻浮现在眼前。因为难得来一次，所以想步行去浅草看看，我原以为去浅草的街道要走很久，却没想到被烧后的浅草还比较近。在有名的吉原红灯区附近，有条如谷底深约30间①的人工挖的河流，河上有座桥，很多人从桥上俯瞰河面，其中有合掌念佛的僧侣模样的人。水面上，密密麻麻地漂浮着尸体和小船，遮住了人们的视线，连小船上也是尸体。听说这次地震光东京的死亡人数就超过

---

① 间，长度单位。"京间"为1.97米，"田舍间"为1.82米。——译者

30万。傍晚，我们踏上了归途，那天，兴奋之余，竟忘记了疲倦。

过了几天，我又和松本去探望北一辉。记得好像是在千驮谷周围。最显眼的是被冷杉丛包围的公馆内停放的黑光发亮的汽车，以及漂亮的油漆涂的木造建筑物。我们被领进会客室，这时主人身穿雪白衬衫、风度潇洒地出现在我们面前。接着，有人送上咖啡和巧克力，这使我很吃惊。之所以去探望他，是因为我想地震后他的生活一定很困苦。可他现在的生活状况和我以前在目白见他时那种圣人的行为举止十分不相称。在回家的路上，我们边走边叹息："人真奇怪啊！"

（二）回忆父亲

对父亲和弥藏、寅藏叔父来说的中国

父亲是个严格按原则办事的人。我无意中听到两三个人对父亲的评价，说："民藏这个人，要再稍微有些通融性就好了……"

叔父弥藏和寅藏，为了使中国革命成功，开辟亚洲人的命运，常常抗议西欧人的横暴。他们积极寻找适合中国的领袖人物，并给予援助，在这一点上他们二人的意见是一致的。他们把这一想法告诉了兄长民藏。因为不知是否能得到兄长的赞同，所以，两人轮流对父亲做说服工作。

父亲以中国为中心，为了改变人类的不平等，对积极参加中国革命的有关活动没有异议。只是对学习中国话、穿中国衣服乃至留辫子、完全变成中国人等具体做法和两个叔父的意见尖锐对立。经过长时间的辩论之后，三兄弟最终没有取得一致意见。

尽管如此，因为父亲赞同他们的目的和宗旨，所以他们能谅解父亲

35

这一点。弥藏叔父安慰沮丧的寅藏叔父说："我们要做的事情可以说是一种赌博，哥哥说的是对的，哥哥是开创宗派的那种人，考虑的是未来的事。如果我们失败的话，那时，哥哥的做法就会发挥作用，如果把这一点看成是我们兄弟三人取长补短，不是更好吗？"①

人生最担忧的问题

父亲在 19 岁到 35 岁的 15 年间，对于人一生到底应该做什么这一大问题，曾认真地思考过。父亲称这是"人生最大最担忧的问题"，所以，他沉溺于大量地阅读历史、地理、伟人传记等书籍。他说，如不解决这个大的担忧的问题，将会一事无成。他就是这样一个固执的人。

父亲对宗教也做过深入研究。年轻时他经常生病，所以，利用疗养时间，认真地阅读了有关基督教、佛教、伊斯兰教等方面的书籍。在家族中，第一个信奉基督教的是寅藏叔父，母亲原来就是基督教徒，后来，弥藏叔父、祖母都信奉了基督教，基督教的信仰慢慢地扩展到其他的亲族中间。唯独父亲，无论如何也不信教。关于这件事，父亲对我说："无论哪种宗教都和近代科学相矛盾，如果硬要区别的话，那么佛教的念经郁闷而讨厌，比起来，基督教的赞美诗也只是明快而已。"

可以说父亲有哲学的世界观，可是，他一生并没有信奉特定的宗教。和寅藏叔父完全不同，他一会儿信基督教，一会儿又不信，有一个时期，倾向于大本教，晚年又热衷于大宇宙教。

因此，1928 年，在荒尾的家里，父亲死后的葬礼上，和尚和牧师都没有请，只是请了一个土地复权会的同志，来对父亲的经历——特别是其毕生为之奋斗的土地复权运动的酸甜苦辣做了一个总结。与此相

---

① 平凡社刊《宫崎滔天全集》第 1 卷第 56 页。

比，在寅藏叔父的葬礼上，从带点亲戚关系的基督教牧师到朋友越后的小和尚，以及大宇宙教的堀上人①等，都请来了。举行了各种流行的读经和祈祷仪式。

父亲就这样以不信奉任何宗教度过了他的一生。有关父亲的哲学宇宙观，在其著作《我的信念：人生旅途指南》（明治44年3月下旬出版，给长女贞游学东京时的一本书）中有详细的叙述。

父亲从没有对我们过多地说过有关他自己的宇宙观和人生观。正如前面叙述的那样，菊地武光和月田蒙齐先生，为了各种自己认为是正义的事情，连神也敢反抗；父亲和他们一样，他的思想有严谨性。

1923年（大正12年）夏天的关东大地震后，刚回到荒尾的父亲，因为非常担心住在东京的我们兄弟几个，知道我们平安无事，这才放下心来，来信说他好久没有回家，要我们都回家去团聚。父亲是特别为儿女操心的那种人。有时候，我们想请家族、亲戚来家里吃顿饭。父亲总要回来，招待邻近的人们，办一个小规模的宴会祝贺。我记得父亲当时为我们兄弟各写了同一个条幅，从中可以窥见父亲世界观的一斑："诸行有常，是生生法。生生善成，动生为乐。"

父亲的土地复权运动

父亲解决了人生最大最担忧的问题之后，就专心致志地投身于土地复权运动。可是，这也正如他本人所说的那样，终究是一生一代不能完成的工作。他的一生全部投入了这个未完成的事业。

父亲的土地复权，据他在自己著作《土地均享人类之大权》（长谷川良平发行，昭和2年10月1日第3版）绪言里所叙述，大致如下：

---

① 堀是姓，上人是高僧，即对道德高尚的人的称呼。堀上人是一个人。——译者

绪　言

当今社会组织尚不完善，应享之土地不足，虽然，与恢复土地权利之紧迫相比，无过于此者。无论如何，土地为居住之基础，为生产资料之基本者。人类依靠土地始能生存，是以若谓人人皆有生存之权，故而人人皆有享用土地之权。此乃人类生存之所系也。若此一土地之权能获解决，我等之民生则迎刃而解矣。此亦吾人安全生存之保障也。均享土地者，人类权利之最大者，争得此权，则为争取性命之第一条件，此理之当然者也。

土地权利之失，人之生活与自由皆失矣，势将恐怖不安，惴惴然不可终日，此不待言而皆明者。试看国中无地之佃户，受人雇用驱使，如牛马、奴隶，其困苦若悲惨如何乎！

假使政府之目的，诚欲民众安宁，权利公平，且受保护，仁人志士之心诚愿与民休戚相关，如然，夺回土地之权还于民众，当为第一要务也。

目　录

非理之秩序论

不可把人类看成劳动之机器

为何不比较大小轻重

认清现实！反省！

土地复权乃天意也

奉行天意乃人类之本分

以后，寅藏叔父所援助的中国革命的志士们，打倒了满清政府，建立了以孙中山为临时大总统的共和国，即国民政府。其间，父亲民藏也访问过几次中国。可是父亲和叔父不同，无论什么时候，他都专心致志地搞他自己毕生的事业土地复权运动，他因此受到很多中国朋友的信赖，成为同志。

父亲和共产主义

有关父亲的另一个基本问题，就是对于共产主义的态度问题。

我在东京当学生的时候，马克思、恩格斯的《共产党宣言》已经被翻译介绍到日本了。在一部分青年、学生当中，秘密地被传阅着。可是在治安当局严厉的监视和镇压下，甚至仅仅拥有都被认为是非法的。

正在中国旅行的父亲来信说，如有《共产党宣言》的话，要我给他寄一本。我因偶然的机会弄到了一部，所以，决定包成小包小心翼翼地给父亲寄去。父亲的信中还说，之所以要《共产党宣言》，并不是因为自己赞成共产主义，说白了是为"反驳"它而要一部，我觉得有一点可笑。……可笑。父亲回国后，我问过父亲对共产主义的想法。

我记得好像父亲说过这么一段话，他说："共产主义作为理想是非常美好的。可是，实际行动起来就出现了问题。因为人类的劳动欲望的源泉是可悲的利己心。利己心是人类的本能，不能消除。然而，共产主义社会，有利己心就不能成立。俄罗斯革命后，变成了社会主义国家，如果成了共产主义的天下，以工人、农民为首的勤劳的人民大众都成了国家的公务员，公务员不工作也能领到工资，因为不是自发的劳动，所以，不能引发对劳动的热情和责任感。因此，在共产主义社会，产业不发达……"

现在想来，父亲这样讨厌官吏，我觉得和他对明治维新政府的反感的自由民权思想有一定的联系。

父亲虽然不赞成共产主义，可是，也强烈反对无政府主义。所以，父亲和幸德秋水①通过土地复权运动成了好朋友，但在思想上却划着一条界限。

当时，十月革命对日本也产生了一定的影响，在日本出现了民主主义运动的高潮。堂兄龙介在吉野作造②领导下所发起的新人会的活动也是其中活动之一。我想我肯定也受了这种思潮的影响。只是，当时，我虽然也被那种社会环境所包围，但又被观念哲学的思维方法紧紧地束缚着，被诸如人为什么要来到这个宇宙呢？自己的一生应该怎样度过等等这些问题所困扰。并且我首先考虑的是，如果自己个人的问题没有完全得到解决，就谈不上进入社会，所以，没有很快接受左翼思想。

可是，我对共产主义问题仍然很关心。人类劳动欲望的源泉是利己心，利己心是人类的本能，无法根除。可是，如果不把人类的利己心根除掉，共产主义社会就不能成立。由于父亲是这样说的，所以，先不谈论共产主义的利弊，就是我自己，当时，心里还存在着很多疑问。

如果像父亲说的那样，那马克思等共产主义的创始者们，是怎样考虑这一问题的呢？列宁及其他的思想家、政治家又是怎样解释的呢？这

---

① 幸德秋水（1871—1911），评论家、社会活动家，无政府主义者。曾与人合译《共产党宣言》。1911年因"大逆事件"被绞死。——译者

② 吉野作造（1878—1933），政治学家、评论家。他的民本主义思想对"大正时期的民主主义运动产生了很大的影响"。——译者

个问题不解决，那么实现共产主义社会的目标，不就成了一句空话吗？苏联虽说建成了社会主义国家，可实际情况又怎样呢？这些疑问，当时在我的脑子里一闪即过。

可是，当时，我完全陷入了像泥潭一样的日常生活，所以，也就无法顾及这些问题了。

严于律己

有一次，父亲去欧美旅行。在那里正好遇上中国革命的领袖孙中山被囚禁在清国驻伦敦公使馆里，差一点被押解回清国，后又得人相救脱险。父亲把这件事写信通报了弟弟寅藏，寅藏叔父这才知道中国有个叫孙中山的人物，以及他的事迹。

1896年春，弥藏叔父为了熟悉中国人的生活环境并学习中国话，住进了横滨一家商馆，正在修业时病故了。

　　丈夫赤心矢在弦
　　　此矢不发痛难言

这是叔父辞世时留下的两句诗。

父亲几乎不喝酒，而寅藏叔父却非常喜欢喝酒，想什么时候喝就什么时候喝。有一次，听到一个传言，说父亲的禁酒是对青年时代一度饮酒过量而失去了意识的惩罚。

父亲去欧美旅行的时候另当别论，总之，他很少穿西装。在中国旅行时穿着和服，但是穿着木屐进入当地的房间，必须一个一个脱掉，很麻烦，所以，脚上穿着靴子。这种装束虽然古怪，但是，父亲的日本国籍，无论在何时、在任何人的眼里都是一目了然的。当然也有例外。

父亲在他们兄弟当中，长相也较特殊，脸色浅黑且布满了深深的皱纹。有一次，在横滨的码头，遇上一个印度人，那人硬和他握手。我想肯定是那个印度人错把父亲当成了自己的同胞，握握手以示亲近。常和父亲在一起的人把这件事告诉了母亲，但忘了问这个人，父亲当时穿着什么衣服。

弥藏叔父，壮志未酬早逝。寅藏叔父决定单独渡海去中国。可是，如果读读他后来写的书就知道，他曾经向父亲主张过的要"完全成为中国人"这一点好像根本没有实行。就是说，叔父虽然学了中国话，但没记住多少。

根据前面提到的后藤回忆，说父亲是个很有先见之明的人。有一次，在从九州到东京的车中，有柴垣隆、福本日南、杉山茂丸、内田良平①及其他三人，车过关门②时停下了，无意中不知谁挑起了话头，说无论从交通上还是从国防上考虑，都必须更加重视关门要道，可如何重视呢？大家讨论起来。日南说"当然架桥最好，现在已经不是用船联络的时代了"，相反，民藏说："如果架桥，那一门大炮就可以摧毁，从国防的角度考虑还是挖隧道最好。"杉山插话说："最好把这一想法告诉后藤新平③，这可是个捷径，大家认为柴垣适合担此重任，我虽然也可以说，还是你说为好。"到东京后，柴垣拜访了后藤，把民藏的想法告诉了他，后藤听了后，对民藏的先见之明很吃惊。过了44年，后藤发表了关门隧道方案，谁曾想，这个方案最初的发言者——创案者是民藏。

认识父亲的人都说他是个思辨型的人，他严于律己，在邻近各乡有很高的威望。宫崎家的经济情况也如前面叙述的那样，"如果让宫崎给

---

① 内田良平（1874—1937），前大日本生产党总裁。经寅藏介绍认识孙中山。1901年创黑龙会，任主干。1903年主张对俄宣战。后与寅藏等组织有邻会，研究中国问题。1931年创大日本生产党，任总裁。极力推行"满蒙独立运动"。——译者

② 位于濑户内海西口，山口县下关市和北九州市门司之间的海峡。后来开了隧道。——译者

③ 后藤新平（1857—1929），前外务大臣，首任"满铁"总裁。——译者

保管的话，比保管在银行还要放心"，因为有这种说法，所以，母亲最初向别人借钱并不困难。可是，父亲死后，清查了一下财产，所借的钱远远超过遗产。因此，听从古闲又五郎（当时的熊本县议会议长）律师的劝告，召开了亲族会议，决定办理限定继承的手续。逐渐，家里遭受了和破产一样的灾难。

（三）走向社会的生活

保险公司的职员

1924 年（大正 13 年），我在东京帝国大学法学系法律专业毕业了。

大学一毕业，自己必须担负起一家人生活的责任，不管说什么，必须领取工资。可是，那几年，日本也受了世界性不景气状况的袭击，无论是公共机关还是赢利公司，都采用了新规定，严格限制人数。不得已，我只好到某保险公司供职。

由于当时经济不景气，在日本也相继发生了银行开盘①、米骚动、中小企业破产；失业人员增加，成为产业预备军。公司轻而易举地解雇职员，即使就业，职业也不稳定，工人的生活苦不堪言。

我在学问和知识方面，虽然是观念论、个人中心论者，但是，自从独立生活后，在真实的社会体验中，深深地感到人世的弱肉强食和强者的不正义、不道德。而且，当时开始兴起的劳动运动、民主主义运动，对人们有着巨大的吸引力。我开始读《资本论》和其他马克思的著作，以及左翼的书籍和杂志，这都是受时世影响的结果。我读的第一本书是

---

① 存户挤兑。——译者

狄慈根的《认识论》。

到社会上一看，在学校多年所学的东西什么用处都没有，只有一张国立大学的毕业文凭，除了终于能得到一份工资以外，实在没有任何益处。

按公司规定，进公司不久就要被派遣到地方的分店去工作，在总店工作了几年后，我的工作地由名古屋转到广岛。

在保险公司，外务员即推销员是公司业务的主要劳动力。我们从学校出来的事务性职务主要就是把代理店委托给在地方上有财产、信用和地位的人物，组织代理网，然后利用这个网，计划组织、援助、鼓励和督促地方外务员的活动。

代理店经理原来不但有资产而且也有职业。外务员却不是这样，有很多人是学校的教师和町、村、政府的官员，或者军队的下级将校、下级士官，利用以前的职业、亲戚和朋友关系，对于想加入代理店网的人进行招募活动。这些人大多因无资产而生活贫困，经常被工作定额所迫和不安定的家计生活威胁着。话虽如此，有时也能领到高工资，但达不到工作定额的月份，就几乎没有工资收入。我们的任务说是援助外务员，实际上是为金融资本家经营保险公司，榨取这些无组织无能力工人的血汗，只不过是资本家的走狗而已。

特别是我供职的公司，大股东与其说是有独裁权的经理，不如说是大老板，是公司的最高领导。在大股东之下，一般公司有受雇用担任董事长的几名理事，在理事之下，还配备课长和股长。在全国各地约有不到10个分店。各分店有经理，经理之下设业务、庶务、会计等负责人。业务上有三四个业务职员，担任自己辖区内一县或二县的招募业务。业务职员在自己担当的府县要地设置代理店，这个店的主办者再雇用外务员来指导其招募活动，代理店的经理一般是地方的素封家（代代相传的财主）和有担任市、町、村长经历的人物，或者是有势力的实业家、交纳直接国税在几十万日元以上的人物，只有这种人才有资格和条件当代理店经理。

和现在不同的是，那时候，还有不少地方没有开通铁路，冬天因为积雪太厚，有的地方连汽车也不通。遇到这种情况，外务员都是手提一个皮包，走着去活动。在我的皮包中，除过狄慈根的《认识论》和瓦尔特·惠特曼的诗集外，别无他物，连我自己也觉得可怜。可是，凭着这个职业，我几乎跑遍了日本的西半部，游览了不少名胜古迹，有机会亲近朴素的农家风物。

某个外务员之死

虽说是旅行，可根本体会不到旅行的喜悦。因为我亲眼看到外务员的贫困生活，不仅如此，他们还常常遭受店主鞭打之苦。

有一次，我到日本的沿海小城市出差，曾到一个外务员家里拜访，这个外务员正患肺结核，病情相当严重，卧床不起。我本想鼓励他，让他鼓起生活的勇气，一心一意地养病，不要担心别的事情，可是，这些话对于身患重病的他又有什么用处呢？他坐起来，从枕头底下拿出一封信让我看。我这才知道了事情的真相。我觉得很不好意思。真不知如何是好。这封信是分店经理写的，信中写道，因为他上月的招募成绩没有达到定额，决定停止支付他的固定工资。他的妻子虽然认为必须给他增加营养，可连买米的钱都没有，甚至交不起房租，在一旁长吁短叹。我只说了句"你多保重"，然后就慢慢退出来了。回到旅馆，闭上眼睛，我陷入了沉思。

有时总公司的独裁者举行宴会，用糨糊把 100 日元零钱贴在墙上，和艺妓们做"鬼先生在这里"的游戏，兴高采烈地玩乐。一想起这些事情，我就觉得人生没有意思。我坐在桌前，给分店经理写了一封长长的愤懑的信。分店经理是士官学校毕业的国粹主义者，是对下级刻薄、对上级顺从的那种典型人物。

回到分店，据同僚说，经理刚一读我的信就暴跳如雷，把信撕得粉碎，扔进了纸篓子。

在那以后过了两个月，我收到了因肺结核卧床的那个外务员的死亡消息。

平时除工资以外也没有其他收入，即使劳累过度，也没有疗养费。听了几名病死的外务员的遭遇，我实在讨厌透了那份工作。

征集令状

同事们从外地出差一回来，就要用剩余的旅费举办酒会，这已成了惯例。酒会上的话题无非是分店经理和艺妓的关系，和他老婆的纠葛，评价外务员以及自己和出差地的艺妓的关系等无聊的话题。

一天天过着这种无聊的生活。同时，政府紧锣密鼓地对中国进行着侵略战争的准备。各线铁路都在运输坦克和大炮等武器弹药。也有人看见在输送兵员。

紧接着，人们传说有个外务员收到了征集令。终于，我也收到了征集令。上面写着，让某月某日上午某时到达熊本的渡鹿练兵场集合。大家都安慰我，因为我是将校，所以不会干士兵干的那些苦差事。分店经理虽说是为我举办壮行会，可在壮行会上，经理及其他人都各和相好的艺妓调戏玩耍。壮行会继续了很长时间，不知何时才会结束。我的心思并不在壮行会上。"令状到达后就去和中国作战"这种念头，充满了我的大脑，令我烦恼。我想，如拒绝征集，就得有必死的思想准备。父亲和叔父如果活着的话，会怎么做呢？他们早早地死了好啊……我翻来覆去地思考着这些事。在战争期间，任何事都不能按自己的自由意志进行。就是说，自己这个人和死了差不多。好了，我真想从自己的人生经历中把这一段切除掉。最后，我硬让自己做违心的事，决定应征入伍，开始做出发的准备。

（四）应该切除的人生的一部分

内地勤务

投入了应该从自己的人生中切除的时代。

经理为我举行壮行会，不知何时才能结束，我生气地早早离去了。在车站上，有少数几个友人为我送行。根据规定的时刻，我到达了熊本的渡鹿练兵场。在那里，搭着几个帐篷进行简单的身体检查之后，就到自己所属的停车场司令部报到。司令官是个中佐，他告诉我同行的有30多人。

最初的工作是内地勤务，任务是把从熊本师团出发的各种兵种的部队送到熊本车站的站台。我们住在车站前的旅馆。当时，只要一说是"出征军人"，便无论走到哪里都是受欢迎的人物。

熊本车站的任务告一段落后，部队就转移到了大阪。部队总部设在一座原来好像存放东西的小的建筑物里，在总部和大阪港之间的空地上，有几条公路和铁路正在铺设中。将校和其他人的宿舍分开，司令官以下将校宿舍在做本地妇人会官员的某主妇家。

部队的任务是分配每天每隔数分钟从各地到达的兵员和满载器材的车辆，疏导靠近各码头的运输船。当然，我自己因为是会计官，所以，除管理司令部的宿舍和伙食外没有别的任务。

过了几周后，某一天，从东京的上级机关铁道线区司令部来了电话，说部队近日要出发到战地区。可是，离出发还有几天时间，在这几天时间里，队员可以各自回家休息一周左右。紧接着，又接到通知，说从司令官以下将校都要自己负担自己的手枪和子弹。当时，哪个枪炮店也没有手枪卖，所以，很难弄到手。当时，我的家族已经回到了东京，我对妻子说了手枪的事。妻子找辛亥革命时做过武器斡旋的熟人帮忙，好不容易弄到了一支手枪。这是多么具有讽刺意味！

去大陆

去大陆的乘船地是广岛的宇品港。因为我以前在广岛地区住过，所以多少也有几个熟人，他们一起为我送行，我乘的是"白山丸"医院船。

目的地是上海。在吴淞口海面，有很多军用船排着长队等待入港，所以，"白山丸"在海面整整停泊了三天。夜间，为了避免遭受空袭，实行灯火管制。因为实在是百无聊赖，所以，大家决定办一个演艺会玩玩。同乘一条船的护士们也出席了演艺会。我被大家推着登上了演出台，没有办法，吟了一首唐诗：《凉州词》①。幸运的是，没有一个人注意到诗的含义。

终于在上海登陆了。黄浦江沿岸是一排排纺织厂的厂房和仓库，我们把这些房子变成了临时宿舍。有一座建筑物，看上去是某纺织公司的事务所，已经住上了先到的客人。所谓先到的客人，只是比我们早一步上岸。他们仅有 10 名下士官，组成一个小团伙，不知是哪个部队的。我们用从相邻工厂机器上弄下的破白棉布做成窗帘和床单，刚做完宿营的准备工作，先到的客人们已经开始吃晚饭了。他们对我们傲慢地说："你们也吃点怎么样？"拿出长辈的架势来。我们虽然有点生气，但因为他们毕竟是不懂事的新兵，想到今后也许会得到他们的帮助，也就忍下了，用敷衍的口气说："那么，我们就不客气了！"

---

① 作者没有说出是哪一首诗，但据推测应该是盛唐时代边塞诗人王翰的《凉州词》。作者的夫人宫崎千代也认为是这首诗。王翰的《凉州词》："葡萄美酒夜光杯，欲饮琵琶马上催。醉卧沙场君莫笑，古来征战几人回？"从诗的内容看出，这正是作者要表达的思想。——译者

第二天早晨，要用厕所，一看，我这才发现，所谓的厕所，只不过是挖了一个直径三米左右的大坑，上面搭着板，拉着绳子，人蹲在板上，手拉住绳子，边摇晃边解手。我第一次用这个厕所，大吃了一惊。早饭后，来到门口，发现到处横七竖八地躺卧着马的尸体。我们整理好司令部的行李，先到的客人帮我们用货车拉着，横穿上海市内。我们先到上级机关——上海线区司令部，然后再到指令到达的地点。

　　到达的地点是上海市南面一所受破坏较小的中学校的宿舍。在那里收集附近被破坏的房屋里的桌子等物品。不过，这也仅仅是住几天的临时宿舍。

　　最后，决定把黄浦江沿岸的煤场管理事务所做宿舍，以及今后部队总部用。前院是一块空地。我的工作是给全体队员发工资。再有，除了帮助从其他地方来的军人、军属宿营外，还用其他部队免费让给我的部队的汽油练习开车，就做这些事情。之所以这样说，是因为附近有货站，这个站既是沪杭线的起点，同时，环绕上海西郊的上海北站和上海南京线相连，所以，驻扎在附近各部队的运输事宜多得处理不完。① 我的部队有权决定哪些货物能列入运输计划，哪些不能列入，输送物资多的兵站最有势力。虽然运输任务非常繁忙，但是，制订运输计划都由本科的将校完成，所以，还是比较清闲的。

　　士兵们百无聊赖，唯一开心的事情就是跳进眼前的黄浦江捕捞鳝鱼，因为没有工具，所以就用手捕。用捕来的鳝鱼烤制成鳝鱼片，赈济大家的伙食。司令部的 Y 中佐，经常巡访附近驻扎的部队，不管走到哪里都是生鱼片招待，据说，不知在哪里，人家还用牛肉火锅来招待。他问："为什么在家里不做呢？""在几百人的大部队里可以做，可在只有二三十人的家里是不能做的。""为什么？""因为从兵站分配东西时，

---

　　① "之所以这样说……处理不完。"这一段似和上文不大连贯，但原文如此，看来作者的思路在做跳跃。——译者

是按每人几克计算的，如果克扣每人 10 克，那么 100 人合起来就是 1 公斤，用 1 公斤就可以做出二三人用的牛肉火锅。""那克扣呢？""如果克扣就不好说了。"

以后，曾招待过我们司令官的邻近驻扎部队的队长来的时候，司令官想回请客人，就说："如果有平时烤的鳝鱼片，把那个……"客人问："鳝鱼是从哪里弄来的？"我回答说："是士兵从黄浦江捕来的。"客人觉得有点奇怪："黄浦江里可是投进了很多敌兵尸体的呀，吃了尸体的鳝鱼……"于是，出现了冷场。

有一次，像往常一样，司令官从附近的部队访问回来对我说："听说某部队队长想把自己地盘上的俘虏全部处以极刑，如果贵司令部的将校希望的话，可以让他们试斩。"我说："在战争中互相杀是不得已的，可是斩杀没有战刀的俘虏，是开斩官的事，不是做将校该做的事情。"司令官说："是吗？那没有办法。虽然是某部队长特意的劝告，但我只好拒绝了。"

在这种情况下，我们虽然从军了，但是对于战局如何变化，却既不想谈论也不想了解。

退伍

过了数月之后，部队又转移到了杭州。在杭州有几家坐落在西湖畔的漂亮得像别墅的西式房子。我决定用其中最大的一栋做兵站的宿舍，管理宿舍是我的任务。我原想这里肯定繁忙而紧张，可是，实际上通过杭州而希望宿营的部队并不多，所以并不怎么忙。

在杭州驻扎数月后，部队向芜湖附近的裕溪口移动。这里是长江沿岸，从淮南煤矿运出的煤，堆积如山，到处都是，车站附近的粗糙的木板房变成了部队事务所和宿舍。为了防止下雨天道路和屋内出现泥泞，都铺上了一层煤。不过，司令官和将校的宿舍食堂在江边山崖上的一座砖瓦建筑物里，感到很不自在。有一天，早晨起来发现，崖头在夜里陷落下去了，我们的宿舍濒临危险。于是紧急和工兵队联系，从水陆两个方向实施大规模的护岸工程，把粗长的圆木头打进江边，然而，一夜之间，那些圆木头全被水冲走，横漂在水面上。费了九牛二虎之力修造的工程成了一场空，不得已又在下面另建了临时的木板房，把将校宿舍迁进去。

派遣军的下一个作战地是汉口。因为向汉口进军不太顺利，所以，在这里生活的时间比较长。生活简直无聊透顶，为了消磨时光，我每天都劈劈柴。再一个任务就是每月一次去南京的司令部向经理例行报告。南京毕竟和裕溪口乡下不同，有大都市的气氛。通常所说的南京大屠杀事件，是我在上海水电公司工作以后，从外国人用粗糙的日本纸写的小册子上知道的，当时，日期和时间已经过了很久，所以也无从知道。

在裕溪口的时候，我发现左眼的视力减弱了，因为不久部队就开到了苏州，所以，我就在苏州的野战医院接受治疗，医生诊断为网膜炎，劝我到上海的陆军医院去治疗。我把情况向司令官报告并得到允许后，住进了上海的陆军医院，医院的生活只是原来无聊生活的继续。从日本来的相声演员，有一天晚上为住院的患者举办了慰问演出，我也出席了。现在回想起来还很生气。相声的内容是因战争失去双脚的伤病员回国后，和村人之间一问一答的争吵场面，其中有这么一段："你，为了国家，身体变成残废，真够戗啊！""不，不完全是坏事！你们，被蚊子叮咬后想必很难受吧？我们呢……"让人看自己的假脚——"连蚊子也不靠近。"这哪里是慰问，简直是侮辱大会。我非常气愤地离开了。

我的眼病，用军医的话说，没有更好的治疗方法了，我决定回苏州部队。归队不久，部队决定让我复员，时间是 1940 年 8 月。

（五）战败前后

再次去上海

回国一看，国内和太平洋战争以前一样，没有什么大的变化，只是原工作单位保险公司的男职员人数逐渐减少了，一个个都被抓去服兵役了。据传，和我一起应征入伍的某人，又接到了第二次征集令。我不想自己被再次紧急征集，所以，决定调职，向同乡三之宫理事提出辞职申请。他惊异地说："你正在出征，公司一直给你发着工资，现在辞职很难办。"他很生气，表示反对。我说："工资暂且不谈，公司的厚意我非常感谢，所以，我想用商量的方式圆满地解决这件事。"他问："就职的地方已经决定了吗？在哪里？"我说："还没有决定。辞职的事如有眉目的话，去哪里好，还想请您帮我物色。""当然，我可以帮你想想办法……"我的决心已定，结果，辞去了公司的职务。

我想了解一下在战地患的眼病情况现在怎样，就去大学医院做了检查。医生说："确实留有痕迹，但已经不发展了。"这以后某一天，我拜访了藤原保明，他是我中学、高中、大学时代的前辈，现在做了运输省的局长。出乎意料的是三之宫理事也来了。他问我："你来有什么事吗？"我说："正如前几天对您说过的那样，想请求帮我找份工作。"他说："藤原先生目前正在筹备民间航空公司（现在的日本航空）……"藤原说："那倒是你来的好地方，到时候，我也替你说说，可是，没有十分的把握。"所以，我再次请求："还请您多多帮忙。"但是，航空公司的进展不太顺利，什么时候能建成还难以预料。

退伍后，为了搭乘便船回日本，在上海待了一周左右时间。那时候，我的唯一一个部下——主计下士官曾在日本国内做过司法代书人，离开单位两年多，现在要回去，恐怕很难继续原来的职业，他和我商量，说如果可能的话，想去上海国策公司就职。因此，我带着他拜访了上海电气自来水公司，说明了来意。一个叫帆足的人事课长接待了我们，谈话之间，我才知道他也是东京帝国大学毕业的，还是我的同届同学。他再三劝我："你也来怎么样？"不管怎么说，旧部下的就职问题解决了。我决定和退伍部队一起回一趟国。

我过去的战友再次接到参军的命令，去了前线，而航空公司的筹建也难以取得进展，曾得到过我帮助的旧部下所在的上海那个公司的人事课长，来信催促要我早一点到他的公司做事，我也想去上海看看，于是，就带着一个小行李包，于 1940 年 11 月以愉快的心情奔赴上海。

日本战败

来到上海后，我看到上海的居民在敌军占领下过着悲惨的生活。路过日本哨兵面前，如不一一脱帽致敬就得挨嘴巴。而且，在黄浦公园门口，挂着"华人与狗不准入内"的牌子。可是，很多的日本人来到上海，他们的生活也绝不快乐。日本人占领着豆腐店、菜店、鱼店、文化用品店等零星企业，因此，中国人的生活越来越贫穷。从日本来的小商人们，大概被国内的生活所逼迫，是所谓的"去海外闯天下的人"。

中国人和日本人之间的纠纷频繁发生。有时候，坐洋车的日本人，先是和车夫发生口角，后来矛盾激化，日本人就大打出手，把车夫脸殴打出血。我看不下去，从中调解劝说，然后带着日本人离开那里。在我工作的公司内两国人之间也屡次发生纠纷，日本人动辄出手打人，那时，我就请中国董事出面调解，帮助解决矛盾。

随着战况的进展，美国的 B29 轰炸黄浦江岸的发电站，中国职员逐渐就不来上班了。战争对上海市民的生活造成重大的影响。我想出了一个对策,决定把空袭警报响时的工资变成双倍,实际发电站被炸的情况下,工资变成四倍。这个意见得到上司同意后,我就付诸实施。天气炎热,工人们在工厂劳动很辛苦,我在市场上买来三卡车西瓜分发下去,他们很高兴。可是,战争后期,物价涨得令人吃惊,日本人继续经营着所谓国策公司,在共同调查的基础上做出物价指数,以此为基准,把工资、租金变为浮动工资制的方式。这种工资制没有来得及实施,为了适应工人的要求,只好去农村直接收购大米,实施实物配给。

而且,我自己的生活也陷入了贫困境地。去买香蕉,需要拿一包袱的纸币才够用。不久,日本的战败已成定局。公司被中国方面(国民党政府)接收,决定留用我们数名干部职员,其间,虽然支付给不少工资,但毕竟是人不敷出,不能维持生活。我们和在同一公司工作的日本朋友一起,把衣服、古董,甚至餐具都统统拿出来换成现金,开了一个临时卖店(市场)。美国军人,犹太人用黄油、果子汁、砂糖等援蒋物资来店里交换,我们非常欢迎。接着,不仅上海而且中国各地的日本人都到上海,在指定的区域集结。我们全家四人搬出了一直住着的公寓,住进在美国人开的公司工作的一个日本职员家的一间房子。当时,看到在街头的电线杆上贴有汉语写的标语:"吃了抗战八年饭,胜利后就不用吃了。"日本人中却有人叫喊:"决不承认战败,爱国者奋起!"

说到上海的3月,已经是热天了。我们和日本人居留民会取得了联系,为了乘船回国,从早晨起,就在江边的广场上集合。在那里,因为人多,光检查行李就耽搁了很长时间。

我们所乘的是5—6千吨级运送马匹的货船。数百名男女老少蹲坐在像洞穴一样的船体里。为了往下送盛汤汁的桶和米饭,从甲板上放下一个长梯子,摇摇晃晃的,非常危险。也有人晕船。船速每小时8海里。从上海到鹿儿岛整整用了两昼夜时间。

在盛开的八重樱树下

在鹿儿岛一上岸，等在港口的美国兵立刻把白粉消毒药从我们领边喷进去。当天晚上，就在一所小学的礼堂过夜。相隔好久以来，第一次吃到了可口的日本泽庵①和酱汤。

第二天，乘火车从鹿儿岛去东京。混杂的车厢简直要挤死人。不管男女，都用携带的脸盆解大小便。从上海出发时给小孩带来的饭团都已变酸，根本不能吃了。

终于到了东京，不知道自己的家是否还有，所以，就暂且先在妻子的娘家落脚了。可是，粮食奇缺，无论哪儿都是一样。没有办法，只好加入了搞黑市交易的店铺团伙。虽说是黑市交易店，可最初也仅仅是拿出几件衣服，直接去郊外的农家采购萨摩薯②，农民把怕冻坏而深埋在地下的萨摩薯挖出来，不情愿地换给我们。有时候，所购的萨摩薯装进登山背囊约 5—6 公斤，让两个女儿背着，乘已经客满的电车回家。途中，一个身体突然不舒服，只好中途下车，还曾受到过车站服务员的照顾。

妻子的娘家，父母和兄弟已全死了。虽然让我们住进另一栋房子的一间，可是，因为粮食缺乏，常常引起纠纷。被火烧残的阿佐谷自己的家，住着弟弟夫妇和另外一家人。虽说不是本家人，可他们也没有住的地方，而且在战争中给我看家，所以也不能一张口就把人家撵走。已经多次交涉让他们搬出，最后，他们找到了其他的房子，我们就暂和弟弟夫妇同住在一起。为了粮食，我每天既要捕鱼又要往黑市店跑。银座周围还是被火烧过的老样子，马路上围了一大群人。我靠近一看，正在便宜卖一种海草。我曾吃过一次这种草，吃坏了肚子，所以没敢买。道上

---

① 泽庵即咸菜。以米糖麸加盐腌制的黄色萝卜，17 世纪泽庵和尚所制。——译者
② 萨摩指鹿儿岛。萨摩薯是甘、白、红番薯，即地瓜。——译者

的年轻人和其他行人都只顾按着空腹追求食物。所有的军人都把用旧的军服、军帽装进背包挂在肩上，脸上露出难以形容的表情，弯着腰，仿佛要把内心的活动全部隐藏起来，木木地在街上走着。

渐渐，天气变暖。晚饭后，人们还没有睡觉，就传来了祭祀的音头①，即那年流行的东京音头。附近，在进行祭祀预演，东京音头的旋律透过略带寒意的夜空断断续续地传来。与歌词的华丽正好相反，旋律带有阴森之气，带着柔肠寸断的哀调，在被屈辱感摧残的我们的耳际回响。

> 哎！假如你跳呀跳，喂！
> 东京音头，哎哟哎哟！
> 在华丽的都市，华丽的都市的中央，
> 却说：无家可归。哎哟哎哟！
> 无家可归，哎哟哎哟！

我的这个黑市店，最初是做一点萨摩薯的采购，渐渐地向高档转变。美国占领当局下达命令，让商工省②全部回收被认为是军国主义宣传品的日本中小学校教科书及其他书籍和杂志等等，我有个朋友和商工省关系密切，并且走通了当时在文部省相当有地位的一个官员的门子，从学校、公司收集这些旧纸，作为原料卖给造纸厂。在推销工作开始时，我在底下做了转承包人。当时，根据占领当局规定，采用新货币，每人每月只限兑换100日元旧币，我的长女在女子学校毕业后被迫为美军做打字员，后来终于摆脱了打字员的工作。而我的黑市店也难以长期维持下去。以后，我自己在当时开庭的远东军事法庭做了数月译员。唯一留在我脑子里的一件事，是那时还被扣押在苏联的后宫大将的口供。

---

① 音头，集体舞蹈的歌曲。——译者
② 通商产业省的旧称。——译者

这期间，住在阿佐谷自宅的弟弟一家也建好了自己的房子。阿佐谷只剩了我一家。

由于这些情况，我长期不在家。有一天，发现妻子出血，脸色苍白。检查了排出的污物，才知出血量相当大。我吃了一惊，立刻带着妻子去看附近的妇科医生，医生说好像是子宫癌。我不放心，又带着她去了癌症研究所，才知病情确实很严重。经友人介绍，又带着她去东大医院的专家佐佐木博士那里，先生说已经耽误了，似乎没有什么办法治疗。我决定无论如何要住院做手术。手术后，先生把切除的患部放在我面前说，癌细胞根本就除不完，如果暂时做做放射治疗的话，短时还能见效，但还会发作，等病人有精神的时候，可以带着去温泉或者她喜欢去的地方做做疗养。这等于宣告了她的死刑，我眼前变得一片茫然。

我事先对妻子说过要去接受妇科诊断，可她无论如何也不肯去，而且妻子正在接受放射治疗，处在最痛苦的时期。可是，这时日中友好协会正在筹建，协会的同僚邀请我一起去拜访秋山定辅，我正犹豫要不要去。当我告诉妻子说要外出一会儿，没有人看护，妻子很理解地说："如果是协会的事，肯定很重要，去吧！"妻子是忍耐性很强的女性。因为去疗养地她本人也不同意，所以哪里也没有去。以后的经过正如佐佐木先生所说。

妻子于1951年（昭和26年）4月望着前院盛开的八重樱死了。举行葬礼时请了朋友牧师，地点就在某个基督教教会。母亲和妹妹都还在疏散地，所以都没有来参加葬礼。失去妻子后，我如同患了半身不遂，走路也跌跌撞撞，生活整个乱了。

第三章

日中友好协会时代——之一

(一)协会的草创期

人生的意义

在前几章里，我着重回忆了童年时代、学生时代及平淡无奇的社会生活。当时，好多人都已经故去了，为了便于读者阅读，我尽量使用固有名词叙述。可是，从现在起所叙述的是 30 年来日中友好运动时代所发生的事情，再那样做就不可能了。如果使用固有名词，不仅不便于叙述，而且也太带迂腐气。

正如前面叙述的那样，大学毕业后，我不知道追求什么才能使自己的人生更有意义。我的这种情形和父亲民藏在青年时代相同，他经过一番慎重的思考之后，才决定把土地复权运动作为自己毕生奋斗的事业。我在大学读书时并没有发现一个值得自己毕生从事的事业，只是在有了家庭、有了一定的社会经验以后，才发现一个很模糊的大方向，可具体是什么大方向我也不太清楚。我在想，如果能在这个大方向中确定自己今后做什么，那该多好。在日中友好运动中，我接触到了毛泽东主席和中国共产党的思想以后，多少悟出了一点儿道理。

首先，根据毛泽东主席的"人民，只有人民，才是创造世界历史的动力"这一论述，我意识到了自己也能参加创造世界历史的运动，勇气大大地增强了。可是，要创造世界历史，具体该怎样行动呢？我心里还没有把握。这种还没有影儿的事如果顺口说出去，会被人看成是"吹牛大王"、"空想家"，但别人硬要认为我这是发疯，那我也没有办法。为了参加创造世界历史的运动，紧跟人类进步这个大方向，哪怕是贡献几亿分之一的力量也好，我想站在自己的立场上做自己想做的事。我决定从日中友好运动开始着手工作。

我所从事的日中友好运动，是以日中友好协会为根据地的。日中友好协会的诞生，正如人们常说的那样，是和新中国同时诞生的。对协会诞生前的工作我不太清楚。但我觉得准备工作好像是以日共为中心展开活动的。

当初，我只是被一个朋友邀请，参加了协会的结成大会和筹备会议。我忽然领悟到，日中友好才是我真正的人生意义所在。我不禁联想起了熊本的老家和叔父们。

记得在日中友好协会筹备会上，曾因协会的名称问题发生过争论。有"日华亲善"和"日中友好"两个提案，实藤惠秀（当时是早稻田大学教授）作了说明。他说："日华亲善"有旧中国的影子，"中日"这个词是中国方面的说法，作为我们应该叫"日中友好"。我虽然感觉这个叫法不太顺耳，可是，名称就这样决定了。

参加筹备会和正式成立大会的会员中，日本共产党的党员居多。因为协会是超越意识形态的组织，不管持何种思想的人以及入会的动机是什么，都可以参加，所以，有很多人都加入了协会。

1950 年 9 月 30 日，日本中国友好协会创立大会召开了。接着，10

月 16 日举行了第一届理事会，会上选出了中央总部的工作人员，会长空缺，副会长是丰岛与志雄、原彪、平野义太郎、林炳淞四人，理事长是内山完造，常任理事是厚木たか、赤津益造、安岛彬、池田幸子、伊藤武雄、岩村三千夫、幼方直吉、小泽正元、细谷松太、鹿地亘、甘文芳、小松清、黄秀凤、胜间田清一、西园寺公一、崔土彦、涩谷定辅、田中稔男、立野信之、只松裕沼、柘植秀臣、德永利雄、花冢正吉、宫崎世民、三岛一、山花秀雄、吉野信一郎、吉田资治、刘永鑫等人。理事有伊藤贵磨、石河京市、今中次麿、于思洋、太田薰、神近市子、黑田寿男、岛田政雄、谢南光、铃木义男、泷田实、高山义三、户叶武、新居格、羽仁说子、藤森成吉、细川嘉六、帆足计、堀真琴、木间喜一、武藤武雄、和田博雄等，参加的人员来自社会各界。现在，很多人已经故去。健在的也都是高龄了。正是这些人发起了日中友好运动，值得怀念。

运动和生活

那时候，我虽然担任协会的常任理事这种没有报酬的职务，但是，为了生活，我借朋友的资金创办了一个小小的电机厂。逐渐，协会的工作多起来了，我对工厂的工作也没有兴趣，再加上精力也赶不上，工厂就倒闭了。

这以后，协会的友人三好一患病初愈，我俩的境遇差不多，我和他谈了我的想法，他建议我建立国际产业文化研究所。当时，日中邦交虽然尚未恢复，但民间贸易照常进行着。日本要想向中国出口商品，就必须做广告宣传，我利用这一有利时机，几经周折，终于出了一本《新编日本商品目录 58 年——附汉语说明和照片介绍》。协会理事长内山完造为本书做了序，中日银行总裁南汉宸还题了词。虽说这是生活的手段，但这项工作仍然推动了日中友好和日中贸易向前发展。

我在英文版的《人民中国》上读到一篇文章，内容是描写中国土地改革的实况，是作者的采访纪实。因为这正是激烈地震动了中国革命的中心事件，所以，我给那本书的作者萧乾写了一封信，征得他的同意后，我就把文章翻译出版了。我认为这能够加深日本国民对中国革命的理解。我当时（现在也还是）不懂中国语，在翻译过程中，对固有名词束手无策，曾多次向友人和原作者请教。

战后，在我国，特别是产业界，一提起美国，就认为是先进的民主主义国家，是世界上第一流的民主主义国家和经济大国，因为实际上并不是那样，我觉得可笑之极。鉴于此，我想向日本介绍美国的实际情况。我把这一想法告诉了协会的同僚 H，得到他的同意后，决定合作创建美国研究所。H 曾在美国生活多年，受尽了各种歧视才回到日本的，所以，他了解美国的情况。因为建立研究所首先需要资金，我和 H 两个人不顾天气炎热，四处奔走筹集资金。资金筹集到了，工作人员也有了，在小石川的高台找到了一间合适的房子。一切准备就绪后，研究所就开始活动了。参考资料除了美国的各大报纸以外，H 认识的左翼团体也赠送一些。经过研究所全体人员的共同努力，从 1961 年起，每月 10 日正式出版《美国事情》和《华盛顿内报》。

可是，1964 年 2 月，暗杀肯尼迪总统的事件震动了日本报道界，毅然放弃了过去对美国的所持的态度，不得已改变了过去赞扬美国的编辑方针，而且报道也有所变化。这时，美国研究所的经营也越来越困难，再加上我自身，在 1963 年 5 月召开的日中友好协会第 13 届全国大会上被选为有报酬的理事长，所以，不得不从美国研究所脱身。

第二次结婚

1951 年 4 月 14 日失去妻子，过了一阵子，我的情绪逐渐稳定下来，我开始考虑将来的生活，并做了各种计划。最后，我对孩子们说，我们三人今后都要结婚，谁先找到合适的人谁就先结婚。之所以这样说，是因为如果我独身的话，孩子们会担心我晚年的生活，会有所顾虑，不能结婚。而且，从我自身说，也想改变过去那种不正常的生活。

在国际产业文化研究所工作的时候，我听说了有关甲元千代的事，她是妹妹哲子在东京女子大学时的同学，学生时代和妹妹很要好，经常来我家，后来，从医学校毕业，自己开业。我决定向甲元千代求婚，很希望和她结婚。我征得了两个孩子的谅解，她也得到了父母的同意。1952年3月，由内山完造做媒人，我们在品川的某家中国餐馆举行了婚礼。作为媒人，内山说："宫崎先生，因为在金钱上是缘分较远的人……"内山这话是根据什么说的，直到现在我都不明白，可是，确实是像他说的那样。

以后，中国大使馆在日本初建的时候，代理大使肖向前对我说："大家都说你靠夫人养活着。"自那以后，中国友人无论谁都好像是那样理解的。可是，别人这样说，我也没说过"那不对"的话，我一直沉默着。如今想一想，我能够专心致力于日中友好运动，这和做医生的妻子千代全力以赴的支持是分不开的，必须反省。

人和钱

这也是发生在日中友好协会创立时的一件事。协会创立后，不仅必须在什么地方有一个固定的事务所，而且需要几名素质好的常勤工作人员。事务所设在东京华侨总会所借的圆形大厦事务所的一间房子里。东京华侨总会是由最早支持新中国的一部分华侨建立的组织。可是，旅日华侨中还有一部分人，不愿承认新中国。

东京华侨总会虽然是理所当然地支持日中友好协会的，总会的几名工作人员几乎都成了日中友好协会的工作人员或会员，在以后长时期内，两个团体都是互相支持，互相帮助。可是，日中友好协会的会员，大体上都是贫穷的勤劳者，而且人数也少，最困难的是财政问题。无论做什么都需要钱，每次都得想法筹集。简单的办法是向东京华侨总会求援。一般说来，华侨们在经济上比较能干。特别是在战后美军占领下，我们一般日本人贫穷到连馂口也难以维持的状态，与此相比，华侨们被称为是所谓的"第三国人"，他们依靠占领军的优惠政策，在生活上处于有利地位。正因为如此，日中友好协会常常受到他们的大力支持，他们也是出于一片赤诚。

事务所的工作让谁来做好呢？正在讨论这一问题的时候，在创立协会的同仁中有一个叫加岛君的青年，主动要求负责那项工作，加岛君毕业于上海东亚同文书院，对中国语特别精通。他已经结了婚，尽管生活上有困难，但是他们夫妻对日中友好运动非常热心，承担了协会草创时期的一切事务，工资有时有，有时干脆就没有。他就是这样献身于友好运动，是事实上的事务局长。

加岛君夫妻所进行的第一项工作就是寻人探访。当时，有很多日本人留在中国东北，这些人主要是日本军国主义政府为了达到他们侵略中国的目的而从日本各地召集来的"满蒙开拓"团员。政府用甜言蜜语哄骗他们，说去了东北能给予什么"王道乐土"的大片耕地。在被迫"渡华"的人当中，很多人因为战乱和家里断绝了联系，生死不明。不明亲属生死的家庭，要数青森、长野、岩手县最多，因为这些地方居民的生活比较苦，这些家庭想确定亲属的生死和住处是理所当然的。

因此，我们在机关报纸《日本和中国》上刚刚登出帮助寻人探访的消息后，请求我们帮助的信便从全国各地纷纷寄来。幸好有一定技术的日本人在中国的东北地方被中国方面留用，那些人，发行了《东北民主新闻》报纸，协会和它取得了联系，这在某种程度上为协助处理这件事提供了可能。

到了1952年，被中国留用的日本人想给自己家庭汇寄生活补贴，协会承担了这一转达工作。我们想象寄钱的人自身，在战后物资贫乏的中国生活是不自由的。因为是从那种痛苦中寄来的钱，所以，我们对待这项工作也很认真。东北民主新闻社汇总后寄到我协会的钱，当时数额总有数千万日元之多，协会指定加岛夫妻慎重地把钱以邮局汇款的方式一一寄往每个家庭。因为有上千个家庭，所以，加岛夫妻的工作相当不容易。

政府开始探问这件事情，认为这是中国"赤化工作"的资金。当时，日本在美国占领下听从美国指示，说什么要找攻击中国的证据。我们日中友好协会的代表对于把这事向上禀报了的政府当局提出抗议。

占领军时代对日中友好运动的镇压

众所周知，日本于 1945 年（昭和 20 年）8 月 15 日宣布无条件投降，被置于美军的占领之下。而且，中国作为社会主义国家获得了新生，接着又爆发了朝鲜战争。在这种背景下，日中友好运动受到了占领军各种镇压。

当时，刮起了突击清洗的大风暴。在报社、商社、政府机关等单位里略带点左翼色彩的人，大部分都被解雇了。这些被突击清洗的人进入协会，有的还当了干部。比如，后来当了副理事长，写了很多有关中国论著的岩村三千夫，就是被读卖新闻社清洗的。

1950 年 11 月 15 日，大阪市警察署奉美军的命令，袭击了日中友好协会大阪支部事务局，他们以违反波茨坦政令①第 32 号嫌疑的罪名，搜查了支部事务局，没收了中国寄来的《人民日报》、《世界知识》等许多资料，逮捕了支部事务局长坪井正、事务负责人平井巳之助、事务局员山口和子三人。

同年 12 月 29 日，在大阪军事法庭，美国占领军宣判坪井重劳役 3 年、山口重劳役 6 个月。事务局长小泽正元（现全国总部顾问）急忙从

---

① 日本政府接受《波茨坦宣言》投降后，为实施美国占领军或美方同意行的行政命令，可以不行法律手续，直接由日本政府以所谓"波茨坦政令"的形式推行。——译者

中央总部赶赴法庭，站在法庭上以证人身份进行抗议，当场遭逮捕，被关进监狱。紧接着，12 月 31 日，警视厅奉美军命令搜查了设在东京神田的协会中央总部，没收了大量的资料，逮捕了资料部长赤津益造（现全国总部副会长）。

小泽、赤津两个被美军事法庭判处重劳役 5 年，罚款 500 美元，他们与已在服刑的坪井一起，在堺①监狱里被关到 1952 年 4 月 28 日，所谓的旧金山条约生效的日子。

日中友好协会当时通过国际邮局收到中国寄送的《人民日报》、《大公报》、《文汇报》、《人民中国》、《世界知识》、《文艺报》等报纸杂志。我们也从日本给中国寄送各种报纸杂志，进行资料交换。

在美国推行所谓"遏制中国"政策的情况下，中国和日本长期处于战争状态，邦交当然没有，文化交流也被隔绝，这种小小的资料交换，在加深正确理解中国方面起了宝贵的作用。日本方面，特别是报社、图书馆、研究所，以及政府机关，很希望得到这些资料。可是，在美国占领军的眼里，可能把这看成了特洛伊木马吧！

日中友好协会了解和宣传新中国的情报虽然是很重要的，但是，对于在活动资金方面一筹莫展的协会来说，不管怎么样，由于资料的散发而能够赚取若干的活动资金还是很难得的。因为资料多而工作忙，对每期报纸、杂志的内容不可能细读。有一天，突然，佩戴 M·P 袖章美国兵来到了协会事务所，说《人民日报》上刊登有占领军总司令麦克阿瑟的头像，违反了占领法规。这样，赤津便遭逮捕，被带走了。

这件事一传开，甚至做了国会议员的常任理事 H，也提出申请，要求暂时把自己的名字从协会官员的名单中给取消。我自己仍然是常任理事之一，虽然不能在协会经常上班，可是也担心美国宪兵再来没收。记得我把余下的《人民日报》藏匿在熟人那里。

---

① 堺，市名，属大阪府。——译者

我们为释放小泽等人而努力。《大阪新闻》这种小报，竟然称我协会为"中国共产党的第五纵队"。我们对该报登出这种无中生有的文章进行了抗议。同时，还找了熟悉占领军诉讼的海野晋吉律师商谈，请他介绍给我们的律师写了一份请愿书，翻成英文后送交占领军法院。

和内山先生争吵的故事

加岛君是日中友好协会创立时代无与伦比的活动家。不知因为什么——我认为大概不会是因为女性关系——听说他在所属的协会内日共派中受到了批判。这件事，除了他们派系的人，对谁也没有说明事情的真相，甚至包括像我这样的协会官员（常任理事）。很快，事情发展到了解除加岛君协会事实上的事务局长职务的地步。我反对这种做法。但是，我感到，不是日共党员的我力量有限。所以，我为了在会上通过反对的意见，除了辞去协会的常任理事以外无计可施。我向理事长内山先生表明了这种想法。

那时候，我住在小石川护国寺附近妻子的诊疗所。有一天早晨，吃过早饭，我要去国际产业文化研究所上班，突然内山来访。因内山是我们的媒人，所以，觉得特别亲切。

内山来访的目的是谈加岛君的问题。他说："出了像加岛君那样的事情，玷污了协会的名誉，想让他辞职，希望不要反对。"可是，内山对于加岛究竟做了什么错事，好像并不是知道得很清楚，只是说："因为大家都那样说。"他好像完全相信日共派的说法，我仍然坚持我的看法。不管怎么说，我们俩的意见还是不一致。然后，我们一起乘电车到神田，在车中还继续争论。我们都在神保町车站下车，在那里又争吵了一阵子。内山最后说："如果那样说的话，我也辞职。"我说："是吗？那你随便，请你自由决定！"我摆摆手和内山告别了。后来，据内山夫人说，那天内山回家以后很长时间都不说话，一直抱着头坐在桌前。

可是，加岛君在日共派内几乎被逼得走投无路，渐渐地，他自己好像也不愿继续留在协会内，他对我讲了他的这种想法。以后，日共党员细川嘉六老人来神田的国际产业文化研究所，邀我去咖啡店喝啤酒。他对我说："对这个问题不可小瞧啊！"刚说完这句话，又说"不明白事实真相是讨厌的"。他最后说："好啊，那件事已经完了，不可小瞧的话不能谈两次吧！"

接着，龟田东伍也来了，开场白是："首先，今天，我不是作为友人，而是作为党的正式代表来的。"他说："关于加岛君的事件，你的话是对的。"最后，协会内被称为日共派的戴无檐帽的Ⅰ来和我商谈，我说："让加岛君辞职的话，必须在协会的会议上决定。到时候，请加岛君本人表明辞意，然后，希望内山理事长从言辞上表示挽留之意。"我提出这个妥协方案，他赞成了。可是，不久以后，协会召开了会议，会上谁也没有表示挽留加岛。加岛君的辞职决定了。我对此事很不满意。

自那以后，一直没有见过加岛君，他没有拜访过我，我也没有拜访过他。在我的内心深处，总觉得这并不是个人友情的问题。时间一天天流逝着，据别人说，他已经不闻不问友好运动的事情了，自己买了一台什么小机械安装在家里，做一些零碎的转承揽的工作，非常辛苦。后来又听说他死亡的事。大概是过度劳累。我并没有接到死亡通知。遇见加岛夫人时觉得很难堪，连吊唁也没有去。这件事，直到现在都还是我心底的一个负担。

（二）援助在华日侨、华侨、战犯回国

欢喜的国民

这期间，在华日侨的回国问题，成了国内舆论的中心。

原外相有田八郎等人模仿右翼团体组织了"在支同邦援护会",故意散布谣言说,中国不让日本人回国,简直是岂有此理。他们还纠集日侨家属和右翼团体,给毛泽东主席打电报,还举行绝食等活动。日中友好协会认为,留华同胞是侵略战争的产物,我们反对他们的做法,同时和他们举行了数次谈判,要求其停止那种既无道理也无效果的行动。他们似乎听从了我们的劝告,渐渐地,反华的态度缓和了。

最难忘的是1952(昭和27年)12月1日,中国政府通过新华社发表了对在华日本人回国援助的方针。关于留在中国的日本人的回国问题,因为要准备有关的协议,作为日本国的代表,日中友好协会、日本红十字会、日本和平联络会三团体接到了访华的邀请。在华日侨的家属自不用说,大多数的国民都欢迎这个喜报。

当时,联合国的对日占领政策,由远东委员会中的美、苏、中为主的对日理事会负责制定,据对日理事会提供的数据,在华日侨有近30万人。但是,战败同时回国的军人、军属及家族的人数也不少,很难区分出到底有多少日本人还留在中国。据说,连中国方面也不知道具体的数字。

残留日本人的回国问题,是国民最想迫切解决的问题。当然这是政府的责任,可日本被反对中国的美国占领着,作为追随美国反中国政策的日本政府,对此问题很是棘手。

收到邀请的三团体,在第二年——1953年1月,以非常的勇气开始组建日本代表团。三团体协商的结果,决定选出参加各代表团的代表。我协会,首先大家一致同意内山完造理事长为代表,接着,协会内日共派的I第一个毛遂自荐,得到了日共派的支持,我反对。我以协会活动的实际成绩为理由坚决推举加岛君。事情很难决定,记得内山还为这些事大发脾气。结果决定加岛君为正式团员,I为随员。

各团体的代表决定后,在日本红十字会总社集会时,受K参议院议员推荐的有田八郎出现了。他进来看了出席者的阵容后说:"在这个集会上，只限团员参加，请不是团员的人员退出！"我不是不知道这个傲慢的人物是什么人，但是，我实在太气愤了，为了挫挫他的锐气，我大声训斥说："你是谁？自己也不报报姓名！连这个会议因为什么召开也不明白，最好不要说不礼貌的话！这是代表团的母体三团体代表会议，我们是应这里的主人、日本红十字会会长岛津的邀请来这里的！"不久，他退出去了。内山说："那个人是精神分裂。"

在接着举行的三团体会议上，K 参议员出席了，他说："现在的三团体，代表日本国民的范围也太窄，加进有田的援护会怎么样？"这一提议遭到大家的反对。他毫不气馁，又拿出妥协方案，说："那么，也考虑不提前外务大臣、在华同胞援护会等称呼。"他还咬住岛津带有日本红十字会会长的头衔不放。因此，日本红十字会会长岛津忠承说："我可以不要头衔。"结果，把不带头衔的有田八郎加进了团员名单，之后打电报和中国联系。

很快，得到了中国方面的回答，有田八郎的名字被取消了，另外还列出了其他候补团员的名字。回电话："欢迎各位先生的来访。"这就是说，有田被中国方面拒绝了。

这样，日本代表团的组成终于决定了。代表团，这时第一次得到了中国的旅行证件——也是公用旅行证件，经香港乘 BOAC[①] 访华。

在北京，和中国红十字会代表团会谈了四次，商谈的结果，达成了《关于日本人居留民归国问题的联合声明》，双方签了字。在华日侨的归国问题决定了。据此，1953 年 3 月 23 日，归国第一船"兴安丸"进入舞鹤港；到 1955 年 12 月以前，用 12 只归国船，实现了约 3 万日侨回国。

日本代表团回国后顺便去外务省报告。听完报告的外务省官员们挑剔了半天，结果，不得不承认联合声明。作为政府战后最大的课

---

① BOAC，旧英国航空公司。1974 年和欧洲航空公司合并，后称 BA。——译者

题，由于我们回国三团体的努力而打开了解决的渠道，所以，不用说，功劳是相当大的。可实际上，在对待三团体特别是民间团体的日中友好协会和日本和平联络会的态度上，与其说是冷淡，倒不如说是傲慢无礼。

可是，必须推进回国事务，因此，三团体为了顺利推进回国事务，决定设立三团体联络事务所。我也是其中成员之一。可是不管怎么说，两国政府在法律上的战争状态还没有结束，特别是日本政府追随美国，顽固采取敌视中国的态度，所以，这个联络事务所的工作并不容易做。对于这一回国事业，我国政府当局（外务省亚洲局）的态度怎样呢？一句话，是非常不讲理的，竟说出了这样的话："那种事法律规定不允许。""那种事没有先例。""如果这样做，对我国有什么好处？""民间团体没有那样的资格。"

如果让我们说，就是："在两国政府间不可能商谈的现状下，不会有先例吗？""实质上，两国尽管还处在战争状态，但是又必须解决这个回国问题，做这件事的不正是民间团体吗？"

三团体代表为了推进回国事业的各种活动，当然需要钱。对此，政府尽管做了数百万日元的预算，但是一文也没有兑现。我们没有办法，谈妥事情后，我们还曾到处募捐。

要进行这项工作，首先必须有船只。经三团体代表和中国方面商谈，决定由日本方面提供。可是，三团体得有租借船只的经济能力，所以，政府决定以日本红十字会的名义付款。

除了政府和三团体之间的关系以外，日本红十字会和我们之间也因船停泊港口的日数及其他事意见不合，日本红十字会连对我们给中国红十字会的联络电文也吹毛求疵。

这样，政府和日本红十字会的意见常常发生龃龉，不仅如此，而且似乎是政府窗口的日本红十字会和纯粹是民间团体的我们之间，意见也往往发生对立。这种情况，对我们来说，作为最后的手段："那么，我们从这个工作中撤出，以后，你们喜欢怎样做就怎样做好了。"除了这样说以外，没有别的办法了。作为为了推动业务已做了预算的政府，听到这话，也不能说什么了。

第二次世界大战中，好多参战国的国民，不仅战斗员，而且一般人也被滞留在对方国家，长久不能回国的这种悲剧，带有普遍性。由于战争而离散的家庭，希望再会的迫切声音充满世界。这个问题的解决，在战争结束后忽然成了各国政府所面临的最重要的课题。

二战后的西德（德意志联邦共和国）情况也是如此。由于战败，大战中入侵苏联的大批德国将领滞留在苏联。阿登纳内阁抱怨由于苏联造成了东德分离，宣布和承认东德的国家不保持外交关系，这就是有名的哈尔斯坦主义。可是，离散家族要求团聚的迫切愿望，动摇了阿登纳政权。就连阿登纳首相也亲自访苏和斯大林谈判，与苏联建立了外交关系，不得不解决滞留在苏联的德国俘虏问题。

在华日侨回国问题，当时对我国政府来说也是重大的课题。可是，我国政府，既想解决这个问题，又不愿模仿阿登纳，跟随美帝国主义顽固地敌视中国，岂止是不谋求和中国谈判，甚至工作开始以后只是在一些琐细的事情上意气用事，根本不想推动工作前进，完全没有达到解决的目标。

民间三团体代替政府完成了这项重大课题，顺应了国民的要求，应该大书特书。

池田政之辅先生①

中国红十字会为了使在华日侨早日回国，给我们提供了非常大的帮助，所以，为了表示感谢，我们想邀请中国代表团访问日本。经过

---

① 池田政之辅（1898—1986），记者出身，后进入财界、政界、鸠山内阁时期曾主管过日中关系。——译者

三年多时间，我们为此做了大量的准备工作。池田政之辅听到这件事后，让秘书来和我们联系，说想见见面，所以我们决定去拜访他。

见面的时候，池田政之辅不仅摆架子，而且用"你们啦"、"你们啦"的腔调和我们说话。同去的和田敏明受不了，他是属于以牙还牙的那种人。对方如果称"你"，那我也一样，揪住池田大声叫"你"。烟中正春也一起叫"你"。过去，我们和日本红十字会合作援助在华日侨归国，双方经常谈判、会谈，每当达不成协议的时候，我就说："再不和你们谈了。"然后气愤不平地站起来离开席位。大概做这种事是我的专利，这时，烟中就说"好了好了"，挽留我不要离开，这类事情经常发生。可是，现在烟中使出我的拿手好戏来说："再不然，我们就回去。"听了这个话以后，虽说是我的专长，心中也觉得可笑。我边笑边制止说："啊，不说可以吗？"

这里说到池田，那他到底是怎样说的呢？是这样的，他说："听说你们打算邀请中国红十字会访日，就算日本红十字会会长岛津愿意那样，也是白费劲，他没有力量，因为我和外务大臣冈崎关系笃深，所以，如果俺出面肯定能成功"。这时，他只想把自己成功的开端押在中国问题上。

不久，池田又想和我们会面。他的秘书对我们礼貌周到，不停地鞠躬，是一个有三太夫①风采的男子。以前在议员会馆和池田见过面，这次却要在议事堂接待我们，我们被他的秘书领到了一个家里等着。可是，过了 10 分、20 分钟池田也没有出来。因此，和田就说："我们平时没有消闲的时间，因为太忙了，所以，请快一点。"秘书说："是的，我明白了。请再等一会儿。"就退下去了。池田本人迟迟不露面，又是秘书来了，说："对不起，请再等一会儿。"和田问秘书："不会是在什么地方打麻将牌吧？"秘书说："不，没有的事，绝对没有那种事。"又

---

① 太夫，指歌舞伎等艺人中的上等艺人。——译者

过了 20 分钟左右，池田还没有出来。我们想，因为对方要见面，所以才来了，可是实在等得不耐烦，就决定回去。和田因为当过一次议员，对院内各处甚至小走廊都熟悉，我们就转悠出来，到了一间房子前，他说："这种地方，是打麻将的地方。"就顺便进去了。在门口，听见有人大声嚷叫："扮什么议员面孔，顶风臭 40 里，你说谎！"池田说："是我不好。""不好就完事了吗？"我们进去看见池田在和新闻记者打麻将，非常气愤，甚至于语无伦次，大声抗议。池田脸色苍白，木讷地站着向我们道歉。我们说完，扬长而去。

松本的签证

从那以后，过了很长时间，听说中国要举办孙中山诞辰 90 周年纪念活动，不知什么原因，我没有接到邀请电报，而松本次一郎收到了。过后，我的邀请电报寄来了。当时，外务省签发旅行证件很困难，因此，我请吉田法晴办理松本的旅行证件时顺便也替我办理一下。他说："松本的旅行证件已经办好了。"这个邀请不是针对日中友好协会发来的，我也不是松本的陪同，而是应当分别访华，所以，我去和吉田法晴商谈。他说，旅行证件的事如果请池田帮忙就会立刻解决。我认为这是一个高明的主意。我马上给池田事务所打了电话，说人不在，于是，我就去家里拜访，正好找到了。

因为池田当时是很有势力的议员，我去他家拜访的时候，已经有几个官员模样的客人先等上了。可是，这些先到的客人对我郑重地说："请，请进来。"也许因为发生了以前那件事的缘故吧。自那以后，池田政之辅好像还比较相信我说的话。

由于那种原因，松本和我拿到了英国领事馆发的签证。用这个签证从羽田到香港，在九龙车站，和中国旅行社的人发生了争执。由于语言不通，松本就拿出印有众议院副议长、日中友好协会会长等头衔的名片给对方看。可是，对方根本不知道，为了能赶上参加孙中山诞生纪念活动，不能浪费太多的时间交涉。正当我们无计可施的时候，碰巧，我认识的新华社的潘先生来了。在这里，没有办法，就用英语交谈。潘先生先是说："还没有和国内取得联系。"可是，我介绍过每个人后，他对我说："那么，我个人担保，请您进来吧！"松本说："真不愧是宫崎啊！"对我感谢得不得了。

三团体代表的权威

在我们专心致志于在华日侨回国问题的同时，出现了华侨的归国问题。因为新中国建立了，华侨提出要求回归祖国。他们是经过了各种活动，最后才决定要回到自己祖国去的。我们决定让华侨搭乘迎接在华日侨的船只回国。

我们先到舞鹤港做准备。当时，华侨都持有短时来日的居留证明书。其中，有一个华侨，没有居留证明书，于是，援护局的局长说不能让这个华侨回国。

因此，我说："尽管没有居留证明书，可归国人员名单中不是有他吗？"为此，和援护局的官员争吵起来。可是，对方不让一个人回去，事情没有得到解决。

当时，三团体在对华关系方面具有权威性。三团体的代表如果不乘船，船就不能进入对方的港口，因此，我借用舞鹤援护局的电话，给东京的日中友好协会事务所挂了电话，当时的事务局长是大森慎一郎，因为是晚上，所以人不在。我说事务局长不在也可以，但"请转告大森，回国船今夜不能出发！因为不让华侨回国，所以，我去睡觉了"。打电话的时候我故意提高声音，让大家听见，政府的租船，一天一夜租金大概是 80 万日元，船如果不出发就需要钱，没有办法，对方只好认输了。

天津还是香港？

1954 年 8 月，中国决定释放日本战犯，让其回国，中国方面宣布，从 9 月 15—25 日期间，在天津交还战犯。可是，日本政府要求在香港用飞机交还。

因此，9 月 10 日，我和内山一起去厚生省说明了情况。那时的厚生大臣是堀木镰三，是铁路弘济会总裁，还是刚刚当上大臣。一进会议室，这里已有五六个人，厚生省连大臣在内只有 10 人。我们要求提供去天津的特别红十字会船，局长和其他的官员都拒绝说："即使说明情况也不行，这是外务、运输、厚生省三大臣共同商量决定的。"

我说："中国方面把这个问题作为非常重要的问题。大臣是否听说过这样一件事。在中国，第一届政治协商会议召开的时候，共产党是人民的代表，对共产党提出的政策没有一个人持异议。可是，当释放拘禁在抚顺日本战犯的问题刚一提出，就有很多人举手要求发言。其中，有一个只举着左胳膊的男子，这个人的右胳膊是被日本军砍掉的。'人们承认建立新中国的共产党的权威，别的事情我没有任何意见，但在这个问题上，我们一家遭受了这种不幸，我被砍掉右胳膊，怎么能让日本的战犯轻而易举地回去呢？'他非常愤慨地叙述着。对此，共产党说，有罪的是日本军国主义者。日本人民也是受害者，被拘禁在抚顺的战犯，都是按政府的命令行事的，他们不是罪人。而且，这些人都很后悔，所以，让他们回去。我们必须和邻国的日本人民建立良好的关系，因为这样解释，他的愤懑才平息了。"

仔细听完这些话以后，厚生大臣说："这还是第一次听到。如果是这样的话，那就再考虑考虑，考虑好之后再决定。"结果，决定派出特别红十字船。

但是，外务大臣冈崎的内心是相当复杂的。我们在国会议事堂内遇见冈崎外相，要求他派特别船。细川嘉六也一起去了。冈崎说："你们是什么人？这里不是你等来的地方。"因此，我记得冈崎这个人。

当时，因在华日侨的回国问题、华侨的回国问题以及释放战犯等事曾屡次去外务省交涉。当时的外务省对我们是很粗暴的。但也有一次例外。到了吃饭的时候，外务省给我们盒饭吃，我们在屋里商量，吃不吃那个盒饭。心里想：不会被收买吧？最后，还是吃了，因为肚子饿得咕咕直叫。

（三）渔业协定的缔结和继续

即使打枪也捕不到鱼

日本人，长期以来是靠食用日本列岛沿岸的鱼而生存的。但沿岸的鱼被捕完，渔业的效率越来越不高。渔业主要集中在北边的海和南边的海里。北边的海是指现在所谓的北洋；南边的海是指连着日本海的东海和黄海，东海和黄海是水深 200 米以上的大陆架海域。捕鱼方法是船拖网、手拖网、长绳及其他各种方法。在东海、黄海以西捕鱼，是以 30 吨级的渔船两只为一组的手拖网法，是效率最高也是主要的捕捞方法。在这个海域捕的鱼和北洋相比，鳖类、黄花鱼、比目鱼、墨鱼、龙虾等等种类繁多。作为所谓大众鱼，是名古屋以西的居民日常饭桌上的主要食物。特别是在战后，对于食物不足的日本国民来说，是贵重的蛋白质资源。

拖网渔业被认为是一种一点不留的捕鱼法，所以，西日本沿岸到日本海的鱼被捕完了。在东海、黄海，逐渐地不接近中国领海就捕不到鱼。因此，大体上日本捕鱼基地是福冈、若松、下关、长崎各港。而且，战争中以及战争结束以后都如此，接近中国领土的日本渔船不断地被中国方面拿获，连同船和船员一起被扣留，这种事经常发生。被扣留的渔船数、船员数，各累计达 158 只和 1099 人。战后，粮食紧缺的日本，说什么也想在这个海域捕鱼，但如果出海捕捞，就会被用枪射击或被捕拿。战争还没有完全结束的时候，如被敌国（中国）扣留的话，是否能生还就很难说了。可是，如果这样担心，以渔业为生的一部分人就失去了生活的出路。

渔民们有一阵子连武装出海捕鱼的方法也想到了，请求美国占领军的许可，他们说这是日本政府的事。于是，渔民又向日本政府请求。可是，当时的政府形同虚设，对于完全没有出路的日本渔民们来说，毫无帮助。刚刚诞生的日中友好协会劝说这些捕捞人员，劝他们，打枪不是好办法，不仅把鱼吓跑，捕不到鱼，而且也很危险，应以和平作业为主推动日中友好。我们组织建立了日中渔业恳谈会，参加的人员有渔业经营者、工人以及日中友好协会会员。恳谈会的工作加深了日本渔业者对日中关系现状的理解，并把新中国的对日政策作了说明。恳谈会工作首先从两国渔业界交换资料开始。

没有引起注意的政治三原则

经过三年多的艰苦努力，中国方面提出了著名的"和平共处五项原则"和"积累的方式"，并传话说，中国方面准备商谈位于两国之间的海域——东海、黄海的两国民间协定。日本的有关渔业界接到这个喜报，群情振奋，立刻于 1954 年 11 月 13 日作为缔结协定的日本方面的当事者，建立了日中渔业协会（村山佐太郎会长），开始着手准备商议协定。在这种情况下，有关渔业界，把日中友好协会从当事者团体即新设的日中渔业协会的正式成员中排除出来。作为日中渔业恳谈会代表之一，我被选为其委员。而实际上，我也被从协定的准备工作中排除了。日中渔业协议会把前面提到的四个基地作为根据地，以大大小小的经营者为主组成日本远洋汽船拖网工会，且各地的工会都参加了。我们日中友好协会因为被看成赤色（极"左"）团体，被排除了。

这样，以缔结民间协定为名义，日中渔业协议会于1955年1月8日组成代表团访华。由于双方意见不一致，有一段时间谈判濒临决裂的边缘，代表团长期逗留在北京。最后，于4月15日终于签订了第一次日中渔业协定。

协定签订后，双方的和平作业开始了。可正在进行中，连续发生了日本渔船侵犯中国领海及违反协定的事件，引起了不少纠纷。每次都是日本方面向中国道歉，赔偿所受损失，采取自律措施等。和协定签订前相比，和平友好作业一直向前发展。

可是，1957年岸信介内阁成立后，两国关系开始紧张，岸首相访问台湾，并发表了支持蒋介石反攻大陆的声明，再加上以后签订的岸·艾森豪威尔联合声明，终于导致政府允许的长崎侮辱中国国旗的事件。1958年3月5日，煞费苦心签订的第四次日中贸易协定，最后变为泡影。对于日本政府屡次采取敌视中国的做法，忍无可忍的中国政府于5月9日发表了周恩来的谈话。首先，日中贸易被中断，文化交流也被杜绝。接着，6月11日，又声明拒绝延长日中渔业协定的期限。至此，所有的民间交流全部都被中断了。

日中关系在政府间没有实现正常化的情况下，仅靠勉勉强强维持生命的民间交流渠道，发展到今天这个样子。在我国国内，当时，如何恢复民间交流问题，成了舆论的焦点。

我当时还在日侨归国船"白山丸"上，作为三团体代表之一访华。1958年7月7日，与中日友好协会的廖承志会长、赵安博秘书长等恳谈，确定了恢复民间交流的条件，其内容就是"政治三原则"。

所谓政治三原则指的是：（1）反对敌视中国的政策；（2）反对"两

个中国"的政策；（3）促进中日邦交正常化。

政治三原则是在 6 月 11 日中国方面拒绝延期日中渔业协定时发给日中渔业协会的电报中表明的。可见，以后传说的情况是这样，乘归国船访华的崎玉县 M 比我们早到，他报告说中国方面的意向是：为了恢复民间交流，必须实现两国邦交。所以，在国内，只重视那个报告，却没有人注意政治三原则。

在我看来，之所以会这样，很有可能被作为其种借口，认为那是政府和政治家的事，而不是渔业界应该管的事。认为中国方面对于民间对手没有理由谈那种事。

意气用事

以下发生的事，对日本以西的拖网渔业界来说，是困难时期的偶发事件。

有一天，我以委员的身份出席日中渔业协议会的会议，突然遭到大家严厉的围攻。

他们不满的理由是："据美国或日本政府的指示，在目前这样险恶的两国关系中，不一定没有日本渔船的船员对中国进行间谍活动。新中国政府如果没有相当的理由，不会拿捕船员，审查的结果，如没有充分证据，肯定会释放船员。所以，还是不要轻易对中国方面提出释放要求为好。"所以，在渔业协议会上，一直抑制被扣留渔船所属公司和船员家属的请求。可是，据新闻报道，你们的会长松本访华时向中国方面请求放人，结果，扣留船不是放回来了吗？"新中国不也是用真情感动人的吗？"

他们是那样说的，可从我自身和协会这方面来说，对此一无所知。那天早晨读了报纸，我很吃惊，所以才那样回答。"你在协议会不是渔业问题的担当者吗？如果你不知道，那没有办法，只好问问内山理事长。"之后，我和渔协当时的事务局长田口一道去拜访内山理事长。理事长邀我们去了附近汁粉店的二层。在那里，理事长只是天真地回答说："因为我认为释放船员是件好事，所以在给中国方面的释放请愿书上签了名。"

那件事发生后过了数日，松本会长给在神田国际产业文化研究所的我打传呼电话，我到松本家才发现已经来了很多人，松本派的成员排队站着，其中有社会党国会议员若干名，以后当了协会干部的人员数名，还有一位福冈县地方议会议员。

在这里，首先会长开口说话。

"在东京的日中渔业协议会上，关于我请求中国方面释放福冈县渔船船员的事，听说有不少议论，都说了些什么呢？"他问。

我实事求是地回答，然后就是一问一答。

"这个问题，我请求了中国方面，不是有人说这是为了竞选吗？甚至，有些家伙说，我从有关人员那里得到了金钱等等岂有此理的话，你，听说过这样的话吗？"

"偶尔听到过一两句。"

"你怎么想？相信吗？"

"那种话，在这里还是不问为好！"

"为什么不问好？"

"在这种有权有势的人聚集的地方，我若说不相信，那肯定会增添点什么。"

"那么，问话停止吧。"

接下去，会长做了如下的报告："因为被扣留渔民回来了，所以去海滨迎接的时候，大家都很高兴。"可是，先不谈钱的问题，就说协会内的空气，在会长对待"被中国方面拿捕的渔船船员，好像欢迎凯旋将军一样"这一点上，冷落下来了。

这也是在协会内部，共产党和社会党争执的一个场面。

痛快!

1959 年（昭和 34 年）秋，中国方面给恢复日中邦交和新中国成立 10 周年祝贺实行委员会发来了请帖，邀请参加中国国庆 10 周年纪念活动。以前的国庆节，日本方面都是由我协会等两三个友好团体分别派团祝贺访华。可是 1959 年，中国方面除我协会以外，还指名其他几个日本团体，希望这些团体合作派遣一个团访华。因此，收到请帖的实行委员会，立即召开会议，组成了以片山哲为团长，以本多正登、小烟忠良、村山佐太郎、白石凡、田烟忍、山川菊荣、前川富江等人为团员的代表团。我也被日中友好协会推选为代表团成员之一。

说起 1959 年，在世界历史上是多事的一年。国庆节前夜，在人民大会堂举办的大型宴会上，许多国家的元首和首脑都出席了。其中有越南民主共和国主席胡志明，他亲切的风貌给人留下了很深的印象。赫鲁晓夫总书记出席并发表了讲话。赫鲁晓夫总书记这一年单方面撕毁了和中国签订的关于国防新技术的合作协定，并以此为见面礼访问了美国，和艾森豪威尔总统共同炮制了"戴维营精神"，之后来中国，在宴会上，他的演说内容，因语言的关系，当时我没有听懂。可他讲话的神态，和他平日独特的目中无人的怪气焰相反，很不显眼。

会场上洋溢着新中国成立 10 周年的喜庆气氛。新中国成立以来这 10 年，对新中国来说的确是多难的年月。刚成立不久就爆发了朝鲜战争，美帝国主义对中国实行封锁政策；1959 年开始遭受自然灾害，苏联工业技术援助总撤退等。虽然面对这无数困难，但被解放的 7 亿中国人民团结奋斗，在思想、政治、经济等各个领域都取得了社会主义革命的胜利，打好了社会主义工业化的基础，基本实现了生产资料公有制。

在国内，社会主义思想的普及取得了成果。中国的一位干部在我耳边感慨地说："10年前，能够预想今天中国雄姿的人，在几亿中国人当中恐怕没有几个吧?"

在这种气氛下，代表团在北京召开会议，团长、副团长做报告说："我们这个团决定和中国方面的七个团体发表共同声明。"团长和副团长打算以和周总理会谈的内容为基础整理共同声明。可是，日本方面是由不同领域的人组成的一个大家庭，彼此互不了解，整理意见并不那么容易。别的姑且不论，单从日本方面第一次会谈拿出来的草案看，其中有一项，就是日本方面要求，为了援助日本人民的反对安保斗争，希望中国派遣像宋庆龄女士那样在日本有影响力的人物访日，据说，中国方面很难同意。这次讨论中国方面提出的草案，日本方面担心中国方面会不会强迫自己同意难接受的要求，所以，踌躇不决。我主张，到了现在，再中止共同声明也不合适，日本方面坦率地陈述意见，应该继续在中国方面提案的基础上进行讨论。我一面和日中渔业协会常任委员村山佐太郎商谈，同时和中国方面接触。恰好这时有关日中渔业民间协定失效，在东海、黄海作业的渔船紧急避难遇到麻烦，所以，我提出在共同声明中写进了为了开通紧急避难通道条款的提案，代表团会议认可了这个提案。日中会谈时，双方的意见非常一致，共同声明顺利地完成了签字工作。根据这个共同声明，日中双方的渔船紧急避难通道终于被打开了，令人欣慰。不论怎样，回国后，我从协会长崎支部的一位干部那里听到"不和当地的我商谈就决定了，真是岂有此理"之类，纠缠不休地对我进行攻击。

当时，在日本政府反中国政策情况下，日中友好运动如从实际考虑，确实是充满了困难。人事交流没有现在这么频繁，电影和印刷品等宣传资料也很少，我们的日常活动几乎是依靠口头或文件的宣传。有一位活动家朋友感叹地说："这好比是没有锄锹的外行耕地!"

我一直思考着设法改变目前的状态，对廖承志谈了我的想法。廖说我的话很有见地，非常赞同。他带来了对外文化协会副会长阳翰笙、杨春松等对外文协的数十人，和我们见面。当时，中日友好协会还没有成立。在这年 9 月 20 日，内山完造理事长在北京突然病逝，因为料理内山的后事，碰巧长谷川敏三常任理事（后来的中央总部事务局长）也在北京。我和廖两人面对面进行了会谈。会谈常常是那样地没有顾虑，现在想起来还冒冷汗，是非常坦率的。

　　我们在 8 月的日中友好协会第 9 届全国大会上，决定作为日中友好交流的一项活动，派遣一个渔业劳动者代表团访华。这并不是得到中国方面的同意后才决定的，为了实现这个团访华成功，我感到责任重大。所以，在会谈中，我拿出邀请渔业劳动者代表团访华的提案，廖当时因为听说松村谦三乘飞机到了北京，必须去机场迎接，就中途退席了。中国方面的代表是阳翰笙。这个人是文学家，专门从事文化方面的工作，因为听说邀请渔业劳动者代表团来这里，微微歪着头，不知如何回答是好。也许是过去从没有考虑过渔业方面的事，因此，我做了这样的说明：“中国是劳动人民的国家，过去日本各种劳动者代表团都访问过中国，唯独渔业劳动者还没有访华，代替这个的是中国对日本以西拖网捕鱼者，不是作为客人，而是以在作业的时候侵犯了领海和禁区，甚至以间谍行为为理由，屡次将其逮捕，作为罪人扣留。贵国是劳动者的国家，把邻国的劳动者作为罪人逮捕这种事，想必不是你们的本意吧？把这些劳动者作为友人邀请来，让他们理解贵国的国情和政策，加强友好的话，今后作为罪人被逮捕、被拘留的事情渐渐就会变得没有必要了吧？”于是，坐着的阳翰笙蹦起来说了一声：“痛快！”他说：“您的说法确实新颖，我理解。马上邀请吧！”

（四）回忆的人们

难以忘怀的毛泽东主席的风姿

在我和日中友好运动同时生活的 30 多年里，遇见过很多人，有无穷无尽的回忆。从关系到动荡的世界历史转换和决定性瞬间的回忆，到微不足道但很美的回忆。这一切对我来说是无上宝贵的东西，但是，因为篇幅所限，只能从中挑出一两件来写。

还是 1959 年，庆祝中国国庆 10 周年代表团访华时的事。因为共同声明的问题在北京度过了数十日，团员中有人提出希望早日去地方参观，因此，一部分人先行去了天津。这之后，片山哲以及我们留下的人，有一天晚上正在北京看戏，突然接到紧急通知，幸运地获得了毛泽东主席接见的机会。我和毛主席握了手，仅仅交谈了一两句话，但这是第一次也是最后一次。

在一个淅淅沥沥下着小雨的晚上，在中南海的某幢建筑物的门前，毛主席出来迎接我们。当时，赵安博把我给毛主席做了介绍，好像说我是宫崎滔天的侄子之类的话。我因为是作为日中友好协会的代表来会见的，所以对这个介绍不太满意。然后，在大厅里招待，我靠近主席做了交谈。当时拍摄的照片，我现在还珍藏着。我因为对《毛泽东选集》认真地读过三四遍，所以好像没有感觉到是第一次见到毛主席。毛主席稳健，对事物有敏锐的观察力，给人的印象是，他不是模仿别人或受人指点的人，而是一位与生俱来的一心一意为人民服务的伟人。

回来时，天下着小雨，毛主席站在正门口的台阶上，打着伞，一直看着我们上了车。毛主席的身影，我至今难以忘怀。

没有私心的周恩来总理

我和周恩来总理会见过数次。尤其是 1970 年 10 月，为了参加浅沼殉难 10 周年纪念活动而访华的时候，关于协会的团结问题和周恩来总理进行了很长时间的会谈。此事至今铭记不忘。

周总理仿佛是为人民服务的楷模。他想着各种事情，照顾着各个方面，是真正的为人民服务的政治家。这不是天生的，看上去好像是努力的结果。可是，他和毛主席有所不同。

我认为，为人民服务这个词就是没有私心的意思。毛、周二人都是没有私心的人。

有人缘的朱德将军

1966 年，在孙中山诞辰 100 周年纪念的时候，我从会场的休息室里出来，正要登上主席台，和朱德将军擦肩而过。那时，"文化大革命"正在进行，看上去他面色非常不好，现在我还珍藏着和朱德将军拍的照片。

10 年前的 1956 年，孙中山诞辰 90 周年的时候，我就见过朱德将军。中国政府准备了两架特别专机。我们乘这两架专机由北京去南京中山陵扫墓。扫墓的人必须登上中山陵高层石阶，我亲眼看见南京的年轻人，围着朱德将军把他横着向空中抛起后抬上去。朱德是非常有人缘的人。

此后的一次宴会，开始前，苏联的苏斯洛夫发表演说，用了很长时间才结束。我闭口无言。那次宴会，孙中山被清朝伦敦公使馆馆员抓捕时曾帮助过他的康德黎的儿子也出席了。

临机应变的宋庆龄女士

我和宋庆龄女士会过两次面。那是在孙中山诞辰 90 周年和 100 周年的时候的事。

1956 年那次，和堂兄龙介一起会见宋女士。大概在《人民日报》或什么报上报导过吧。我们到上海后，宋女士就派人来宾馆接我们。当时，说了些什么话，现在不太记得了，主要是龙介说得多。回来时，记得宋女士赠给我们杭州的织物和薄绢唐伞等土特产。

第二次是 1966 年。先是去了廖承志宅，然后去北京西郊的宋女士客厅拜会。我们在汤岛的公会堂举行了孙中山诞辰 100 周年纪念活动，然后去北京凭吊。团长是牧野内武人。拜访宋女士之前，廖先生淳淳叮嘱："不要询问年龄的事！"可是，刚一坐下，牧野内就问："我说，先生您多少岁了？"所有的团员都大吃一惊，可是，宋女士马上临机应变做了回答："和毛主席同岁。"当时，说了很多话。比如，孙中山先生是通过日本律师和前夫人离婚后才和宋女士结婚的，好像是住在原宿附近的一个小家。

亲切的何香凝女士

我和何香凝女士会见过好几次。我到中国几乎都要见廖承志，于是，常被他在家里接待，有时也邀请我吃饭。边吃饭边听令堂何女士说话是一种享受。何女士是广东人，因为在粤语里夹杂着日语，所以，翻译很困难，翻译大多是赵安博。我觉得何女士对我来说就像叔母一样亲切。

我至今觉得遗憾的一件事是，她最后因病住院的时候，我想也许再也不能见面了，所以希望去探望，但终于没有实现。也许因为病情，也许是不得已，反正再没有见过面。

李德全女士

和李德全女士也会见过几次。李德全女士是中国红十字会主席，虽然日本和中国的立场不同，但是，我们仍是一起为在华日侨归国而努力工作的同志。

1954年，她作为中国红十字会代表团团长和廖承志副团长一起来日本访问。她非常有活力，身体健壮，在东京的饭店，不管有多少台阶，她都不乘电梯，而是走楼梯。但她绝对不是粗野的人。我陪同她去伊豆的时候，曾得到过她的诗笺。

以后，有个叫真岛完的医生因为计划生育的事去过中国。为了日中邦交恢复，我曾去过几趟真岛家，劝其访华。以后，我遇见李德全女士时，她说对计划生育的事感到很难为情，她对我说，不能把计划生育的事推荐给日本。

颇具魅力的金日成首相

1955年，参加完中国国庆节之后，因旧友黄鹏九的斡旋，我们决定访问朝鲜民主主义人民共和国，这才有机会会见金日成首相。

在这稍前的时候，我们曾多次在草坪周围万寿山的中国餐馆聚会，建立了亚洲民族亲善协会。这以后，还和黄鹏九结伴同行参加了赫尔辛基世界和平大会。在赫尔辛基，越南人耐普、大学教授坂本德松（以后为全国总部顾问）等人都聚集到了一起。后来，担任了日中友好协会事务局长的楢崎富男也得到帮助，在我们起程去朝鲜前赶来了。朝鲜的黄鹏九也是这个亚洲民族亲善协会的一员。

这位黄鹏九曾在日本从事左翼运动，被日本的警察盯梢，他不知什么时候去了中国，和我在北京火车站的站台上突然相遇。我说："呵，你来了！"他说："不要对别人说。"我们去朝鲜访问的时候，黄煞费周折带着我们去了朝鲜驻北京大使馆等处。松本一郎会长是团长，我是秘书长。

从北京坐火车经过鞍山、安东，过了鸭绿江，就进入了朝鲜民主主义人民共和国的领土。因朝鲜战争刚刚结束一两年左右，所以战争荒废的痕迹非常严重，铁路两侧广大的田野上有被炸弹炸出的大坑，绿绿的麦芽已经破土而出，生着红锈的火车头和汽车一动不动地躺在地里。

一到平壤，代表团就被接到建在牡丹台大丘上的国会议事堂兼公会堂的建筑物里，受到了群众热烈的欢迎。在这前后，和以金日成首相为首的朝鲜将军们举行了会谈。在宽敞的房间，双方面对面坐在谈判桌两侧。会谈主要是在金日成首相和松本团长之间进行的。松本团长在那次会谈中，再三请求朝鲜方面派遣有名的崔萧喜歌舞演员来日本访问。以前日本曾想邀请这个人，可是，日本政府不发给签证。于是，金首相这样说："我们什么时候都高兴派遣，可贵国怎么办呢？"会谈中，松本经常起来去厕所。有一次，我偶然拿起一支香烟，正在找火柴，坐在遥远的对面的金日成首相，发现了我的行动，特意穿过大厅，拿着火柴来给我点烟。金日成首相是颇具魅力的人。我觉得他和周总理在人品上有非常相似之处。

（五）三十年来的战友廖承志

呜呼廖公

廖承志是中国共产党中央政治局委员、全国人大常务委员会副委员长。1983 年 6 月 10 日，听说就要担任中华人民共和国主席职务的时候，结束了他 75 岁的生涯。呜呼！

廖承志先生是伟人，但比任何人都富有人情味。我对他那像熊猫一样圆墩墩的身躯、和蔼可亲的瞳仁永生难忘。廖恐怕可以和周恩来媲美，是外国友人最多的中国人吧！几千几万的日本人都把廖当成自己的亲友。即使在我周围，现在，以已经去世的川濑一贯（原全国总部副会长）为首，赤津益造、和廖是早稻田时代学友的川村统一郎（原全国总部会计监查）、津良涉（原中央总部常任理事）、小岩贞仪（原中央总部理事）、高桥庄五郎（现东京都日中顾问）、三好一（原中央总部事务局局长）、雨宫礼三（现全国总部副理事长）、岛田政雄（现《日本和中国》总编辑）、坂田辉昭（现全国总部总务部长）等数不胜数的朋友，每当日中友好运动遇到问题时，都要问问廖公是怎样想的。大家都虔诚地称他为廖公。

和廖公认识的时候

我和廖公第一次见面是 1954 年（昭和 29 年）10 月 30 日，他第一次作为中国红十字会代表团（李德全团长）副团长来日访问的时候。从社会主义的中国来的访日团，这还是第一次。

当时，在日本认为社会主义中国的人都是"青面獠牙"，难以接近的，可是，见过面之后，发现并没有什么奇怪之处，是普通的人。这说明政府的反中国宣传是何种程度的荒唐呀！

廖公原本出生在东京大久保，如从这一点说，那他访问日本就不能说是第一次了。以后他访问过日本多次。日本是他的第二故乡。

我第一次访问中国是 1955 年。那一次是我和堂兄龙介及他的秘书三人。在北京，蒙廖公引见，拜访了国民党革命委员会主席李济深和国民党委员章士钊。

拜访李济深的时候，龙介说："我是日本宪法维护联盟的代表委员之一。中国说承认日本最低限度的军备，可这样一来，作为日本宪法维护联盟在工作中就非常为难。"我记得我特意做了解释说："现在龙介谈论的事情是他独自的见解，我和他意见不一样。"

去赫尔辛基参加世界和平大会

那年6月在芬兰赫尔辛基举行世界和平大会。因廖公邀请我们去，到底去不去呢？龙介说离6月的和平大会还有一段时间，踌躇不决，没有做回答。我回答说去吧。

去赫尔辛基之前，中国方面给我们配了两名翻译，硬着头皮去旅行了。旅行的路线是四川省的成都、重庆，最后是昆明。这些地方，当时，作为外国人旅行的我们大概是第一批吧。

有一天，北京来消息说要求我们尽快返回北京，因为离和平大会的日期很近了。回来后才知道，要乘火车从北京出发，经西伯利亚到莫斯科，再去赫尔辛基。当时，烟中正春从印度尼西亚参加完和平会议后正在北京，他在"朝日新闻"时代，曾乘过到莫斯科的西伯利亚火车，他说要连续乘坐10天左右，寂寞无聊，没有食欲——用这些幼稚的经验来吓唬我们。他自己也想去赫尔辛基，据说廖公没有同意，只好去了朝鲜。

乘西伯利亚火车的确很辛苦，听同室的吉冈金市讲讲窗外麦子的收成情况，和龟田东伍打打扑克消磨时光，寂寞难耐。经过七天的颠簸，终于到了莫斯科。在北京车站，因为廖公没有乘火车，我们问："你不是说一起去吗？"廖公回答说，自己乘飞机去。

在赫尔辛基，遇见了从别的路线来的西园寺公一（现全国总部顾问）。因为和西园寺在第二次世界大战后的历史性的赫尔辛基和平会议上相遇，从此以后，我们长期共同从事日中友好运动。

回来的路线是从赫尔辛基到列宁格勒，在那里，苏联方面招待我们看戏。接着到莫斯科，邀请我们观看足球比赛。

这时，日本国内正在准备歌舞伎访华公演的事宜，我们收到了剧团希望来北京的电报。在北京，我和龟田东伍等一起和中国文协的代表进行了会谈。以后，结出了市川猿之助歌舞伎一座访华公演的果实。

被廖公训斥的故事

在日中邦交恢复之前，我曾数十次访问中国。因为我觉得我和廖公亲密的友谊超过了他和他的兄弟、堂兄弟，所以，每次一到北京，照例都要拜访王大人胡同的廖宅。

谈话中，偶尔触及在日中友好协会内部有势力的日共脱党组山口派的事，廖公就把山口左派的机关报《人民之星》打开放在面前——上面有文章说，政府垄断的日中复交是假的；那是我们革新派应该做的事。他指指这篇文章说："这种事情完全不要说。"好像是针对和山口派完全没有关系的我，是指责的口气。我忍不住说："可是，山口左派结成后还没有几年。"只要说一句山口左派的话，廖公就反击说："和中国共产党比，绝对不能说是成熟。"我觉得是被人狠狠地训斥了一顿。

赔偿问题

中国红十字会代表团访日的时候，我对日本红十字会的某位干部说："我想到一个绝好的赚钱买卖。"对方不屑地说："如果是你说的赚钱的方法，没有什么了不起。"可是，我因为能体察中国方面的真实意图，所以郑重地说："不，不，这是 500 亿美元的大买卖。怎么样？你不参加一股吗？保守派人士认为要复交必须交 500 亿美元的大笔赔偿金，所以很困难。如果我对中国方面开口，可以做到不赔偿，我的报酬只希望从政府那里得到 5％ 的说话费。每当保守派选举的时候，政府就宣传说要减轻全体国民的负担。以给越南赔偿为典型，经过讨价还价，最后支付了最少数额的赔偿。可是据说向中国的赔偿是 500 亿美元，需要国民负担很多，如果取消赔偿，国民就会得到很大的利益。"

于是，日本红十字会干部说："明白了。有什么保证呢？"我说："只要我们请到廖公当发起人就可以了。"廖公笑着说："对我有什么谢礼呢？"我回答："在东京开几间荞麦面店招待您。"廖公是日本酒通、生鱼片通，也非常喜欢吃荞面。

青年大交流

1965 年（昭和 40 年），最初的日中青年友好大交流受挫。政府停止发放旅行证件，经过斗争之后，500 多名日本青年访华，和几十万中国青年进行了大交流，取得了巨大成果。毛泽东主席正在上海，接见了日本青年。率领日本青年访华的三好一事务局长，据说会见时，几次用茅台酒和主席干杯，廖公为此付出了巨大的努力。这次青年大交流，双方都依依惜别，听说有人哭泣着发誓要再相见，可第二年的第二次大交流，由于突然改变态度的"日本共产党"的妨碍而没有成功。

这以后经过数十年，从 1979 年 5 月到 6 月，廖公率领的中日友好之船，环绕日本列岛访问，在各地受到热烈的欢迎。这在廖公看来，大概是过去日中青年大交流的复活吧。

据说廖公在逝世稍前，曾对参议院议员、日中友好协会全国总部会长宇都宫德马表明过举办青年交流的意向。1983 年 11 月 26 日，在日本广播协会（NHK）大会场欢迎中国共产党总书记胡耀邦的青年聚会上，为了面向 21 世纪，世世代代日中友好，胡总书记发表了邀请 3000 名日本青年访问中国的消息。1984 年秋，期待已久的日中青年友好大交流终于实现了，这也算是了结了廖公的一桩心愿。

暗杀父亲廖仲恺的凶手

1982 年，举办了纪念廖仲恺及何香凝逝世 10 周年纪念活动，我被邀请访华。

全体人员从北京乘特别专机赴广州。按当初的计划中途要到南京停留，给廖仲恺、何香凝两烈士扫墓，可因为全国人民代表大会开幕，所以，在出发之前决定省去南京扫墓活动，直接赴广州。

在广州举行了纪念会馆的开馆仪式。纪念馆是新建的。当天，因为广州独特的直射日光，天气非常热，除了我们从北京赶来的人以外，还有不少当地人士，站在前面致词的廖公，一触及廖仲恺先生被暗杀的事情，突然提高嗓门厉声说，借此机会，我必须对党外的各位说一件事情，台湾宣传说，暗杀父亲的凶手是共产党员，这纯粹是荒唐无稽的谣言，是断然不能置若罔闻的。

第四章

日中友好协会时代——之二

（一）担任理事长的 17 年

无数的工作

1963 年（昭和 38 年）5 月 23 日，在日中友好协会第 13 届全国代表大会上，我被选为专职的理事长。

我过去在日中友好协会所做的工作，主要是参与协会的创立工作；朝鲜战争爆发后，反抗美国占领军和日本政府的压迫，宣传日中友好；援助在华日侨、在日华侨、日本战犯归国；为市川猿之助歌舞伎的一场访华公演做准备；为日中渔业和平作业所进行的各种活动；参加赫尔辛基世界和平大会等等。现在回想起来，这全部是和统一战线有关的工作。

就任理事长后，由于岸—佐藤内阁顽固坚持反中国政策，在民间交流断绝的困难状态下，为民间友好交流孜孜不倦地积累力量，确定"政治三原则"、"贸易三原则"等等，为再次打开民间交流渠道继续努力。

然后，与协会内的"日共"分子分裂，分裂后重振协会组织，设立稳定的事务所，处理协会内的分裂和团结，建立医疗部会、商社部会，继续为实现恢复日中邦交而努力工作等。

如果向左

我担任理事长期间，松本治一郎会长死去，黑田副会长接任会长，事务局长也更换了人。在有关协会运动的开展方法上，我和会长、事务局长、事务局动辄发生意见不一致。

比如，K当会长的时候，他强行拉着社会党派系的大部分会员离开协会，另外建立了新的活动据点。这样，协会内的矛盾发展到了分裂组织的程度。而恰好这时，中国正在进行"文化大革命"，整个协会都受到了文革消极方面的影响。协会内势力庞大的日共派被组织起来，M事务局长正是该派的有力领导者。协会运动变成了与群众团体不相称的思想激进的运动，变成了既无法让政府推进恢日中邦交，又无法和财界合作建立中国发展协力会——形成这种局面。协会分裂的原因是社会党派系的会员反抗日共派的专横做法。我因为哪个派也不参加，所以，希望和K会长一派经过谈判解决问题，可没有成功。而且由于K会长顽固的态度，我和日共（左派）共同决定把过去的事务所变为总部进行活动。在反对派中，我也许误解了属于日共派（左派）的一些人。

中国对日中友好协会发展到这种状态非常担心。1970年10月，中国给分裂后的两派（K会长和他的一派，我和旧总部派）及日中文化交流协会都发来请帖，希望参加浅沼殉难10周年纪念活动。我们到达北京的当天，就和周恩来总理举行了会谈。周总理长时间尽情尽理地劝说我们，希望在明天的纪念会上两派能友好地出席。周总理还特意参加了第二天的集会。他的热情关怀，现在都铭刻肺腑，难以忘怀。

如果向右

这时，有一个协会代表团访华。和中国方面会谈时，一个团员说："在我的县有个叫××公司的工厂。这个公司残酷地压迫工人，我们经常和这个公司作斗争，希望中国停止购买这个公司的产品。"对此，中国方面回答说："中国今后所需要的建设材料，光靠所谓的友好企业那种小公司不行，有很多产品它们都不能制造。"而且，对团员中有关恢复日中邦交的发言，回答说："贵国的社会党取得政权是在五年以后，还是更后呢？中国必须尽早建设成强大的社会主义国家，不能等到你们取得政权。"

第二事务局长 N 听说中国的想法是："今后的中国，现代化是最重要的课题。如果日中友好对这个现代化不能做出直接且具体的贡献，那就谈不上友好。"所以，他说："为了友好，最好是无论什么事都听从中国的。"我陈述了对此话的反对意见。我说："我协会是日本人的团体，对中国如果有意见，毫无保留地陈述是必要的，这才是真正的日中友好。"我刚一说完，N 事务局长就一口咬定："你说的话，和代代木的主张相同。"而且，他们正在进行排挤我的阴谋活动。

在我协会活动的最后阶段，中国围绕现代化领导人也出现了交替。周恩来总理、朱德将军、毛泽东主席相继去世。对林彪、江青反革命事件进行审判，并出台了新的经济政策。再说国际形势，主要是苏联的发展前景及波兰问题等等，依靠革命从期待中诞生新的社会，会变成什么样？不知道。偏巧这个时候，我的健康发生了显著变化，我知道到了该停止协会活动的时候了。所有的事物，有始有终，事物就是这样。

（1980 年 8 月执笔）

(二)60 年代安保时期

从中断到重开

1957 年 2 月，岸内阁成立了。岸首相给蒋介石写了一封亲笔信，破坏第四次日中贸易协定，在台湾声明支持蒋介石反攻大陆，惹起长崎国旗事件。自民党强行决定批准日美安全保障条约，拒绝给出席日中友好大会的中日友好协会代表入国签证，美国国家广播公司（NBC）断定中国是"侵略者"等等。在历代首相中，岸首相是反华色彩最强的一位。

战争虽然结束了，可是日本和中国还没有恢复邦交。尽管敌对关系继续着，但是，由于民间的努力，两国民间交流的趋势难以阻挡，逐渐活跃起来了。

那是 1958 年 5 月，由于在长崎发生了侮辱中国国旗的事件，日中贸易和日中文化交流同时中断了，中国方面拒绝延期渔业协定，日中友好交流也断绝了。我们对这种事态，在国内召开了"日中关系紧急局面打开国民大会"，而我正好作为乘船代表乘坐归国船去了中国，为打开这种紧急局面，和中国代表举行了会谈。中国重新明确提出政治三原则。回国后，召开了协会第 8 届全国大会，会上决定反对岸政府和美国敌视中国政策的斗争方针。1959 年 3 月，社会党第二次访华使节团团长浅沼稻次郎在北京演讲，一针见血地指出了"美帝国主义是日中两国人民的共同敌人"。这之后不久，在日本国内，反对新安保条约的批准的运动蓬勃兴起，这是行使第二派实力。当阻止的势力包围国会的时候，桦美智子被宪兵杀害了。在这个运动的高潮中，1960 年 6 月 16

日，东西贸易四团体召开了"阻止安保，立即解散国会，要求岸辞职的东西贸易关系业者大会"，一周后的 23 日，岸首相表明要辞职，岸内阁倒台了。

和日本人民的斗争相呼应，中国的周恩来总理提出了贸易三原则。所以，日中友好贸易开始了，Ｌ·Ｔ贸易①也开始活动了，为了让日中民间交流全面地向前发展，1963 年 10 月，中国日本友好协会成立了，第二年即 1964 年 1 月，毛泽东主席发表了"支持日本人民反美斗争"的谈话。

这样，从 1963 年至 1967 年，在中国尽管还处于混乱的文革时期，但我们仍然举办了各种中国展，第二次中国红十字会代表团来日访问、松山芭蕾舞团（清水正夫团长，现全国总部理事长）访华公演、日中青年友好大交流等。日中友好交流不仅继续，而且实实在在地向前发展。

（1982 年 10 月执笔）

哪位是奇人

"诸行有常，是生生法，生生善成，动生为乐。"这正如前面所叙述的，这是父亲写给我们兄弟的字。比起书法本身来，我倒觉得内容更有点意思。因为内容体现了父亲的世界观，所以，记得很清楚。

真正能反映父亲世界观的是他自己的著作《我的信仰：人生旅途指南》。一句话概括地说，父亲的世界观和斯宾诺莎的自然神论相似，有唯物论的一面，这引起了我的兴趣。

父亲的土地复权运动也是建立在这个世界观基础之上的。父亲把财

---

① 1962 年 10 月，高碕达之助率领日本代表团来华访问。中方代表廖承志和日方代表高碕达之助，根据 9 月周恩来与松村谦三会谈的宗旨，在平等互利的基础上，签订了《中日长期综合贸易备忘录》，简称Ｌ·Ｔ贸易（取廖、高二姓英文第一个字母）。——译者

产分为人造物和天造物两类。所谓人造物就是靠人力即靠人类的劳动而产生的财产，生产者对此享有所有权。相反，所谓天造物就是由天力即由自然生成的东西，人人对此都有享受权，如空气和水。对于是天造物的土地的享有权，人们必须平等；天赋的人权，是为了生存所必需的基本人权之一。

父亲认为："人世之间，是非、荣辱、苦乐、祸福，构成错综复杂、变化多端之势，吾人置身其中，倘不能确认人生之要义，为何而生存，如何善处自身，何处是归宿，亦即人生之路究竟何所在焉，如此，恰如身在暗夜之中，手无火炬，亦无指南、跋涉于高山深水中，荒凉空旷，不辨所向。详审思之，此实人生最堪忧者。我自略有知识，即为此而忧心忡忡，殚精竭虑，自认脱此苦恼，为毕生奋斗之重要使命也。""如无此一意念主宰吾心，然则生于人世间，既无诚心诚意所欲为之事，亦无真心实意所为动情之事。因而苦苦以思之，冥冥以求之，不得其解，任何一事将不着手为之。凡此十有五年，终于明治 29 年秋，得到索解，豁然欣然。"①

不知是由于遗传还是别的什么缘故，亲子之间的相似是惊人的。青年时代我也为这种问题苦恼过一阵子。高中毕业升大学的时候，与其说是上哪里的什么大学，倒不如说进什么系、学什么专业成了问题，为此，我找高中的老师和亲族先辈商量，但还是难以决定。最后，我附和大多数同学的意见，参加考试后选了一个可以被录取的系，说实话，选得实在不够理想。

学生时代，记得有个叫原嘉道的老师，关于这位老师还有一件趣事，这是我从别人那里听来的。在一次会议上，原教授滔滔不绝地为自己的主张辩护，等他的辩护词刚讲完，同席的另一位教授马上奚落说："那是否真心呢？"过了约 10 分钟，原教授放声大笑。同席者纳闷也是

---

① 《我的信仰：人生旅途指南》，第 1—2 页。

在情理之中，因为原教授对刚才俏皮话的奚落意思终于觉察到了。人类有各种能力，大体上分为体力、运动神经、容姿、精神能力等几种，而精神能力中又细分为记忆力、推理力、反应能力、联想力等。如果从原教授的插话看，可以说他头脑反应能力不太好。我的反应力恶劣的程度虽然还不及原教授，可也很令我头疼。

敢于为自己辩护，是由追求理论的一贯性和系统性产生的；是由追求自然界、人类社会各种事物、现象和规律的努力中产生的一种品质和操行。在这里，既有一个不易舍弃的认识，也有保守的要素。从尽量想知道事物本质的愿望出发，去不断努力认识新事物，这种进步是比较缓慢的。结果，对处世的方法，直到人生终了的时候才开始体会出点门道来。这虽然不是大器，可也是晚成。

对于这类人来说，70年、80年的人生是过于短暂了。父亲临死前说的："还有很多必须做的事——不想死"的意思，他的孩子活到现在终于理解了。

总之，如前面所叙述的那样，父亲和我都过于浪费时间去想人类活着的目标是什么、值得人毕生从事的有价值的工作是什么这些问题了，而忽略了实现目的。手段是多么重要！不过，不管如何热衷于确立的目标，生活上不可缺少的事项都不得不解决。那正如喉咙干渴求水，肚子饥饿求食，遇寒求暖，并不是达到人生目的的手段，父亲、儿子、叔父——宫崎一家人全都是一个样。

从朋友那里听到了当时发生的这样一件事。这位朋友在他常去的饮料店，总爱和一个脸上洋溢着幸福的老人交谈，那个老人先说：

"看样子您是从事什么中国问题研究的，可是……"朋友回答说："是的"。老人问：

"在我的学友中，有一个叫宫崎的，他也从事中国问题的研究，您知道吗？"因为老人这样问，所以，朋友回答：

"是宫崎先生，当然知道。"朋友接着说："那个男子简直就是个奇人。"

老人说："我并不认为他是个奇人。"

朋友解释说："不，不是恶意的奇人。可是，他一生致力于只有微薄工资的日中友好运动那种工作，且全心全意，难道不是一个奇人吗?"

可是，无论我反应力怎样迟钝，在这个国家的社会里生活了80多年，不是不知道"金钱万能社会"的真相。向政府陈述意见，对政治家是有利的。所谓政治家就是议员，即使想强烈主张政治性的意见，如果没有金钱也不能成为议员。就算不是直接对政府，对社会也不是没有控诉的方法，但是，如果不是能引起读者购买欲的那种书，出版社肯定不会接受。专心致志地写远离生活的文章，那必须有一定的生活资金保障。

我活到现在这么大年纪，依然对社会缺乏常识，大概被认为是由于成长在宫崎家的环境里和受了社会主义中国的影响——说这话的人认为我是受了中国的影响而对中国着迷。据说在社会主义中国，只要勤奋地劳动，生活就不会贫困。总之，我大概陷入了这样的错位：人实际上生活在日本，大脑却生活在中国的社会。然而，奇妙的是中国的现代化运动使我明白了一点道理，就是为了实现远大的理想，不可缺少的眼前的具体手段和物质是何等重要。

顺便说一下，我最近有个惊人的发现。我读了某飞机推销事件的中心人物、日商岩井的海部八郎前副经理写的一篇回忆文章，文章登在《周刊文春》（1980年1月10日）上。读后，我第一次了解到现在日本的社会现状，实际的社会完全不是自己想象的那样；我发现在日本，人们把赚钱作为全部人生的信念。诚然，海部的行为不是衡量他自身直接利益的标准，而是看来也有即使在法律上冒险，也要为公司的利益努力而牺牲自己的一面。当然，公司的发展也是自己立场的发展。如果撇开公司而从更大的立场上看，这仍然和利己主义有关。

如果让我说，这正是奇人想说的话，不，我另外还有讨厌相扑和棒球的偏见，也许我还是奇人吧。

（三）轰轰烈烈的"文化大革命"

和日共的诀别

1966 年（昭和 41 年）恰逢孙中山先生诞辰 100 周年，所以，日中友好协会决定在东京等地举办纪念活动。为了收集资料，我访问了中国。大概是我在北京逗留期间，日本共产党的宫本显治①代表团也到达北京。所以，由于中国方面的引见，我出席了对宫本的欢迎会。宫本代表团是访问了越南和朝鲜后来中国访问的，代表团和以彭真为团长的中国代表团进行了会谈，对方完成了共同声明的草案文本，然后去上海，会见当时正在上海的毛泽东主席，要求批准共同声明的草案文本，被毛主席拒绝了。我对共同声明草案文本的内容细节不太清楚，据说针对美帝国主义侵略越南，毛反对建立包含中苏在内的统一战线，毛主席是不同意的。因为中苏两国共产党在意识形态上的分歧已经公开化了，所以对苏联的评价就不同了。以此为契机，中日两国共产党关系一度中断。

从此以后，日中友好协会在进行友好运动方面和日共的分歧越来越深，协会内部产生了日共派分子和其他会员的对立。7 月 17 日，在协会第 11 届常任理事会上，多数人排除了盲从日共中央的常任理事的反对，决定参加第二次青年友好大交流。参加团体数达 51 个之多，代表人数达 480 人。日共明里暗里反对，政府也拒绝发给护照，成行极为困

---

① 宫本显治，日本共产党参议院议员，共产党中央委员会议长。——译者

104

难。而且正在访日的天津歌舞团的公演，北九州—名古屋中国经济贸易展，《人民中国》、《北京周报》、《中国画报》等中国杂志普及活动也受到影响。

在这种情况下，1966 年 9 月 26 日，由岩井章、伊藤武雄、海野晋吉、大田薰、大谷莹润、大内兵卫、兼田富太郎、龟井胜一郎、河崎奈津、本村伊兵卫、黑田寿男、金子二郎、小林义雄、小林雄一、佐佐木更三、坂本德松、白石凡、末川博、杉村春子、千田是也、高野实、田中寿美子、土岐善磨、中岛健藏、原彪、堀井利胜、深尾须磨子、牧野内武人、松冈洋子、宫崎世民、三岛一、久布白落实等文化、政治、劳动界 32 位著名人士联合发表了"在内外危机之际，再次呼吁国民促进日中友好"的声明。以此声明为背景，协会派出庆祝中国国庆 17 周年代表团，10 月 12 日，签订了《日本中国友好协会代表团和中国日本友好协会代表团共同声明》。回国后，在 10 月 25 日召开的常任理事会上，围绕这个共同声明发生了意见分歧。因此，第二天即 26 日，协会排除了日共分子，改组全国组织，挑起了日中友好协会（正统）的大旗。接着，迎来了善邻学生会馆事件以及同无数反中国事件作斗争的日子。

目的和手段

中国团结生活在辽阔土地上的 50 多个民族、10 亿人口的广大人民，打倒了封建势力，在帝国主义、殖民主义统治的半殖民地状态下的旧中国废墟上，建立了新的社会主义国家——中华人民共和国。

当时，中国人民意气风发，全国各族人民无比敬仰的毛主席期待着青年的未来，鼓励他们："世界是你们的，也是我们的，但是归根结底是你们的。你们青年人朝气蓬勃，正在兴旺时期，好像早晨八九点钟的太阳，希望寄托在你们身上。"（《在莫斯科会见中国留学生、实习生时的讲话》，1957 年 11 月 17 日）。我当时认为新中国的情况的确是早晨 8 点钟的太阳。有一年，我正在中国旅行，在飞机上无聊，就和一个年轻的中国女服务员聊天。我问："您将来打算做什么？"她毫不犹豫地回答："如果是为了中国革命的事业，我什么都愿意做。如果中国的革命事业成功了，就为世界人民的解放而斗争。"即使是教条，也是充满信念的语言。

新中国成立前，毛主席率领中国人民宣传远大的革命理想；新中国成立后，为了建设社会主义国家，又致力于国防、对外方针、经济建设、思想文化等方面的变革。在中苏对立没有开始之前，两国是坚如磐石的兄弟，亿万中国人民的眼睛都集中在理想社会的现实革命目标上。中国人民这种冲天的意气，燃遍了全世界，激励着亚洲、非洲、拉丁美洲各民族的独立斗争。

斯大林死后赫鲁晓夫上台，按通常说法，到了 60 年代，中苏两国共产党之间围绕国际共产主义运动发生了意识形态的分歧，分歧波及两国的国家关系。可是，苏联对中国做了无数背信弃义的事情，而且，两国在对外政策及国内政策方面意见分歧也越来越明显了。顺便说一下，两国间的矛盾对立，是由意识形态的不同引起的呢，还是由国家的政策不同而引起的？这一问题，直到今天依然是很有意思的。可是，大多数情况下，意识形态是建立在客观的国家政策基础之上的，反过来说，国家的政治也反映该国领导人的意识形态的倾向，这也是一个辩证的关系。

无论如何，对于中国共产党来说，在取得政权之前，按照苏联的经验进行武装斗争夺取了胜利。毛主席说："枪杆子里面出政权。"（《战争和战略问题》，《毛泽东选集》第 2 卷）可是，关于取得政权后怎样建设社会主义的强国，各国的国情不同，必须掌握好轻重缓急，所以，不能一味模仿苏联。不仅如此，而且苏联的政治逐渐出现了离开大方向的危险，中国称此为现代修正主义。反正中苏的对立是事实，究竟是从哪里引起的，这是现在的一个有趣的研究问题。

中苏对立公开化不久，由日本约 15 名社会党县市议会议员组成访华团，在北京和中国方面进行会谈。那时，我正好住在北京，我一定要和该团团长谈一谈。到了他们住的旅馆时，因为他们正在和中国方面会谈，我被领到会谈地点，没有办法，只好在那儿旁听。

在那里讨论的问题还是中苏问题，中国方面的 C，举了各种实例，说明苏联现代修正主义是如何背信弃义，如何卑鄙。于是，日本代表团的一个团员站起来说："现代修正主义不好的一面，我很明白了。但是，不明白的是列宁领导的布尔什维克党，是怎样变成修正主义的呢？就这一点，现在请给我说明一下。"这是合理的质问，我屏住呼吸侧耳细听 C 怎样回答这个问题，可 C 对这个质问没有做明快的回答，我完全失望了。因为我认为对这个问题加以正确的分析，然后给予明快的回答，不仅对这次会谈，而且作为开阔思路的问题，也是非常重要的。可是，从那以后，一直没有再见过 C。那时，毛主席年事已高，缺乏判断力，据说他犯了"阶级斗争是国内主要矛盾"的错误。那么，毛主席对苏联的判断也错了吗？好像并不是那样，中国共产党对苏联的态度依然没有变化。

当时，关于"文化大革命"的原因，我自己的想法是这样的：不用说中国，就连苏联，建国的时间也不算长，说起来也是年轻的社会主义国家；两国都一样，所走的社会主义道路是前人未走过的，很难改变旧社会的风习和文化等传统。而且，在世界上，社会主义国家毕竟还是少数，周围资本主义却还在盛行。举例说的话，就是内有燃烧未尽的余火，外有资本主义的烈火包围；处于这种状态，想采取什么必要的措施扑灭内部很难点燃但又燃起来的大火，是理所当然的。这以后不久，中国开始了"文化大革命"，可以说这是毛泽东主席反修防修的对策，给那正在燃烧的火泼上冷水，这不是很容易理解的吗？

如果再变换一个角度考虑，把某一事物的目的和手段看作该事物对立的两个方面。无论是什么目的，没有相应的手段是无法实现的；相反，无论是什么手段，没有相应的目的也不会成功。目的和手段相互依赖，相辅相成，可双方又全然是独立存在的，互相对立，有时甚至也有激烈的斗争。如把这种理论运用于社会主义社会，那么，因为目的是远大的，所以，实现目的的手段就要和时间、地点及自己的立场、主体条件的实际相适应，必须是客观的，精确的。而且，即使是同样的方法，由于时间的不同，场所的变更，也会没有什么收获——不但没有收获，反而成了障碍。如果热衷于这种手段、方法，那么人类社会就会迷失其远大的目标。与此相反，不讲究适当的手段，只是着眼于远大的目标，那就会失去存在的基础。特别是社会非常复杂，热衷于追求目标和热衷于手段的人分担着各种工作，而不同的人分担不同的工作是不能避免的。抓住目的和手段，即所谓红和专的辩证关系，又红又专，这说起来容易做起来难。

像我这样一个外国人尚且如此——不仅要问问题在中国是怎样产生的，而且要问中国是怎样解决的。似乎我没有说这种话的资格，至少，我希望中国人民正确处理好红和专的关系，踏上通往社会主义富强之国的道路。这对国家主人公的中国人民来说，问题更加重大吧？

（1980 年 8 月执笔）

"文化大革命"和我

正如已经叙述过的那样，我在中学时代，曾经沉溺于读高山樗牛等人的著作，以此为开端，我开始神秘地思考宇宙和人生的问题；越想了解这种神秘性，就越变成了神秘的俘虏，长时间难以自拔。可是，在日本，民主主义也正在觉醒，工人农民的斗争此起彼伏，社会主义言论的呼声越来越高，社会主义的团体和政党也如雨后春笋般地不断涌现。这种社会风潮对我有很大的影响。

而且，在我的亲属中，基督教徒比较多，但不知为什么，父亲既不信基督教也不信佛教，他只顾埋头研究社会问题，具体说就是倡导土地复权运动——那绝不仅仅是农政问题，而且是社会问题的一个组成部分。

　　这样，一方面，我从宗教和观念哲学上探索，另一方面，向科学的社会革新问题靠近。可是，要解决社会问题首先得解决哲学问题——我还是只在观念哲学的迷路上徘徊。想要理解康德和尼采等人的哲学，就得长时间在途中耽搁，白白费尽力气而不能进入社会问题的研究。

　　我能从这种迷途中摆脱出来，大概是大学毕业以后进入实际生活、自己承担了生计的责任后的事情。我比较早就结婚有了家，那时候，父亲为了终身从事的事业——土地复权运动，把先祖传下来的田产都消耗完了，结果，生活变得非常苦，已经不能像学生时代那样靠父母养活了。大学刚毕业的时候，由于各国周期性经济危机，我国也遭受了袭击，银行的挤兑、企业的破产、失业者大增，一般国民的生活显著变苦了。工人罢工、米骚动等事件连续发生，世界动荡起来了。垄断资本主义和军国主义互相勾结，处在挑起侵略中国战争的前夜。

　　我大学一毕业，就被抓去服兵役，为了养活妻子，不得不从事不喜欢的工作。可是，在这种自立生活中，第一次了解到了现实社会的实际情形，观察社会的眼光也变了。偶尔读读获慈根的《认识论》，我开始觉得好像是从过去的实在及理念等观念哲学的迷离中清醒过来了。而且，总觉得马克思、恩格斯的著作容易理解，对我有很大的魅力。

　　每当我处于这种精神状态的时候，正如刚才叙述的，我就不禁想起了给我以唯物论影响的父亲说过的话："利己心是人的本能"，人类如果不是为了利己就不会劳动。而且，如果利己心是人类本能的话，马克思的理想社会——共产主义社会的实现就是不可能的吧？这些疑问在我的脑海里一闪而过。而且，我既不是向别人寻求这个问题的说明，也不是想学习马克思、恩格斯的著作，又不用其他什么方法追求这个问题的解决。

可是，从那以后，30 年、40 年过去了，1966 年遇到了中国的"无产阶级文化大革命"，没有想到要决定再次回忆这个问题。

所谓"文化大革命"，被认为是毛泽东面对眼前苏联修正主义化以及与之内外相勾结的修正主义分子在国内的动向提高了警惕，为了防止经过长期斗争付出巨大牺牲而取得的革命成果轻易地被断送，作为最后的手段发起的思想革命。而我认为侵蚀社会主义的资本主义的诸恶的根源是利己心，为此，毛泽东倡导"破私立公"和"斗私批修"的口号。

中国由于初步的社会变化，能够把经济基础改造成社会主义的性质，可是，上层建筑仍然处于与改革了的经济基础不相适应的状态，人们的观念反映在经济基础方面的是生育观念。在社会主义初级阶段，还残存着（浓厚的）旧时代的观念，我认为这是社会主义前进的主要障碍。有一次，我和郭沫若恳谈的时候，他幽默十足地对我说："下身穿洋裙子，头上却还是椭圆形发髻，是很可笑吧！头也必须是洋发……"

关于包含在上层建筑中的利己心，毛泽东在"文化大革命"中说，利己心是生长固定在几千年私有制的经济基础之上的上层建筑，是观念，绝对不应该是人类的本能。所以，经济基础、基础构造如果变化，作为上层建筑的观念也改变是完全可能的。再就是如我过去理解的那样，贸然断定经济基础如发生变化，上层建筑自然而然也会变化。我认识到上层建筑对经济基础有反作用，旧的意识形态反而能使新的经济基础崩溃，有时也使新社会变坏。如果这样考虑就清楚了，苏联共产党领导层之所以陷入了现代修正主义，就是因为社会主义的敌人专门从外部进行绞杀革命的破坏活动，轻视了在革命主体内部筑巢的反革命活动。

因此，毛泽东以眼前苏联为例，感觉到铲除修正主义萌芽的必要了。现在，为了扫除残存在中国社会的旧风俗、旧习惯和一切旧的思想、文化，据说他自己发动了"文化大革命"，自己指挥。

可是，"文化大革命"除了上面说的原因之外，恐怕也有政治、权力斗争的因素。因为已经开始怀疑在中国共产党和政府机构中有没有和苏联串通的人，或者有没有和中国的社会主义路线唱反调的人。这些被揭发出来就必须打倒，这更增加了"文化大革命"的紧急性，增加了问题的复杂性。所以，当时，"文化大革命"呈现出政治革命的态势。在中国把对现实的修正主义路线的斗争叫反修，把为了将来铲除修正主义萌芽的斗争叫防修。

"文化大革命"从 1966 年开始，经过林彪的武装政变事件，到粉碎"四人帮"，进行了 10 多年，人们认为在这 10 年当中，大约前半期是毛泽东指导的"文化大革命"，后半期是"四人帮"趁毛泽东患病之机而起坏作用的带有野心的"文化大革命"。

20 世纪 60 年代初，从对苏联的意识形态的斗争开始，对农村采取社会主义运动的形式，这时"文化大革命"就已经开始萌芽了。而"文化大革命"风暴最激烈的时期大约是从 1966 年开始的，有五六年的时间吧！我在这期间屡次访华，很多红卫兵集合起来，在大街小巷的墙壁上贴满了大字报，我目击了那些服装随便、废寝忘食的青年学生的狂热，简直像狂风暴雨般惊心动魄。

当时，毛主席对一时期成了革命主人公的红卫兵说，"文化大革命"的目的有两个：现在打倒沾染了修正主义的人是其中之一；再一个更重大的敌人在各位的头脑中，它妨碍革命的进展，和这个敌人斗争比和大敌美帝国主义斗争更加困难。像这样的文革将来即使进出二次、三次、四次、五次，仍然是不彻底的。

随着我自己渐渐对"文革"意义的理解，短时作为问题而思考，以后未解决就放过去的人类的利己心问题又上升到我的头脑中。我认为对中国来说是否能实现共产主义社会，是中国现在应该专心致志地研究的大问题。这是我理解的"文化大革命"。

我从中国的"文化大革命"中新学到的一个常识是，因为上层建筑是适应经济基础、反映人类观念的东西，所以，据说要变革生产的经济基础；不仅要变革经济基础，而且在经济基础变革之后必须更进一步变革上层建筑。即过去我认为只要经济基础变革，上层建筑也会随之变革的那种理解不得不修正。我自己理解中国的"文化大革命"，就是这个上层建筑变革的一种努力。

1966 年 11 月 3 日《解放军报》发表社论，认为，新社会必须要新人来创造。在某种意义上说，共产主义就是无私，就是为公，我们要培养和塑造一心为公的共产主义新人。这样的人，就是毛主席号召我们学习的张思德、白求恩、刘胡兰、雷锋式的人物。当时流行"破私立公"、"斗私批修"等口号，而且像雷锋那种舍己救人的人，作为新社会的楷模被广泛宣传。

也正如刚才叙述的那样，毛主席指出，利己心是在延续了数千年的在人类社会私有制经济基础上生长的一种观念，绝对不是人类的本能。所以，变革经济基础，铲除旧社会的上层建筑，如果继续努力在其上培植新的上层建筑，肯定能铲除人类的利己心。可是，观念的变革和经济、政治组织等生产关系的变革不同，因为靠立法、行政等人为的手段，靠外力，短期内不可能取得实效，必须经过长期的努力。

自古以来，释迦、基督等宗教家、圣人，他们改造人类的努力，大部分虽然是从利己心出发，把解放人类作为目标，可是，之所以没有成功，是因为他们只限于在观念领域努力。而没有在经济基础的变革上做工作。这是我的理解。

而且，说起利己心好像很简单，实际上，在现实社会里关于利己心有许多问题，首先，第一个例子，是团体利己主义的情形，某个个人为了自己所属的政党、团体和公司忘我劳动。在那些团体之间有激烈的竞争，在别人的牺牲之上巩固自己的繁荣，这在当今的营利公司的活动中屡见不鲜，这是不是利己心？现在在我国也引起了议论。比较一致的看法是，在大的社会利益，比如世界和平和个人的荣誉（如金质奖章）的选择中，如果选择后者，那是利己主义。可为了自己的国家、民族、阶级而献身则不是利己心，这是常识。这样看来，利己和无私（牺牲自己）的区分就不清楚了。这不正如南部铁壶的原料金属和水垢的关系吗？所以，根据场合不同，可以把利己狡辩成为公共服务。而且毫不利己、专门利人的这种愿望很难实现。没有私心的人，认为保护自己就是保护大公，即自己是属于社会的一员。所谓正当防卫的法理就是从这里产生的。结果，人类有两个侧面，利己心膨胀下去就要变成了帝国主义；没有利己心，就会变成不负责任。

在民主主义社会中，即使发生"文化大革命"那样的事件，人类的利己心能否真正消灭，现在我还存有疑问。因此，我想停止考虑能否铲除利己心的问题。人不仅有利己心，而且也有利他心。利他心的发动是"破私立公"的源泉。关于这一问题，并不是形而上学的。而是经过长期艰苦努力，使利他心无限扩大，利己心无限缩小，从而使利己心逐渐走向消亡，这不就是要接近我们认为的理想社会吗？

无论如何，通过"文化大革命"，我不得不佩服毛泽东的高瞻远瞩和为了理想而不知疲倦的执著努力的精神。只是有一件事放心不下，就是毛泽东为了实现共产主义的远大理想已经开始的 10 亿中国人民的革命。由于提出现代化是当前的主要课题，那场革命被暂时中断了。在毛泽东去世以后，由谁再次提出这个问题？能否继续向实现远大理想的方向前进？

（1980 年 8 月 4 日执笔）

"文化大革命"和日中友好运动

在中国，自共产党成立以来。直到发生"四人帮"事件，党内大的路线斗争共有 11 次。

在日本，如果从事日中友好运动，每当遇到中国发生这种事的时候，我们都要体验一次大的困惑。在中国，对于革命和国家来说，路线斗争是你死我活的斗争。与此相比，日本的从事中日友好运动的人士的困惑，等等，虽然算不上是重要的事情，但是，在我看来也是很令人痛心的。

"文化大革命"一闹起来，就出现了几个影响。

第一，所谓的受中国不良影响的一部分人，根本不管两国的社会体制是如何不同，而只是一味地模仿，也闹起了保皇派、走资派、造反派、三角帽、群众斗争、大字报等。

第二，以前本来就敌视中国的一部分人，庆幸现在抓住了反面宣传的好材料而大写特写。因为"四人帮"连《人民日报》的领导权都掌握了，而我们外国人完全不知道这一真相，所以，一般日本人也受敌视中国宣传的影响。认为中国这种国家经常发生一些事情，不知道将来还要发生什么事情，和这样不安定的国家发展友好不合情理。

第三，协会内部日共（左派）的影响力增强了，而且还加深了和抗拒的社会党派系会员之间的对立。最后，和当时所谓的"科野大厦派"、"诸潮流派"二派分裂了。由于这些事情，协会的方针和各种活动变得激进起来，被认为是失去了社会性和群众性的过激团体。

可是，其中受影响最大的是第四：日共与中共关系破裂后，不得不和协会诀别。

对于"文化大革命"给日中友好运动产生的影响，我苦苦思索着，自己应该怎样应付这类问题。中国还进行着革命，而其中革命路线是前人从未走过的，道路也绝对不是平坦的。与其说在前进的道路上有波折是理所当然的。倒不如说没有波折是可笑的，不管说什么都是难以理解的。中国人民在屡次发生的政治变化的大风大浪中得到了锻炼。特别是我通过"文化大革命"亲身体验了毛泽东思想的威力。无论面对什么困难，事情一旦发生，人民自己总会克服。即使这样说明，也还不够充分，也许除了这样说明以外还有别的更令人信服的说明吧。

　　我之所以这样忧虑，是因为从 20 世纪 60 年代到 70 年代，在中国和日本都连续发生了异常重大的事件。在中国方面，与过去坚如磐石的兄弟国苏联之间以意识形态的分歧为开端，发展到逐渐公开化的对立争论，并波及国家关系。1969 年发生了珍宝岛事件。1976 年，周、朱、毛三人相继去世。因唐山大地震，附近蒙受了毁灭性的灾害。正如中国人说的那样，这一年是非同寻常的一年。地震和新中国开国元勋的相继去世，虽然是自然现象，但"文化大革命"是人类社会的偶然事件。因为日本从历史上一直受中国的感化，所以，"文化大革命"绝不能不给日本人民以强有力的影响。特别是我们从事日中友好的人，受到的积极和消极的影响都是很深刻的。

　　日共从 1966 年起，如刚才叙述的那样，就开始反对对华友好交流，参加了第一次青年友好大交流的数百名青年当中的日共党员在回国的时候，和中国青年挥泪相别，约定在来年的第二次青年交流时再会。然而，同年日中两国共产党的共同声明以失败而告终，以此为开端，形势发生了突变。所以，反对 1967 年的第二次青年交流，按常规这是难以理解的。我们排除了日共领导层及听从其指示的协会内的日共分子的反对，决定参加第二次日中青年交流。在协会内部，形成了日共党员派和友好派两派。从属日共党员派的事务局成员，进行尾随、监视友好派干部的行动等密探活动，这样的内部分裂一直继续到 1967 年 10 月 26 日中日友好协会（正统）开始工作为止。

　　协会（正统）开始工作后，和日共的对立越来越激化。最后，1967 年 2 月 28 日，发生了袭击东京都文京区的善邻学生会馆的中国学生的暴行。我们救出了数名受伤者，实在看不下去曾蒙受过其他灾害的在日中国人再遭受大的灾难，所以，承担了支援在日中国人中心分派的任务。

　　由于发生了这一连串不幸事件，协会放弃了善邻学生会馆内的事务所，眼前增加了事务所的困难。日共系分子脱离组织后，许多会员顾虑重重，难以集中，曾经有 6 万名会员的日中友好协会（正统），现在会员数锐减到 400 名左右，现在想来有点滑稽可笑，但是，由于照搬中国"文化大革命"经验的一部分会员施加压力，协会活动中心常务会议的成员接连提出辞呈。这一段是协会最困难的时期。

一场喜剧

"文化大革命"的风暴在中国始于 1966 年，日中两国共产党从此分道扬镳了。日中友好协会分裂成日共派和非日共派之后，就举起了日中友好协会（正统）的大旗。已经在前面叙述过了。

那时候，协会因为放弃了善邻学生会馆内的中央总部事务所，所以必须设立新的事务所。可是，在当时，协会被认为是过激的团体。所以，很难有人借给我们地方设立新事务所。当时，在新宿车站东口拥有事务所的 H 氏，把他事务所的一部分借给我们做了协会的事务所，这是很难得的事情。而且对我们开放经理室并让我们使用会议室。这样一来，事务所是解决了，可是，协会无论开什么干部会议，不是干部的 H 氏都出席。有一次，我对 M 事务局长说："不要让 H 氏出席那种牵强附会的会议"时，连 M 事务局长也觉察到了这一点。在后来一次聚会的时候，因为在新宿车站的大厦找到了会场，所以，他来和我们联系，老实说在那里也还是 H 氏把持。我问 M 事务局长，他说那个会场也是 H 氏奔走找到的，尽管是那样，还是让人觉得可笑。

"文化大革命"初期，协会内部的一部分"革命"派，模仿"文化大革命"，骂我们协会（正统）干部是"走资派"、"保皇派"，用"团体交涉"和大字报（墙报）进行攻击，最后，还威胁说要让我们戴三角帽、上街游行。在资本主义盛行的日本，如果真让我们戴三角帽上街游行的话，周围的人会是什么表情呢？虽然那是我们运动最困难时代所发生的事件，但现在想一想，那只是一场喜剧。

（四）分裂后又团结

三·一五事件

从 1966 年底到 1967 年，发生了前面讲述的善邻学生会馆事件，协会之所以能渡过这个事件之后的困难时代，主要是依靠脱离了日共的协会干部的力量。可是这部分干部之间的竞争，逐渐形成了小宗派，他们在各方面都企图把协会变成私有财产。我感到忍无可忍，就在某杂志上发表了题为《我们能这样反对修正主义吗？》的文章。他们组织了由日本共产党（左派）构成的新政党。以讨厌这个政党的 K 会长为首的社会党系会员和日共（左派）会员之间的矛盾逐渐激化了。

在这种情况下，1969 年 3 月 15 日，发生了所谓的"三·一五事件"。我们正在新搬迁的科野大厦（现在的日中友好会馆大厦）的七层会议室举行第 9 届常任理事会会议，突然，自称是新左翼团体团员的一伙约 20—30 人闯入会场，对正在出席会议的 K 会长以下常任理事，全都施以拳打脚踢的暴行，特别是协会内属于日共（左派）的干部好像被作为主要目标，若干名受伤者被送往医院。

闯入者们异口同声地叫喊着"不承认毛泽东思想的人不要当会员"，"由垄断资本出钱购买的日中友好运动城堡的这个大厦是怎么回事"等极左的口号。关于这个三·一五事件的真正原因，有各种意见。可是逐渐形成了两种意见。一种意见认为对于协会内的日共（左派）的排斥是根本原因，是内部矛盾；另一种意见认为诉诸暴力行动就是敌我矛盾。即使内部矛盾，假如采取了错误的解决办法，也会转化成敌我矛盾的。

当时，预想到攻击我协会的势力不少。除了美帝国主义、苏联现代修正主义、日本国内的反华势力和日共四个敌人之外，还有新左翼的一部分人。我认为，三·一五事件是由对协会内日共（左派）集团的排斥造成的。当时，协会机关报《日中友好新闻》把三·一五事件的闯入者规定为"反华反革命的诸潮流"。4月7日，O、M等人率领一群人马再次闯入科野大厦，对协会事务局干部和大厦内的许多公司职员施以暴行，有的女性负了重伤，生命垂危，这后来被称为"四·七事件"。

这样，两种意见的对立越来越尖锐，形成了两大派。一派以我为代表，另一派以K会长为代表。K会长经常提到大鸣大放等口号，对中国的"文化大革命"好像特意采取呼应的态度。我这一派责备停止在常务会议上对话的K会长派。K会长派社会党系的人多，其中穗积七郎常任理事从调停分裂的立场出发，把自宅提供出来作为两派代表对话的场所。我们进行了六七次对话，都没有成功。结果，K会长派不但在其他地方另建了事务所，而且还独自发行了机关报，使得这种组织的不正常状态固定化了，在国内受到各方面的非议，新闻媒介也以起哄的态度谈论此事。

实现团结

这以后，北京举行前社会党委员长殉难10周年纪念活动，中国发来了邀请电报，希望我们访华，这是1970年10月的事情。我们组织了日中友好协会（正统）代表团（宫崎世民团长）访华。在这前后，社会党浅沼纪念访华团（黑田寿男团长）也访华了。另外，早先为了庆祝国庆节而访华的日中文化交流协会访华团（中岛健藏团长）已经到了北京。这样，三团体一起在北京聚会了。

我们到达北京是 10 月 11 日。令人意外的是，我们刚一到达，就决定和周恩来总理会见。

关于会谈的内容，因为有三好一团员写成的《周总理会谈记录》，所以，这里简要介绍。

中国方面在人民大会堂福建厅接待了我们一行。谈话从晚上 7 点 20 分到 10 点 30 分。出席者中国方面以周恩来总理为首，还有吴晓达、徐明、庄涛、王晓云、蔡子民、林丽韫、周斌、颜万荣等人。日本方面以宫崎世民为首，还有有三好一、古谷庄一郎、楢崎富男、立石虎记、乾春雄、饭冢昭吉等人。

双方寒暄之后，周总理话锋一转说："如果可以的话，想先请宫崎先生谈一谈。"我根据毛主席在 1970 年 5 月 20 日发表的《全世界人民团结起来，打败美国侵略者及其一切走狗!》声明精神，谈了对日本国内外形势的认识。我们参加反美国际统一战线，以此为一环，打倒日本军国主义，变革日本的政治体制，如果实现日中邦交正常化，应会起到日本人民应起的作用。对于这一斗争，我们有必胜的信心。日本国内的统一战线建立较迟，深感责任重大，我觉得很遗憾。借此机会，请周总理对我们运动中不足的地方、错误的地方提出意见，如能对我们有帮助，我们将非常感谢。

　　周　首先，大家长期从事中日友好运动，取得了巨大成果，在中日两国人民之间的往来和反美斗争中做出了贡献，对此，我感到高兴，并表示感谢。

如果从客观的形势看，今天的日本人民已经和 30 年代、40 年代不同，50 年代也和 70 年代不同，日本人民的觉悟提高了。

这是大家活动的结晶。

119

日本人民的觉悟越来越高，但反动派的压迫仍然很强大。反动派的压迫越强，人民的反抗也就越强。一般地说，是这样的道理。

如果从这两者的相互关系来说，常常是统治阶级害怕人民革命才压迫人民，这正是推动运动的力量所在。反动派的压迫越厉害，人民的觉悟也就越高。而且，对人民的革命要求，反动派即使想镇压也镇压不下去。

日本人民要求革命，反对美帝国主义占领日本、设立军事基地，签订安保，复活军国主义，反对把日本捆在美帝国主义的战车上，希望民族独立、自主，希望日中友好往来，这可以看得很清楚。对于这股潮流，统治阶级无法阻止。况且，美国不会接受日本人民的要求。

日本人民的这个运动，50年代发展，60年代壮大，70年代向深入渗透。在这样的运动中，正如宫崎先生所说，出现了主观落后于客观的形势，这不仅在日本如此，而且在过去的中国革命的历史中也有过类似情形，所以，正如宫崎先生所说的那样，才感觉到了自己努力的不足。

刚才宫崎先生谦虚地说，想征求中国朋友的意见，我们作为大家的朋友，希望从日中友好协会的重点友好的立场出发陈述意见供参考。陈述意见的时候，因为是朋友，所以，有时想坦率地说。

不久前，日本共产党（左派）的同志来访，您知道吗？我和康生同志在这里和左派的同志谈过话。

日本人民要求革命，可是日共宫本修正主义集团不要革命……日本人民希望和中国人民友好相处，可是……日修反对友好。这就是说，宫本修正主义是被日本人民批判的，他羞愧难当，断绝了日中两国人民的往来，这种做法违背了日中两国人民的愿望。革命还是要靠日本人民的力量，这一点不论在哪一国都是一样的。中国人民站在无产阶级国际主义的立场上支持日本人民的斗争，那就是说，不管哪一派取得主动权。

比如，明天要举行原社会党委员长浅沼稻次郎先生的纪念会，他是社会党的人，在日本人民的斗争中他英勇无畏，牺牲了，他留下了"美帝国主义是日中两国人民的共同敌人"的豪言壮语，所以，社会党的人纪念他。他虽然是社会党人，但在反帝斗争中是战友。

和站在同一讲台上的野坂相比，法西斯不杀野坂而杀了浅沼，从敌人的目光里也能看清楚……在这里也有两名社会党党员。浅沼先生的事迹，对社会党来说是很大的光荣。同样，在朋友当中，有被日修除名的共产党员，那是光荣的事情……

如果个人的事可以说的话，1959年，桦美智子反对艾森豪威尔来日，在敌人面前牺牲了，当时，被日修称为托洛茨基分子，即使是托洛茨基也在敌人的刀刃下牺牲了，是反帝的战友，值得敬重。当时，毛主席赠送了挽联，可是，日修不赞成。如果不尊敬在敌人刀刃下牺牲了的人，如果不承认她是反帝的战士，那就是把自己撵出了反帝战线之外，修正主义是必然会带来宗派主义的东西。

苏修把我们叫做民族主义、教条主义、经验主义、宗派主义、冒险主义等，给我们贴上各种标签。我们想质问他们，他们一边说美帝国主义是共同的敌人，一边又和美帝国主义勾勾搭搭，日本反动派做得很高明，这能说是国际主义吗？

这种事不仅对于一个革命派和个人可以说，而且对于国家同样可以说。我们的眼前有实例。今天，我们的报纸报道了支持柬埔寨王国民族团结政府的中国政府的声明。美国帝国主义是共和国，可仍然是反动的国家。相反，柬埔寨是君主政体却是进步的。要看君主国和共和国的情形，就有必要看其统治阶级采取怎样的政策，体制只是形式而已。

反对美帝国主义和日本军国主义复活的人姑且把他们当作朋友，必须联合，朋友越多越好。集中力量给主要的敌人以打击是必要的。建立反帝国际统一战线的时候要这样想。这一点怎么样？

对于这一问题，我想了一下回答说，假如一万人是团结的，可由于增加了500人而内部闹纠纷，发展不顺利，倒不如在别的方面投入力量发展下去好。周总理立刻问："那么，500人成了敌人了吗？"我说不是敌人，如果没有成为障碍，那是欢迎的。

周　我不太理解。不是敌人能在自己的阵营中引起混乱吗？如果是犯了错误的人，就不允许他们改正错误吗？能说自己一方百分之百的没有错误？难道不是这样吗？列宁和毛主席都是那样说的。日本民族也应有"从自己的缺陷反省"的语言。

在"无产阶级文化大革命"当中，我们也亲身经历过了……对于错误应当说，说了就能改正；如果不说，就不能发觉，也就不能改正。光认为自己是革命家，认为只有自己才是左派……就统一战线来说，有各种派别，有各方面来的人，可是，如果是反美、反军国主义的话就应该联合。

我觉得确实像周总理说的那样。但是，因为日本的事情非常复杂，所以，和妨碍团结的人作斗争，明辨是非，争取团结，那需要一定的时间。现在，虽然开始了各种各样的工作，但都没有效果。但在最后，我仍说，就如同周总理说的那样，我想是能够解决的。

周　因为宫崎先生征求意见，所以，我谈了自己的看法。宫崎先生不问中国友人的话，那另当别论。我对反美国际统一战线只做了一般性的论述。你的脑袋里不是充满了黑田先生的问题吗？那么，即使谈也没有用处。

我表明了我的立场，我因深感责任重大，所以，满脑子都是这个问题，就那样说了，还做了反省，我想，为了团结，做出更大的努力。而且，我个人的看法是，在日本发动群众运动，如果组织各阶层把反美统一战线广泛开展下去，能够使日中友好的步调一致。

周　必须看到更大的问题吧？在反美国际统一战线被提倡的今天，开展中日友好运动，不仅是日本人民的事情，而且是中国人民、朝鲜人民和全体亚洲人民的大事。统一战线是广泛的，应该用广阔的视野去看待。

正如刚才宫崎先生说的，在扩大反美统一战线上，要组织各领域、各阶层，要依靠群众，在群众中发展，这是好事，这个意见我赞成……

周　在日本，如何才能推动中日友好运动向前发展呢？各国的运动应该以各国人民为主体进行，应该举起日本人民反美帝、反军国主义的旗帜。我们支持日本人民一切正义的斗争，如果不支持，我们就不是无产阶级国际主义。

如果宫崎先生和其他朋友确认这个前提，那么，有些事情我还想谈一谈。

第一个问题，日本人民中的政治家、知识分子、工人、农民活动家，有很多人都反对美帝国主义，反对日本军国主义，反对和蒋介石来往，主张中日友好。恢复邦交，不仅是参加日中友好协会（正统）总部的人，而且还有很多的人，不是吗？有很多那样的人不是没有包括在日中（正统）之中吗？日中（正统）在几个县有组织？

  三好 43 个县。

  周 会员数有多少？

  三好 7200—7300 人。

  周 如果就反美帝、希望中日友好的人说，那只是很有限的少数。

我们承认大家是日中友好协会（正统）派，这次邀请就意味着承认。可是，还有一部分人，他们反对美帝，要求日中友好，并以此为宗旨要求和中国来往的话，该怎么办？

  宫崎 那是中国决定的事情，邀请的话，我们赞成。

  周 于是，就有第二、第三、第四个这样的人起来要求中日交流。这种情形，是携起中日友好的手好呢，还是分散力量好？还是集中的好？如果是真心实意地反对美帝国主义、反对日本军国主义，希望中日友好、希望恢复邦交，反对和蒋介石来往的人，那么，不应该大联合吗？如果不联合，那不就是假的吗？

  宫崎 我们努力逐步实现那个方向。文化交流协会、"国贸促"都在努力。我们和友谊团体一起努力着。方法虽然不同，但大方向是一致的。

  周 所谓大方向就是指大同小异的方向。求大同存小异。即使大方向一致，方法、观点也会不同，那是理所当然的。即使在反对美帝国主义的斗争中意见也会不一致。即使在无产阶级的政党、共产党中也有不同的意见。毛主席说："党内也有左派、中间派、右派"，党只留下左派，把中间派、右派推到党外，党就变纯洁了吗？在留下的左派中也还会产生左派、中间派、右派，这样划分下去，左派就会孤立，党自身就会变小。特务（敌人）……必须扫除，可是还应该允许不是特务的人存在。修正主义应该批判，可是，如果改正，应该允许。

看看统一战线的情形，反对美帝国主义、日本军国主义的不只是日本一国的人民，亚洲各国人民也有同样的要求。群众运动的情形，范围更广，也包含资产阶级的左派、爱国人士。

宫崎　是那样。

周　在各种团体里有很多人希望和中国来往，不能排斥这些人，拒绝想来中国的人。有很多日中（正统）的会员以外的人希望中日友好。联合需要时间，该怎么办？

宫崎　我们没有垄断日中友好运动的想法。工会也好，其他组织也好，我们都想帮助他们访华。比如，听说部落解放同盟是30万人的团体，他们希望访华，我们不但同意，而且还给予了帮助。

周　关于第二个问题商量一下。在日本人民中有共同的敌人。日本的反美帝、反军国主义的统一战线问题，是日本人民内部的问题。可是，一变成中日关系，就和中国有联系了，如何处理呢？处理的必须是对大家有用的联合，所以，希望听到的不是对大家不利的。

谈一谈关于目前的实际问题。不只是日中（正统）的问题，而且可以说是关于反美帝、反军国主义的国际统一战线的问题。比如，浅沼纪念集会。黑田先生代表社会党来了，大家代表日中（正统）、中岛先生代表文化交流协会来了。这种情况下，应该有临时的统一行动。

我对宫崎先生准备演说一事表示感谢。

这个集会是反对美国反动派和法西斯的集会，至少关于这个问题，大家是战友吧？如果在席上不打招呼，不握手，中国人民会痛心。虽然反对共同的敌人却不握手，中国人民不能理解。如果那是日本民族的传统的话，那就没有办法了。

125

宫崎 这不是个人问题。在日中（正统）的一个组织有两个会长，给会员和日本人民增添了麻烦，也实在给中国人民增添了麻烦。如果是代表社会党来的就没有问题，若代表别的组织也没有问题。

周 没有给中国人民添过麻烦。我参加革命之后，没有想过因这种问题增添麻烦等。问题是组织被分成两个，只是让反动派高兴。因此，我们承认大家是日中（正统）。黑田先生是社会党的团长，中岛先生是文化交流协会的代表。不能共同出席吗？不应该让美帝国主义看一看吗？在这里不是已经不存在两个会长问题了吗？

在外交上，我们为了抗日，甚至和蒋介石握手，甚至和沾满杀害自己同志血的人握手。此后，内战时期，我们断然赶走了蒋介石。

宫崎 今天，我得到了您非常深刻的教诲。

周 不能说"在对手一方有坏人，在自己一方没有坏人"。中国人绝对不说这样的话。在"无产阶级文化大革命"中也是这样。毛主席说："'无产阶级文化大革命'一次还不能结束，必须进行好几次。这就是实事求是。"

宫崎 我完全同意。

周 如果是从飞机上刚下来时的那种态度就难办了。在明天的会场上，如出现不握手、不张嘴的现象，那么尼克松、佐藤高兴，中国人民痛心，我相信伟大的日本人民有伟大的气概。我不相信你们不能接受中国人民诚恳的劝告。在这里，日共（左派）的同志也和康生同志会谈过，很投机。

宫崎 我不擅长社交。虽然不会说话，但我要尽量努力。

周 这不是社交，是对革命的态度问题。

这是短时的统一行动，不是长期在一个组织里。尊重浅沼精神的各位怎么会不能采取统一的行动呢？

宫崎　没有不能联合的理由，可是，前提是一个组织不能有两个会长。

周　是纪念尊敬的反帝战士。在他的遗像前，会有不能共同斗争的事吗？宫崎先生、三好先生，在明天的纪念会上联合起来，让敌人看看。

如果是采取共同行动的情形，则既有左也有右，有颜色的不同。毛主席说"永远不会有同一颜色的东西。"马克思，列宁也这样说过。在这里，出席会谈的同志们之间也有思想的差异。我和在座的徐明同志也不断地争论。他比我左。

外交是对敌人而言的，统一战线中则是指朋友，没有信任感不行。可是，既要求大同也要存小异。七位日本朋友，我不认为在思想上没有差异。在中国也一样，只要大方向一致，就能采取一致行动。

我们把大家看成是受尊敬的朋友。

周　第三个问题，这是最具体的问题。

关于刚才说的两个问题一致了。在大面上赞成联合，这是统一战线的原则，我们的朋友越多越好，必须给主要的敌人以打击。反对美帝国主义、日本军国主义、不仅是中日两国人民，而且是朝鲜人民、印度支那人民乃至亚洲人民的共同任务。当然，破坏联合的人是敌人。目标应放在主要敌人身上。在动动中，谁是真正的朋友，谁是假的朋友，是能看得很清楚的。

明天的临时共同行动是对敌人的示威。日本人民和中国人民纪念反美战士，对美国反动派进行示威，在这件事情上意见是一致的。在明天的讲台上请不要有什么争论。

第三人问题是我们的愿望，希望两个日中友好协会能组织联合起来。

那样不行的话，作为次佳方案就是说服黑田先生让其改变名称，在斗争的实践中最后可以向同一目标靠近。那样也不行的话，作为中国，除了沉默以外没有别的办法。

我的意见是要求说明三·一五、四·七、九·一四等已经发生的事件，说明大团结的经过和原因。如果对方作了自我批评，就没有问题了。

周　对方如果进行自我批评，可以说是直接对话；如果也承认自己一方有缺点，不更主动吗？

宫崎　是这样。

今后不能强制性和对方团结，要明辨是非，要商谈中间人的问题等。

周　这就进入了人民内部矛盾的范畴。也许在他们内部有坏人，也许在大家当中有形"左"实右的人。这些人最终反对大联合。原则上团结是必要的，第一个方案虽好，可没有把握。

以前，我对黑田先生没有谈过联合。只谈了浅沼先生的事，这一次还没有见他。在集会之后见面，首先要让纪念会成功。

我们也试着说服他，如果不听——佐佐木更三虽是社会党党员，可是他认为分裂的责任黑田必须承担多一半。这事在外面不好说，也不好叫新闻记者发表。（笑声）——佐佐木是有诚意谈的。

如果这样进展不顺利，友好的做法很多。同名称的组织不应该有两个，可以采取变化名称的方法，慢慢地各自分别进行运动，这样比较好，这是水到渠成。

宫崎　不同的团体容易联合。

周　果真能那样发展吗？也许刚才说的第二个方案也不行，作为我们也不能公开声明，给另一方以打击。

继续对立是不利的。如果第一、第二个方案都不能实现，不得不暂时沉默，不触及这个问题。

大家可要把明天的共同行动办得漂漂亮亮啊！

宫崎　关于第三个问题，第一方案、第二方案我们都同意。我们也要为团结而努力，我想一定要让它成功。

以前，早就听说周总理对工作非常热情，可没有想到果真如此。和周总理直到深夜通情达理的会谈，是和妨碍日中友好的敌人作斗争，是和真心要推动日中友好的战友的会谈。

总之，和周总理谈了和要求日中友好的广大日本人民的团结问题，在浅沼纪念会上的临时统一行动问题，协会内分裂两派的团结问题。

可是，马上面临的问题是在明天——12日举行的浅沼纪念集会上，周总理希望我和黑田握手。如果不能握手，中国人民是何等的痛心，美帝国主义是何等的高兴。

我回答"我不擅长社交"（实际上不能像演出那样，该说的都说了）的时候，周总理用严厉的口吻说："这不是社交，是对革命的态度问题。"我不得不对确实通情达理的周总理的话表示应允。

第二天，终于是纪念会的当天了。会场是政治协商会议的礼堂。我看见周总理很早就到了会场。在前台主席团中央，主办团体的中日友好协会名誉会长郭沫若、对外友好协会副会长丁西林已经就座了。集会一开始，首先由丁副会长致开幕词，郭名誉会长讲话，接着顺序讲话的是黑田、宫崎、中岛。讲话的内容全都是以反美国际统一战线为中心。周总理自始至终都认真地听着每一个人的演说。而且，周总理看到了我和黑田的握手。

集会结束后，决定从正在北京逗留的黑田、宫崎双方代表团中各选出五名代表，进行关于团结的对话。

我们抽空参观了"文化大革命"中经历了分裂后又团结的几个机

关、工厂、学校等，他们全都熟悉我们的事情。一旦分裂了，怎样团结呢？他们给我们讲了他们的经验，这是人民给予的援助。

回国后，经过双方继续努力，结果，终于达成了协议。1971 年 8 月 29 日召开了欢迎中日友好协会副会长王国权的团结大会。团结终于实现了。

（1982 年 10 月执笔）

（五）大转变的年代

日中邦交恢复

70 年代，一直敌视中国的世界上大部分势力开始对中国友好，改变了态度，是世界史上大转变的年代。

1971 年（昭和 46 年）10 月 25 日，联合国大会以压倒多数通过了恢复中华人民共和国政府在联合国的合法席位、驱逐蒋介石集团出联合国的决议案。1972 年 2 月 28 日，美国总统尼克松访华和毛泽东主席会见，发表了《中美联合声明》（上海联合公报）。7 月 7 日，继佐藤内阁辞职之后，田中内阁诞生了。9 月 29 日，田中角荣首相、大平正芳外相访华，签订了日中联合声明，终于实现了日中邦交正常化。1978 年 8 月 12 日，签订了日中和平友好条约，10 月 23 日生效。紧接着，1979 年 1 月 1 日实现了中美关系正常化。

只要看看发生在 70 年代的几个大事件，事态也就明白了。世界性敌视中国的包围网被打破了，无数友好之手伸向中国。在日本国内也以政府、经济界、文化界、劳动界为开端，所有的阶层都加入了日中友好的阵营，成为推动日中世世代代友好下去的伙伴。

在我 80 年的人生中也从没有发生过这么多激动人心的事件。

《恢复日中邦交是人民的力量》

日中邦交正常化一事到最后阶段,日中友好协会决定为恢复邦交发行小册子,围绕这个小册子的发行,在协会内又引起了新的矛盾。

团结后在协会内部还存在日共(左派)派。比什么都糟糕的是 M 事务局长是其领导,他把日中友好协会这种群众团体用自己独自的意识形态领导。以 M 事务局长为首指导着组织全体。而且,他说不应该把恢复日中邦交委托给充当垄断资本家走狗的田中内阁。对于这一点,我们首先主张,即便是田中内阁,要是能够恢复邦交的话,像我们这样的民间活动不就更容易做工作了吗?可是,他听不进去。

在常务会议上,事务局长提议以协会的名义向会员发行《恢复日中邦交是人民的手》的小册子,底稿由他们自己写,我和副理事长岩林三千夫都反对。我们主张如果一定要这样做,就应该用执笔者的名义发行。结果,事务局长一伙所谓的主张占了上风。由于我的力量有限,经过竭尽全力地争取,才让他把小册子的题改为《恢复日中邦交是人民的力量》,但并没有决定让他以协会的名义发行。据常务会议决定的方针,若要发表,其附加条件是在发行的同时要写开头道歉语。

常务会议后,事务局长几次派遣同派的人来逼迫我,要以协会的名义发行小册子,而且其他常务会议的成员也赞同他们一派的事务局长的提案。按这种意向把开头的道歉语随意变更后开始印刷、出版和发行的工作。这个小册子果如所料,不受欢迎。送给地方组织的小册子多半被退回来了。

1971 年,美国国务卿基辛格秘密访问了中国。7 月 15 日,中美两国政府公布了尼克松总统 1972 年 5 月以前访问中国的消息。对此感到震惊的是佐藤政府。因为佐藤政府最害怕中美正常化抢在日中正常化之前，另外感到惊慌的是我协会内的所谓日共（左派）派。

协会了解到恢复邦交的事情在即之后，1972 年 8 月 20 日，在日比谷野外音乐堂，日中友好协会（正统）中央总部先举办了"恢复日中邦交即时实现中央集会"。就是说，协会的这个集会是为了称颂实现邦交的成绩。为了举办这个集会，特别给广泛的友好人士发出了请帖，从全国各地来的各界代表 6000 人聚集一堂。某保守党国会议员在致辞中刚说"因为苏联占据着北方领土，日本必须加强军备"，会场上立刻响起了"军国主义"的奚落声。我和这个保守党人物认识，他特意费力来参加会议，我觉得很对不起他，回家后曾去家里向他道歉。这是在田中首相为日中邦交正常化访华前一个月发生的事情。而且，由日中（正统）主办，于 1974 年 12 月 8 日在神田的共立礼堂召开过"以实现日中和平友好条约为目标的国民集会"，会场里容纳了 2300 多人。可是，我感到对日共（左派）的人和不是日共（左派）的人鼓掌声有明显的差异，日共（左派）的宗派主义就是那样的货色。

恢复邦交后，协会内外的人们都期待着协会今后会大力发展，可是，一年、两年、三年过去了，除了山口县以外，其他县的协会组织没有显著的进步。因此，不论思想、信条，政党、派别如何，以追求日中友好、依靠全体国民创建日中友好运动为目标，开始了大学习运动的高潮。这一运动的要领，首先从中央开始再到各地方组织，都进行讨论，影响组织扩大的主要障碍是什么。而且，我鼓励各组织会员坦率地畅谈自己的信念，为此，在组织内部引起一点风波也没有关系。运动渐渐地广泛深入进行，日共（左派）的努力被孤立起来了。结果，以山口县总部为首的那股势力宣布退出了协会。此后，日共（左派）也受毛主席发表的"三个世界"论的影响，内部分裂，一方面东京设立中央委员会临时指挥部机构，另一方面，为了和过去的机关报《人民之星》区别，开始发行《人民新报》机关报，和山口派（左派）分道扬镳了。由临时指挥部领导的日共（左派）留在协会内，而脱离出去的山口（左派）系改变政策，组织了日本阿尔巴尼亚友好协会，没有持续多久，这活动就自行灭亡了。

（1982 年执笔）

台湾是中国领土不可分割的一部分

据说中国要举行辛亥革命 70 周年纪念活动，我 1981 年 9 月 30 日访华，参加了这个活动。作为这一活动的一项，邓颖超副委员长主持召开了茶话会。

全国人民代表大会常务委员会委员长叶剑英，1980 年 1 月 1 日发表了《告台湾同胞书》；这一年 9 月 30 日，在中华人民共和国国庆 30 周年前夜再次发表了关于台湾回归祖国、实现和平统一的方针政策更加明确的谈话，合情理地呼吁实现第三次国共合作。并在 10 月 9 日，举行辛亥革命 70 周年纪念会，中国共产党中央委员会总书记胡耀邦在人民大会堂聚集的各界 1 万多人面前发表了演说。

他说："整整 70 年前的 1911 年，以孙中山先生为领袖的革命党人在古老的中国发动了推翻清王朝的革命。这次革命在中国大地上树起了民主共和的旗帜，建立了中华民国。这是在中国历史上具有重大意义的一次革命。在今天的形势下，我国大陆的 9 亿 8 千万同胞和台湾的 1 千 8 百万同胞，共同纪念这个光荣的节日，尤其具有巨大的现实意义。"

"以毛泽东同志为首的中国共产党领导全国人民取得了新民主主义革命的胜利，建立了中华人民共和国，这才彻底结束了中国的半殖民地半封建时代，实现了国家的独立和人民的民主，并且进而转入社会主义。孙中山先生和辛亥革命的其他志士们追求的目标终于成为现实，辛

133

亥革命作为民主革命的开端，为以后一系列的历史发展打开了道路。因此，我们共产党人和全国各族人民，都把新民主主义和社会主义的胜利看做是辛亥革命的继续和发展，对于领导辛亥革命的孙中山先生和他的同志们抱着崇高的敬意。"

"孙中山先生是伟大的民族英雄，伟大的爱国主义者，中国民主革命的伟大先驱。孙中山这种革命精神是他留下的最珍贵的遗产，将永远激励着我们民族的一切革命者、爱国者。对于孙中山先生的崇敬和怀念，至今仍然是把中国大陆联系在一起的精神纽带。"

"在目前时期我们的内外任务，概括说来，有三件大事，这就是：实现四化建设、保卫世界和平、完成统一大业。尽快结束台湾同祖国大陆分离的要求，已成为日益高涨而不可抗拒的历史潮流。历史上，国共两党已经有过两次合作，这两次合作实现了北伐和抗日的大业，有力地促进了我们民族的进步，现在为什么不可以为建设统一的国家而实行第三次国共合作呢？"（摘录自《日刊中国通讯》，1981 年 10 月 13 日）

最后，胡总书记还邀请蒋经国及台湾党政军有关人士和各界人士亲自回大陆和故乡看看。

所以，参加纪念会和第二天茶话会的人们都纷纷发言，认为这些呼吁的确很合时宜，明天台湾方面如答应这一要求，就将要实现全中国的统一。

可是，台湾的情况我并不是一点儿也不知道。据街谈巷议传说，台湾政情不稳定；据某些人观察，好像马上要发生叛乱，可那不一定是实情。台湾一伙人对国防和经济都有很强的自信心，特别是经济实力。所以，台湾不一定会马上答应。事情只有在主观和客观一致后才能得到解决。

因此，我在茶话会上发言，不一定赞成其他发言者的看法。可是，如果只是为了唱反调，那日中友好协会和我个人对台湾问题的看法、态

134

度就会被误解、被怀疑，那可就糟了。所以，发言的前半部分强调了为实现统一台湾我如何焦虑和思考；后半部分我认为，假如台湾方面顺应这个呼吁，那是再好不过了。可是，实现四个现代化后统一台湾不也是同一个方法吗？统一台湾是 10 亿中国人的愿望，如果早日实现现代化，也就能够早日统一台湾，那么，人民对现代化的积极性也就调动起来了。我想这是一举两得的事情。所以，即使超过了会议主持人限定的发言时间，我也敢于把反调唱完。

会议主持人把发言时间限定在 5 分钟以内，可是，我的发言用了 15 分钟时间，给大家添了很大的麻烦。担任翻译的贾蕙萱对我说："因为是重要的话，所以，尽可能正确地翻译出来了。"

可是，第二天《人民日报》只登了我发言的前半部分，极端重要的后半部分却没有登出。

下面的文章就是我在那次茶话会上发言的一部分补充。

关于中国向台湾呼吁第三次国共合作

我是以差不多和新中国同时诞生的日中友好协会为根据地，到去年年底前一直从事日中友好的人。

我本身尽管并没有参加辛亥革命，也没有做什么贡献，当然也没有资格评论辛亥革命。可是，我受到了辛亥革命纪念集会的邀请，我对孙中山先生一行来过我的旧家并住了一晚上的事情还有点记忆，我保存了站在中山先生身边的纪念照片，我认为是一件纪念品，当然要奉上。

还有，来这里没几天，仅北京就参观学习了不少地方。特别是昨天纪念会上听了各位的发言，大家都谈到了台湾统一问题。

在胡耀邦总书记的谈话中，举出了中国当前必须要做的最重要的三件事，其中之一就是全国统一的课题，即台湾回归祖国的问题。这个问题是新中国建国以来的方针。台湾是中华人民共和国领土不可分割的一部分，台湾问题是中国的内政问题。日本和美国越过中华人民共和国和台湾建立外交关系，就是对中国内政的干涉。我们指责日本不仅侵略过中国，而且战败后 20 多年来一直拒绝中国伸出的友好之手，我们始终对日本政府进行抨击。

我自己深信中国对台湾问题的主张确实是有根据的，所以，为台湾回归中国做了两件事。

一件事是在佐藤内阁时期。佐藤荣作和蒋介石有密切的交往，很难承认新中国。可是佐藤的政敌要借助日中友好的势力夺取佐藤的权力宝座，佐藤进退维谷，就是说，如果承认新中国则违背和蒋介石的友谊，如果保全和蒋介石的友谊，就要失去权力和首相宝座。我会见过自民党的某位有势力的国会议员，请他说服佐藤"劝告蒋介石回归中国。"蒋介石如果拒绝这一劝告，那么，佐藤就能向恢复日中邦交的方向转变。

另一件事是对美中友好协会干部所做的工作。他们在访华途中曾几次访问日中友好协会，曾就如何做才能使美中关系正常化的问题，向我请教日中友好协会的经验。我回答说日本和你们的情况一样，关键是台湾问题。卡特总统希望美中关系向前发展，但是，因为在国民中有一部分人反对，所以，"你们应该说服那些反对者"。而且，我把一封长信送给了他们的机关报编辑，信中说如美国政府希望中国和平统一，那么再向台湾出售武器就是美国自己阻碍了中国的和平统一。我说，应该停止出售武器，对中国的和平统一积极努力。

前些日子，中国向台湾同胞发出了切实的呼吁。最近，叶剑英委员长发表了更具体的合情合理的九项议案。我自己看到这个问题解决后就是死也瞑目了。

我多少了解一些有关台湾的情报。我认为台湾政权好像对经济、国防都有相当的自信，假如台湾顺应叶剑英委员长和胡耀邦总书记的呼吁，实现全国统一，那再好也没有了。从长远着眼促进现代化，立足实现全国统一，不也是一个统一全国的好方法吗？祖国统一是全中国人民誓死要实现的心愿。为了实现这个愿望，号召人民促进现代化，那奔向现代化的积极性也就更高了。

（发言是 1981 年 10 月补写的）

在这里介绍一下那次茶话会我的发言中提到的给美中友好协会发行的《新中国》编辑的信。

敬启者

作为以和中国友好为目的，推进民间运动的伙伴团体，向您致以问候。

美中人民友好协会创建以来，发挥了优秀的创造意识和行动能力，在运动和组织方面得到了迅速的发展。美国人民对中国问题有广泛理解，在美中关系正常化基础上做出巨大贡献，我在此深表敬意。

我们这两个团体不仅有追求和中国友好的共同目标，而且双方都是人民自发的运动，说到一点，单从带有台湾问题这一共同阻碍条件等事实来看，我认为互相努力合作是有利的。

的确，日本和台湾的关系，在 1972 年的日中联合声明基础上用所谓的日本方式解决了。虽说已经解决了，但是，在日本的政界仍有一部分人（含政府的基层机构）认为日中联合声明的主要内容有不彻底之处。而且自 1972 年发表联合声明以来，虽然经过短短五年，可当时约定的要缔结日中和平友好条约还没有实现，因此，眼下尽早缔结日中和平友好条约是日中两国间最重要的问题。

　　大多数的日本人民迫切期待迅速缔结在条约中写明反霸权条款的日中和平友好条约，日本政府从上届的三木内阁到相继成立的福田内阁都不想实现这一愿望。

　　因此，最近几年来我们日中友好协会的主要政治课题是促进缔结日中和平友好条约。

　　与此相比，贵国对台湾问题的基本解决方针还没有决定，因此美中关系正常化成了今后的一个课题。

　　可是，你们和我们现在的一个最大不同是你们的总统有正常化的意向。（我的理解对吧？）而在国民中间好像还有很多人，对清算和台湾的关系犹豫不决。所以，我认为对你们来说，劝说拖政府正常化政策后腿的那部分国民改变态度是主要任务。相反，我们这一边，为了促进日中和平友好条约的缔结，要进一步强化国民的要求，依靠这股力量，必须下决心使踌躇的政府缔结条约。

　　我们是日中友好（而且正因为是日中友好），美中友好也就正是我们欢迎的。不仅如此，我们两国政府的关系是幸运还是不幸？美军占领日本以来，以日美安全条约为基础，两国关系一贯是紧密的。特别是在外交方面，我国政府追随贵国政府的习惯现在还残留着。我们的运动不是单单虚有其表的形式上的东西，而是真正加深和中国的友好，真正追求关系正常化。如果真是谋求和平友好条约的实现的话，那么就必须悉心钻研所有的办法，并做有效的工作。伟大的中国革命领袖毛泽东说过："人民，只有人民，才是创造世界历史的动力。"这是被当今全世界人民所熟知的名言。可是，要真正理解其意义，作为创造历史的动力的一部分觉醒了的人，有几个做到了呢？

　　最近，贵国的万斯国务卿访问北京，和中国总理等首脑举行了会谈。美国让自己的官员访华，中国总理和美国官员会谈，我认为是双方积极努力的表现。卡特总统对万斯国务卿和中国总理会谈牢记不忘，评价了中国方面在会谈中的建设性态度。这次会谈虽然在两国关系方面没有什么特别进展，但因此加深了两国对国内问题和世界形势的认识和理解。商谈今后扩大贸易、文化等方面的交流，我想即使关系正常化前进了一步，不是也还有障碍吗？

在当今世界形势的发展中，我想两国关系要尽早实现正常化。这不仅仅是思考，而且是从日中友好的立场出发，希望成为事实，并准备为此而做出努力。

即便如此，关于中美正常化的问题，我们还有许多话想对美国说。

第一，正如前些日子我在《日本和中国》的"主张"栏里叙述的那样，美国曾经行使霸权，制造了莫须有的国家，即根据和台湾首脑互换的条约，约束自己；就是说，用美台相互防御条约来束缚自己，不能破坏这个条约。这就成了美中关系正常化的主要障碍。正如前面已经叙述的那样，我认为这并不是道义问题，从大局来说就连政治性也谈不上。

第二，美国在上海联合公报中既然承认台湾问题是中国的内政问题，而且既然尊重上海联合公报，就不应该插手过问中国用什么方法解放台湾；如果对此插手，就成了干涉内政，这是很明白的。

然而，据最近的新闻报道，美国设置障碍，阻止中国使用武力解放台湾，声明如果中国使用武力，美国就要单方面宣布军事介入——好像是有人持这种论调。如果这是事实，那美国对他国的内政问题武力干涉即变成了侵略。而且正如布热津斯基研究所的拉卢夫·夫洛博士指出的那样，美国对美台条约的固执，如果是从不愿抛弃台湾民众的卡特总统的人道主义立场出发的，那么，就是对过去的中国是如何把国内少数民族统一起来的，这一事实一无所知的人的一种借口。有丰富经验、长于少数民族政策的中国，既然把台湾看成是自己的领土，把台湾省民众看成是和自己血脉相连的同胞，那美国总统担心的事态，就让我们难以理解。

现在，正当台湾问题解决之际，我国采用所谓的日本方式，中国对此表示谅解。就是说，日本把台湾作为国家的事终止了，可作为过渡，还承认日本和台湾居民之间的经济、文化等关系，对台湾省居民经济上的利益和生活上的便利，一如既往地给予保护。可是，在中国统一台湾之后，用何方法对台湾居民行使管辖，这是中国的国内政治，更是不容他人插手的事情。

如果卡特总统和美国的一部分国民，真正不希望中国用武力统一台湾的话，美国就要停止再保留美台互助条约，以及依靠出口武器等鼓励蒋政权反对中国统一的所有干涉内政的做法，索性为真正的中国和平解放顺利进行而努力。

我衷心地希望由于美中友好协会各位的努力，贵国国内能够克服错误的想法，早一天实现美中关系正常化。

谨上

日本中国友好协会理事长宫崎世民

1972年秋

《新中国》杂志编辑

在茶话会上讲的另一个问题，详细叙述如下。

佐藤内阁的末期，在日本国内，日中友好的呼声非常高。田中角荣正好利用了这股声势。佐藤因为逆潮流而失败了。

佐藤首相在当时既被中国攻击为反华，又怕美国对日本搞"越顶外交"实现了美中关系正常化。那时候，日本的外务省担心美国会不会在日本之前和中国邦交正常化。我偶然听到过一种说法：如果恢复美中邦交的想法由美国决定。那么，请美国方面在恢复美中邦交的 24 小时之前通知日本。日本政府既想摆脱美国，又想仰美国的鼻息。于是，尼克松总统让基辛格国务卿访问了中国。

因此，我给从前认识的 K 打了电话，我说："你的老板佐藤先生现在非常为难吧？受援助蒋介石反攻大陆的约束，在联全国一直反对中国恢复联合国席位。因为一直如此，现在转变方向和中国恢复邦交是不太可能的吧？可是，竞争对手田中要利用恢复日中邦交夺取权力了，在这种情况下，佐藤先生想必很为难吧？"于是 K 说："啊，那确实很为难，怎么办好呢？"我说："我有一个方案，在电话里不好讲，见面谈可以吧？"对方说："请一定告诉我。"之后，我们在宫殿大饭店的门廊见了面。

我认为和中国恢复邦交一事关系着很多人，所以，佐藤首相转变自己的对华政策是很为难的。因此，我对 K 说："请劝佐藤先生去台湾，会见蒋介石，请这样说：'我正如您所了解的那样，无论在联合国还是在日本国内，始终是反对对华关系正常化的。可是，如果看看现在的形势，美国方面摆出在日本之前和中国实现正常化的架势，所以，连日本也不得不恢复日中邦交。这样，我自己就要失去现在的首相宝座。所以，我认为这是我最后的友情，希您能听我的话，回到中国大陆，还是和中国在一起为好啊。'" K 说："佐藤先生会说，蒋介石能不能这样做呢？"恐怕不可能。于是，我说："佐藤先生如能这样说：'那么，我现在作为日本首相已经对你仁至义尽了。可是，今后却不可能了。这个忠告是我对你最后的友谊，比这更进一步的我做不出来。'这样，佐藤先生就可以把方向转向中国方面。这不就能采取自由行动了吗？蒋介石要向回归大陆、统一中国的方向努力；如不这样，今后佐藤先生可以不协助蒋介石——不是可以倒向任何一方吗？反正是到了极限，这样就能杀开一条血路。"我叙述了我的想法，于是 K 说："啊，这非常好，是一条妙计。"所以，希望只有你和佐藤首相二人时，讲给他听，最好不要被别人打扰。并且希望一定把谈话的结果告诉我。K 说："是，我一定这样做，只有我们二人时跟他谈。"

可是，不知过了多长时间，始终没有见 K 回话。我打电话一问，才知在我们谈话后，北海道发生了客机和自卫队的飞机相撞事件，死了二百几十人，事务繁忙，很难再找到只有二人谈话的机会。

我想也是这样，K 不守约是合情合理的。

（六）新时代的日中友好

是直接具体的友好吗？

1973 年（昭和 48 年）4 月 21 日，在日中友好协会（正统）1973 年度全国大会上，M 辞去事务局长职务，接任 M 的是 N。

M 任副理事长期间，和山口（左派）分手，努力服从协会运动变成国民运动的方针。可是，他不久就患病了，为了疗养而长期住在中国，回国后旧病复发，去世了。

他的继任者 N 在协会组织分裂时代给过我很大的帮助。可是，当上事务局长后，在关于友好运动应如何前进的问题上，我们的意见出现了分歧。这几年，事务局长只带着 K 一个事务局随员访华，每次回国后都说："中国不希望过去那种抽象（精神）的友好运动，中国希望的是对四个现代化做出直接而具体的贡献。这是中日友好协会负责人说的。"所谓对现代化做出直接、具体的贡献就是要资金、材料、科学技术。全都是我协会没有的东西。我认为中国方面不应该说那种话，我不同意，可这个意见中国是听不到的。无论谁听了这个话，都怀疑这是否真正是中国的期待。可因为只有 K 和事务局长一起访华，所以，无法了解实情。

渐渐地，他扬言说："日本方面，我是日中友好协会的窗口；在中国方面，中日友好协会的 S 负责人是窗口。"我也听到了这种话，他还到各地的协会组织巡游，到处吹嘘。这是 N 把协会当成个人和私有财产的一个手段。等我察知了这件事的时候，我已辞去了理事长职务。

我因病住院后，Y 来探望我的时候说："N 每次见到黑田会长，必定要说你的坏话。"可是，N 见到我，又要说黑田会长的坏话。固然有人说："那种人如同松本前会长所说，嘴很臭"，我还是觉得脑子里有这种念头不好。我天真地说："不应该说嘴臭吧?"他不耐烦地说："所说的嘴臭据说是指心底阴险。"这是在我和会长之间施的离间计，我发现这是 N 事务局长把协会当成私有财产的又一个手段。

（1982 年 10 月执笔）

回忆毛泽东主席

1976 年 1 月 8 日周恩来总理、7 月 6 日朱德委员长、9 月 9 日毛泽东主席相继去世了。中国失去了革命的三巨星。这一年，我哭干了眼泪。

最近，关于对毛泽东主席的评价，在中国国内既有反对毛泽东的极少数派，也有全面肯定的多数派。大多数人民，基本上是高度评价毛泽东的功绩，承认既然毛泽东是人就有缺点和错误，好像是以此作为将来的教训。对这一点，我也有同感。

可是，有一个时期，日本的报纸、电视、广播等不分青红皂白地评说毛泽东。对此，我带头写了下面的文章——

中国共产党的毛泽东主席去世已有四年了。不知为什么，一回忆起毛泽东主席，我就想起了盛唐诗人（8世纪）崔颢的诗《黄鹤楼》。一吟《黄鹤楼》这首诗，就回忆起了毛泽东主席。

　　黄鹤楼

昔人已乘黄鹤去，

此地空余黄鹤楼。

黄鹤一去不复返，

白云千载空悠悠。

晴川历历汉阳树，

芳草萋萋鹦鹉洲。

日暮乡关何处是？

烟波江上使人愁。

据日本的报纸报道，最近，在中国，批判毛泽东的声音渐渐高涨起来。本来，在日本就有一部分人不喜欢毛泽东，首先是财界的人，再就是保守政界的人，日共也不喜欢毛泽东。对此，财界和保守政界的人稍微有点不同的看法是众所周知的。

毛泽东在日本为什么不受欢迎呢？因为他是"极端的"马克思主义者，是革命家。就是说，因为认为他是打倒蒋介石资本主义的"阶级敌人"。日中恢复邦交成为话题的时候，在我国国内，反对日中恢复邦交的势力占主流。据说因为中国是共产党领导的社会主义国家。因此，我们开展日中友好运动，开展恢复日中邦交运动，被认为是赤化日本的危险行动，遭到镇压。社会主义思想和长期形成的日本政治史上的保皇思想是对立的，而且和日本战败后作为美国忠实的资本主义国家发展起来的事实也不相容。

可是，在日本人心灵的深处，从很久以前起就潜藏着中国是古老的文化之乡的心理。而且，由于地理位置，两国之间产生了农业、贸易等要重新解决的问题。再就是对美、对苏的国际关系是决定日本对华外交方针的主要因素。具体地说，是北方苏联的威胁和中美和解的格局促进了日中邦交恢复——即使这样说也不过分吧？

以后，毛泽东去世了，中国并没有放弃社会主义的方向。中国尽管依然倡导着马克思列宁主义，可是，突然改变了原来的敌对关系，特别是和平条约缔结以来，日本的政界、财界和文化界全都变得对中国友好起来了，好像是完全忘记了中国是和日本的社会体制不同的社会主义国家。

在中国，是否为了和日本呼应，否定文革，提高批评毛泽东的声调，让日本的财界和政界高兴？

我至今仍然尊敬毛泽东，认为他是优秀的马克思主义者、伟大的革命家。我对毛泽东的评价是这样的：没有毛泽东就没有今天的中国，可是，不管说什么，毛泽东不是神。

所以，今天中国对毛泽东进行批评引起了我许多思考。

首先，毛泽东是马克思主义思想家、革命家，不是只搞行政的政治家。尽管如此，在现在中国，受到批评的。主要是发生在革命政权建立之后的各种经济问题、文革小组的人事、国际形势的判断，选择林彪为接班人等等。

在世界上，建立社会主义政权的国家还是少数，关于社会主义国家建设，特别是怎样进行社会主义的经济建设，还处在摸索的阶段。虽然有苏联的模式，但在苏联产生了特权阶层，有官僚主义化的危险，因为很难期望在社会主义道路上一帆风顺地发展。所以，当初毛泽东模仿苏联，优先发展工业，农业次之，在工业中优先发展重工业，轻工业次之，实践证明，这种发展模式不符合中国国情。于是变成了现在这样的发展顺序，即农业、轻工业、重工业。

而且，在实际政策方面有长期的发展战略和短期目标。另外，还有实现无剥削的理想社会共产主义的远大目标（路线）。毛泽东认为在这个远大的理想和实现这一理想的过程中，可以并用各种相应的具体手段，他真是独特的革命家。而长期的大方向（路线）和当前的打算（政策）有时会在某一具体阶段出现重复。这样，要分出哪个是大方向，哪个是当前的手段，这是作为国家领导人所具备的最重要的素质。可是，晚年因疾病、被"四人帮"利用，急于强调大方向的发展速度，不管是怎样优秀的革命家，作为人也是常有的事。

其次，毛泽东一生大半时间是在反对资本主义的过程中度过的，所以，中国共产党一旦取得政权，对其政府被修正主义、官僚主义污染，必然会有极强的戒心。据说在当时党的领导层内大部分人都有这种担心，所以，文革派成了当时的主流。

再次，是关于神格化、个人崇拜等的批判。毛泽东自己每次都说不能以自己的名字给人民公社或城市的街道命名，更不用说把自己的生日变成公式祝贺，甚至连自己的生日都不让很多人知道，所以，由此可以看出，他是如何讨厌神格化和个人崇拜。其实，个人崇拜等，不管被崇拜的人如何希望，譬如在其周围没有形成那种气氛，产生崇拜是不可能的。建造毛主席纪念堂，在人民大会堂悬挂毛主席像，我想这决不会是毛泽东的指示。

而且，在最近批评毛泽东的声浪中，高级领导人的任期终身制，有些地方好像让人觉得是封建性所必然产生的结果。当然，这也许有封建遗风，这也是只有在中国这种社会浪潮中才会有的事情。作为马克思主义革命家的毛泽东，想依靠发动出乎人们意料之外的文革，来革除旧社会的思想和风俗习惯。应该看到，他的本领在革新的素质方面更强一些。

现在的一个问题是现代化问题。最早提出这个问题的是毛泽东。这也许是我神经过敏，批评者好像得到"他的存在（按日本习惯说是毛泽东的影子）阻碍了现代化”的那种印象。虽然据说是正当现代化得到大多数人民支持的时候，造成"毛泽东阻碍现代化"这种印象是为了抹煞毛泽东的神化影响而采取的一种巧妙的手段，但是，也毫无用处。

他作为党的主席长期领导中国共产党。在长期工作中，当然做了很多事情，其中，作为不是神的人，他犯了好几个错误。1979年9月29日，在中华人民共和国成立30周年庆祝会上叶剑英委员长的演说，已经谈到这一点。

毛泽东自己在1962年所谓的7000人大会（中央扩大工作会议）上作了自我批评。

可是，最近，随着批评毛泽东的调子提高，指责他错误的言论接连不断地出现了。恐怕也有把批评变成非难的。既说功绩不是他一个人的，又说错误是他一个人的，对于这一点，我难以理解。

80年代，世界上所有的国家都不容易展望。特别是对中国来说，谁都认为内与外均面临严峻的局面。我最担心的是，万一批评毛泽东的运动高涨，发展到中国国内的舆论分裂，破坏了实现四个现代化所必需的中国人民的团结，出现分裂，那就糟糕了。

《贸易白皮书》的始末

中国在文革后经过10多年发展，最近，中国方面对我协会会员的各友好企业的贸易政策变得越来越糟糕了。比如货物已经到达日本的港口，却因为船货票据没有送来，超过了领回期限，被迫要负担多额的存仓费。由于包装恶劣而使货物变形，特别是陶瓷器成了不能卖的东西。

订购的阴丹士林工作服，上衣到货了而裤子却没有到货。一催问，下属回答说，正在从外国邮购染料，请等一阵子——尽是这些情况。因为常常发生这样的事，资本小的友好企业只有倒闭。如此等等。对中国方面采取的恶劣应付措施，日方叫苦不迭，发牢骚说，这样的买卖不能做。不满很快就要爆发了，我也听到了这种呼声。

我了解到我协会会员的这种情形后，认为不能置之不理。于是，我组织收集了13家友好企业的苦情，整理成一个材料，起名为《日中友好贸易白皮书》，然后交给中国当局，希望情况能得到改善。在协会的常务会议上我拿出这个提案，获得大家一致通过。于是，这件事就在会上决定了。

9月底，因为预定祝贺恢复日中邦交5周年访华，所以，我打算带着那份材料去北京。我们在庆祝国庆活动一结束，就会见了李先念副总理。然后，飞往云南省昆明，又从昆明出发，以外国人身份第一次访问了西双版纳。详细观察了跨越资本主义、直接进入社会主义的少数民族的生活，然后回到北京。在北京，因为事先提起过关于《日中友好贸易白皮书》的事，所以，我要去会见对外贸易部的刘希文副部长。为了了却我的一个心愿，我没有忘记请求N事务局长同行①，可是，约定的时间早就过了，N事务局长也没有一起去的意思，不得已，我单独带着中日友好协会的翻译去了。

到达对外贸易部，已经等在门口的刘副部长领着我到了接待室。我寒暄了一句"在百忙之中打扰您"之后，刘副部长把我预先送到的《日中友好贸易白皮书》拿在手里说："我仔细读过了。托您的福，对我太有帮助了。文革中，我被斗成是什么洋奴十足的人。文革的影响，已经基本上改正过来了，可是，在基层还留有许多问题。实际上，我在你们去云南期间，访问了贵国，这才回来。我参观了大阪的某超级市场，我

①　关于前面 N 说自己是日本方面的窗口一事。——译者

问那里的负责人：'有什么问题吗？'回答说：'不，没有什么问题。'可是后来听说那个人大肆非难中国方面的做法。还是像你这样的老朋友好，因为说出了实话，对我们很有帮助。"他说："感谢你为医治"四人帮"事件的后遗症所作的贡献。"

日中友好贸易白皮书

（1）日中友好协会（正统）中央总部的经济部会成员大部分是贸易商社。而且其中大部分是长期以来以日中友好为基础认真发展日中贸易的中小商社。

近几年来，协会经济部会的会员商社除一小部分外，大部分都面临经营上的危机。特别是日中贸易专门商社的情况更为严重。某些商社的日中贸易工作锐减，职员也减少到一半以下，只好从香港、澳门、菲律宾进口水产品，才勉强摆脱了艰苦的困境。战后促成日本和中国第一次接触的是贸易方面，直到1972年日中邦交恢复，日中友好运动合作的日中贸易促进运动是这些创业者的艰苦努力才发展起来的。

在我协会的经济部会中，很多商社都和促进运动有联系。因此，在石油危机以来经济长期不景气中，会员商社普遍存在着经营状况不佳的问题，对此，作为协会不能不关心。

（2）我前几天访华会见王震副总理的时候，副总理说为了让日中贸易发展，希望日本的商社更开明些，如果这样做，日本贸易必然会发展；希望把这一点转告日本的财界。因此，我对协会经济部会的人说这个话的时候，出乎意外，关于日中贸易，他们对中国方面也有不少意见。我坦率地征求对中国方面有什么意见的时候，了解到他们不仅仅是经营艰苦，而且有很多方面希望中国尽快改善。直截了当地说，很多商社对中国的贸易公司在某些方面的做法带有不满。

（3）和日中贸易有关的中小商社的经营危机，在现在日本的经济形势下，基本上没有什么变化。请看在日中贸易特有的环境中究竟产生了哪些问题吧——

①以石油危机为起点，日本高速增长的经济失败，矿工业生产显著下降，结构不合理，国内需求下降，进口减退，不景气之中出现了通货膨胀。在这种情况下，日本的消费者为了保障生活而作出了严峻的选择，开始大量购买物品。

因为稀罕中国制品而大量购买的时期已经过去了，中国制品到手就销售一空的时代结束了。而诸如小方块蓝印花布之类的民间工艺品符合流行趋势，市场需求逐渐扩大，这主要因为质地结实而能穿用五到七年。

中小商社在这种不景气背景下要生存下去，就必须努力充实经营的内容。在商社中，既有出口型的商社，也有进口型的商社。既有专门商社，也有综合商社。各商社都有各自的历史。其中也有积极地开拓新商品的商社，可是公司不易迅速改变经营范围。在这一时期，连续发生了几次商社的进口合同得不到履行的事件。而且，为了扩大经营范围而出现预测上的错误，这样由于力量不足而不能履行合同，给中国方面造成了很大损失。

②工作机械等出口商品的国际竞争力也减退了。船舶的出口，机械成套设备的出口也因为在订立合同的阶段材料价格上涨，零部件难以到手等原因，不得不取消合同，这样，因为履行合同而蒙受了巨大的损失。

③由于开展"文化大革命"，造成短时间的生产停滞，可是正如抓革命促生产口号所表示的那样，希望随着革命的深入，生产能有一个大的跃进。相反，至少在贸易方面，以前几乎没有的困难现在反而多起来了。

第一个问题是进口商品的索赔处理问题。在国际贸易中常常发生索赔问题，作为实际问题是不能回避的。在日中贸易协定中第 8 条也规定了索赔处理的项目。其中第 1 项规定：首先鼓励在当事者之间本着友好协商解决。可是，日本的商社即使和合同一方的贸易公司友好地协商也难以解决。如各个商社对对方公司都强烈主张索赔，又担心今后从对方公司得不到报价。一方是国家，另一方是个人，这一点不同，无论怎么说也是个很大的障碍，站在平等的立场上说是友好精神，可是，作为实际问题，困难就多了。

汇集日本商社的苦情以后，日本的国际贸易促进会向中国方面提出的问题也还没有得到回答。日本商社一直焦虑的是怎样友好且迅速地解决索赔问题。现在，对于遇到经营困难的人来说，这个问题更深刻，各个商社踌躇着不敢直率地说出这个"焦虑"。他们既担心这本是打算忠告的言行被国内的反华势力所利用。做非友好的舆论宣传，又担心光靠自己的力量根本解决不了问题。

（4）索赔的问题主要有：①品质、规格；②装船；③包装。

①品质、规格（或尺码）问题。

关于轻工业产品、服装制品等，集中地发生过短时间索赔。

开始进口中国儿童服装的时候，因为畅销，所以销售额增加。中国货物美价廉。可是，随着交易发展，索赔问题增加了。颜色不统一的上衣和裤子，纽扣孔没有锁的儿童服，与订购的颜色不一样，在当地用洗衣机一洗缝纫机线就开了的工作服，因原石过软而不能使用的砚，等等。日本在世界上也是有名的陶瓷器出口国，对陶瓷器眼力高，从中国来的货有很多是厚度不等、变形且黑点多的次品。

矿产品也存在问题。常常发现在煤中混有一吨多的石块和混凝土，及一吨以上的钢板和钢型。有时也发生需要的厂家因为次煤太多而拒绝领回的事件。

日本的商社得到的印象是，中国的商品检查局只是对进口商品的检查严格，而对出口商品的检查并不严格。中国的动力用电压是860V，家庭用电压是220V。日本的动力用电是220V，尽管进口工作机械时希望把电压变成220V，可是公司不答应这一要求。纤维制品的花色品种等也不符合日本人的喜好。关于中国工艺品的出口，据说是"考虑到各国人民的不同爱好，尊重他们的风俗习惯，不能硬卖给人家那种东西，特别希望在轻工产品、纺织品、服装产品（买东西用的提兜）等方面贯彻这一方针。"

②装船和事务联络问题。

中国装船速度慢，经常发生过时到货。服装品是夏季必需的东西，如果秋季到达，必须存库到下一个季节。在日本，夏季需要烟花炮，而到冬天才来了货。因为装船慢，常和需要的厂家之间发生纠纷，失去了信用。在这种情况下，不得已，为了维持信用，也有请求代买国产品交纳的事。某些商品尽管合同书上明文规定，还是不发装船通知，实物已经到了日本的港口，和海运公司一联系，才知道船已被装了。8月货物到达横滨港，装船文件到达商社却是9月。我们原以为没有和分配船只的公司联系好，后来才知道因为合同当事者是贸易公司，所以，责任应该由贸易公司承担。而且虽然几次用电报向贸易公司询问"CARGO READY"①，也没有回答，日本的商社把这种事叫做"ONE－WAY－NO－REPLY"②。

进口的工作服只来了裤子而上衣没有来，这样就不能交给需要的厂家。因为合同不平等，所以，日本出口产品的装船一拖延，贸

---

① CARGO READY：货船到港了没有？——译者
② ONG－WAY－NO－REPLY：没有回答的询问。——译者

易公司就从中国开出的信用证的金额中扣除了 PENALTY①。可是，中国分配船的公司即使迟了也不能成为 PENALTY 的对象。不管怎么等船也不来，所以商社和厂商之间的清账就难以实现。贸易公司推说是对外出口公司的责任。

以 FOB② 签订了大豆进口合同，日本方面的分配船只公司延期，则除 PENALTY 以外还必须支付仓库费。

③包装问题。

这多半是指玻璃制品、陶瓷器、家具、藤条制品等。玻璃制品的情况是，因为外包装好、内包装不好，损失率很大。在有些情况下，损失率达 70%，有些家具损坏 100%，兰花盆损坏 50%。

藤制的提兜用草席包装，运来之后 80% 都成了不能卖的废品。

对此，贸易公司说是包装公司的责任，这样，问题就无法解决。

蜂蜜瓶包装因盖子不严，在运输途中开了，黏糊糊流得到处都是。花生的罐包装不用铁钳就很难打开。人参精的盖子好是好，仍然要用小刀才能打开。

（5）商社对贸易公司的不满，主要有以下几个方面——

①在贸易公司的谈判人员中，想卖和想买的人都有，跟随商社去采购商品的厂家，有时因为不满这种应付态度而回国了。

②在从中国进口的商品中，有时合同的数量减少，或者，干脆就中断了。例如，做的提案好像要增加 2000 打的合同，可实际上却减少了 1000 或 500 打。这样，就不是开拓需要、扩大进口了。

---

① PENALTY：罚款。——译者
② FOB：船上交货价格。——译者

③畅销货和滞销货经常搭配来卖，其结果是抬高了能卖的货物的价格，不能卖的货物成了倾销，因此，让人增大了对中国商品的不信任感。日本根本不敢向中国搭配着卖商品。

④希望贸易公司加深对日本流通机构的理解。本来需要100，如果卖给500，这不仅商社受损失，而且造成中国商品价格下跌：只看日本的零售价格而规定出口价格是错误的。

⑤由于某些中小商社长期的工作努力，向中国出口某些厂商的产品，可是，突然有一天，贸易公司起用了其他的商社，在商谈中途更换了窗口商社。这些事增强了对贸易公司的不信任感。

⑥有时中小商社带着需要厂家的嘱托去了交易会，可是，公司却直接和需要厂家签订了合同。

⑦中小商社努力交涉使制造商压低价格了，符合公司的指定价格，可到了合同签字阶段，公司却把一半业务分配给了其他的中间商社。

⑧正如某贸易公司的谈判人员公开所说，还是大商社履行合同既准确又适时，而中小商社很费事。

⑨有些和大商社联合起来进行贸易的中小商社，因为其开拓性的努力，也成了合同的签名者。可是，贸易公司却希望直接和大商社签订合同。

⑩大商社有职员在北京留守，可中小商社就没有这种机会。不管交易额高低，在北京是否留有职员，对国内的制造商、使用者有很大的影响。中小商社也希望在可能的限度内有机会往北京派遣职员。

⑪中国方面出口，为了适合日本的需要，有必要改善生产的物品。

消费物资的选择权在日本（资本主义国家），日本是消费者。如果不研究消费者的喜好，物品就卖不出去。让固定扩大出口是不可能的。

（6）结论。

以上只是最近从一部分会员商社那里听取整理的材料。因此，除在这里指出的以外，我想还有许多问题潜伏着没有被发现。

如果把这些不满和"焦虑"一一列举出来，那是有益的（主要的方面）；但是，也会引起疏远和非友好的空气。不仅担心国内的反动派钻这个空子，而且担心被公司指责为不友好。所以，诚实的商社都沉默不语。可是，这种状态无论持续到什么时候，都不能期待日中贸易正常发展。

"文化大革命"以来，"四人帮"对经济的破坏相当大，因为经过了漫长的10年，所以他们的恶行造成的后遗症是相当严重的。

现在，中国人民在中国共产党领导下，充满信心，正锐意克服"四人帮"所留下的后遗症。关于日中贸易，从日本方面说也有很多应该指出的问题，我们不打算无视这一点而只要求中国方面改善。对于日本贸易商社存在的问题，也希望中国方面能直率地给我们指出来。

中国方面现在正在进行和"四人帮"的斗争，为了从"四人帮"的破坏中恢复工作，提供此报告《日中友好贸易白皮书》，仅供参考。

（1977年10月于日本中国友好协会中央总部任职期间）

中国对外贸易部公启

可是，我们回国后，在协会内听说中国方面对于这个白皮书文件表示非常不快。这件事好像成了我的重大过失被提出来了。这是一直对我挑剔的 N 事务局长耍的第三个手段。

155

对外贸易部的刘希文副部长那样感谢我，假如真是那样，中国岂不是"当面一套，背后一套"了吗？究竟中国方面的"不快"是在什么时候表明的呢？我疑惑不解。当我问 Y 副理事长的时候，他说访华时和李先念副总理的会谈他没有参加。有一个团员已经把和李先念副总理的会谈做成笔记，所以，我重读了这本笔记。在笔记里，经济问题有是有，可那不是友好商社的问题，而是当时中国方面等得不耐烦的长期贸易问题。主要强调福田首相对日中和平友好条约的决断问题。在李先念副总理的谈话中好像没有一句对我做的事情表示不快的话，所谓中国方面对《日中友好贸易白皮书》的"不快"，完全是造谣中伤。

李先念副总理的谈话完全表现了他的风格，我认为是有趣的谈话，所以，摘录如下。

李先念副主席兼副总理的谈话

大家过去在中日友好和中日关系正常化方面做出了努力，又为中日和平友好条约的缔结做出了努力，做了很多的工作，我国人民欢迎你们。

今天不打算谈中日和平友好条约的话题，可是，由于黑田先生的话引起了这个问题（团长说，为了促进日中和平友好条约缔结，日中友好协会谈了我们做的工作），所以，不得不说。要说为什么不想说，那是因为以前让朋友做中介人，贵国的福田首相传话说，中国的领导人在中国批评了福田；希望今后少受些批评。那以后，两家不太说话了。福田首相说那话最早的动机是，自己有困难，想慢慢做——有这样的意思。之后，日本政府人士也这样说，无论什么话，自己都不说，而是由日本的友人来访时说，所以，作为礼貌才不得不说的。

福田首相此后说，因为自己工作多，没有时间考虑日中和平友好条约。我认为缔结中日和平友好条约不是那种小事情，对此，我提出了批评，认为不重视不好。

前些日子，邓小平同志会见滨野清吾先生的时候，这样说：缔结中日和平友好条约只要一秒钟时间就可以了。所谓一秒钟，就是"签字"这两个字。

关于中日和平友好条约，双方的观点是很清楚的。我们的观点是谈论有关细节。田中角荣先生对于中日两国来说，做了极有意义的工作，如果看看中日两国在建立外交关系时发表的联合声明就清楚了，其中第7项明明白白地记载着中日和平友好条约的内容，把那些内容整理出来就可以了。

有些人担心中国会不会采取霸权主义，中国不会采取霸权主义，现在而且将来也绝不会搞霸权主义，即使经济发展了，现代化前进了，也不搞霸权主义。如果中国采取了霸权主义，那么就号召全世界人民帮助中国人民打倒霸权主义。如果日本担心中国会不会采取霸权主义，那么，可以在条约中加进"反霸权"条款以阻止中国。如果东南亚担心日本会不会称霸，那就可以用条约中的"反霸权"条款阻止日本。如果美国人民反对，中美之间有"上海联会公报"，其中写着"反对霸权"。

我所看到的问题仍然是苏联。苏联在这个问题上也难以反对。苏联平时自称是社会主义国家，提倡裁减军备、拥护和平，不搞霸权主义，那么，为什么反对在中日和平友好条约中写反对霸权的条款呢？苏联实际上推行着霸权，因此，对反对霸权是反对的。

所以，日本的福田首相多少有点担心和考虑，如果清楚地说出来是害怕得罪苏联吧？

到现在为止，已经签订了很多个实物协定（航空、渔业、海运、贸易），留下的只有中日和平友好条约了。从我们的观点说，希望早日缔结中日和平友好条约，问题在于福田首相的决断。如果一秒不够的话一分钟足够了吧？一分钟不够的话一小时够了吧？一小时不够的话一天怎么样？一天不够的话一年怎么样？还是个决断的问题。

很多朋友欢迎促进中日和平友好条约的缔结。比如，土光敏夫先生前些日子来了，会见了华国锋主席，并且商定了长期的贸易协定。现在，刘希文同志正在访日，仍然触及这个长期的贸易协定问题，还会见了稻山嘉宽先生。稻山先生是老朋友，可是在与他的谈话中也发生了争论。数量怎样定？价格怎样定？不争论是奇怪的，简直是不可思议。没有"君子国"。从前有个小说谈到"君子国"，在"君子国"什么事也不争论。比如，在"君子国"，一碗茶卖10钱，不，用20钱买吧。这个古典小说前半部分写得好，可后半部分不太好。读过这本书吗？翻译了吗？《水浒》、《三国演义》、《红楼梦》、《西游记》都翻译了吧？

大家对缔结中日和平友好条约所做的努力，我们是赞成的，表示欢迎。

关于《水浒》，江青以前会见清水正夫先生时谈过，那时，江青过分夸赞宋江是农民起义军的领袖。其后，毛泽东主席批判了《水浒》，说《水浒》不是一部好小说，宋江是投降派。毛主席高度评价了李逵、阮小五、吴用、晁盖，可是，指出了宋江是投降派。毛主席对《水浒》的这一评论，实际上是针对江青说的。可是，江青一看到毛主席的评论，就来了个180度的大转弯，成了批判《水浒》的英雄。说《水浒》的弱点是宋江蔑视晁盖，说在梁山108名领导人中不包括晁盖，还说在中央也有人想把毛主席架空，把矛头指向周总理、邓小平副主席，也指向华国锋主席，指向很多老干部，想要分裂以毛主席为首的党中央。

我对大家的来访表示衷心的欢迎。衷心感谢各位参加国庆节。

今年的国庆节，正如刚才谈的那样，是毛主席、周总理、朱德委员长相继去世和粉碎"四人帮"后的第一个国庆节。去年的国庆节没有庆祝，由于当时中国人民正沉浸在巨大的悲痛中。另一个原因是"四人帮"的阴谋活动达到了极限，他们迫不及待地要窃取国家的权力。在毛主席逝世前后，他们紧张策划要掌握所有的权力。他们假设着自己夺取权力时的气派，连爆竹都垄断了，他们控制了适合自己胃口的电影，准备夺权后放映，完全达到了疯狂的程度。

可是，我们的华主席领导着全党全国人民粉碎了他们的阴谋。据说有些人不理解他们是怎样升到那么高的地位的，这没有什么可奇怪的。比如，"无产阶级文化大革命"的初期，反对刘少奇的修正主义路线。"四人帮"打着红旗反红旗，和林彪勾结起来。揭露他们的阴谋需要一定的过程，逐渐真相就大白了，不管怎样想伪装，狐狸的尾巴终究暴露出来了，暴露的过程是必要的，毛主席后来识破了他们的阴谋诡计，特别是在十大后更明显了。十大以后，"四人帮"的活动是不正常的。毛主席在 1974 年批判了他们，说他们组织了小党派，不能搞"四人帮"，向"四人帮"发出了严重的警告。

1975 年 5 月，毛主席在中央政治局的会议上严重警告说：要搞马克思列宁主义，不要搞修正主义，要团结不要分裂，要光明正大，不要搞阴谋诡计，不要搞"四人帮"，你们不要搞了，为什么照样搞呀？为什么不和 200 多名中央委员搞团结呢？搞少数人不好。毛主席抓住"四人帮"搞修正主义，企图分裂、阴谋策划的要害，反复强调了"三要三不要"。而且，要政治局的多数同志发言批判他们。他对江青说：你有野心，想做党的主席，我死后你要闹事，你不能代表我说话。毛主席要在政治局解决这个问题，却又说：今年前半年解决不了就在后半年解决，今年解决不了就明年解决，明年解决不了就后年解决。

毛主席是打算解决"四人帮"问题的。可是，因患疾病，没有来得及解决。毛主席为了解决"四人帮"问题，做了组织上、战略上的安排。毛主席选了自己的接班人华主席，这一条是很重要的。中国共产党过去没有第一副主席的职位，当时的顺序是毛主席、周恩来、王洪文，因此，1976年1月周总理去世后，接着9月毛主席又去世了，如果华国锋主席不当第一副主席，合法地就由王洪文当主席了。华主席当时就任第一副主席的职位是很重要的。外国的情报机构、研究机构不明白这件事。粉碎"四人帮"的伟大功绩应该归于英明的毛主席。

毛主席去世后，必须由谁率先行动的时候，华国锋主席采取了果断的行动，解决了"四人帮"问题，这光靠领导层是不行的，必须得到全党、全军、全国人民的拥护。"四人帮"被粉碎后，全国人民的喜悦像火山一样爆发了。在街头出现了游行的队伍。行动最快的是上海——上海是"四人帮"经过11年苦心经营的地方，工人、农民、学生大批出现在街头，上海还有"四人帮"的余党，他们想混进群众的队伍，可是，被群众抓出来了。北京，开始在各部门、各机关的大院游行。商店的酒也销售一空。群众表现出无比的喜悦。在公共汽车上，在街头，到处都在谈论，清除"四害"成了"卫生运动"。螃蟹店把四只螃蟹扎成一捆，或者把一只用手术刀解剖成四份卖。买了螃蟹回家，放进沸腾的开水锅里，以此比喻"四人帮"完蛋了。

粉碎"四人帮"后变好了。这两年没能完成计划，由于"四人帮"制造的干扰，一部分地方生产停滞，农村受害也很大，连学生都不能学习。"四人帮"说"无产阶级文化大革命"前的学生是"修正主义的苗"。教育当然必须改革。以前科目过多，一部分教师对劳动和农业没有兴趣。可是也有好的一面，不能否定一切。

就国际形势来说，我们过去的看法没有变。世界基本的方面是两个超级大国争夺欧洲。美帝国主义现在处于守势。美国过去采取了错误的政策，战线过长，朝鲜、老挝、越南、柬埔寨，这几场战争打得极不高明。在越南偷鸡不成反蚀了一把米。美国现在只是竭尽全力保住既得利益。苏联在欧洲出现了攻势，我们认为重点在欧洲，苏联军队的五分之四分布在欧洲，含常规武器和战略武器。如果不控制欧洲，那就很难制服中国和日本。在欧洲的争夺中，含中东、非洲。现在采取迂回战术。目前，中东的石油60%都是通过好望角运往美国和欧洲。苏联也向东方延伸，但不是向中国，而重点是针对美国。日本人民也恐惧，日本也难以处理。当然，我们也要应付。中国和苏联的国境线有7000公里。在这里，100万军队不能战斗，难以战斗。即使100万、200万加起来，我们也能对付。我们决不先开第一枪。如果敌人攻来了，用"关门打狗"的方法战斗。不管怎么说，我们都有准备。我们现在最需要和平。日本、欧洲都希望和平。因此，就需要缓和政策了。对于苏联，有索南费尔特①主义，如果让步，那就是别再欺负人。我们想和西方各国的人们对话。不管说什么，也应该吸取张伯伦的教训，应该吸取达拉弟②的教训，在慕尼黑会议上，把捷克斯洛伐克送给希特勒，把希特勒的祸水东引，想让德国进攻莫斯科。可是，希特勒进攻波兰后，反过来又进攻欧洲、非洲。西方一部分政治家对那件事的教训好像还不明白，可是，随着时间流逝，有人终于看清楚了那件事的本质。福田首相是否看穿了？我不知道。因为没有交换过意见。第二次世界大战期间，丘吉尔看穿了那件事，至于我们和丘吉尔的关系如何，他从根本上是反共产主义的。他是说了"趁共产主义还

---

① 索南费尔斯（1732—1817）奥地利政治学家、经济学家。——译者
② 达拉弟（1884—1970）法国前总理，激进社会党主席。——译者

在摇篮中就把它扼杀了"的名言的人，可是他和斯大林联合了。丘吉尔是政治家。中苏边界并不那么紧张。两个超级大国要打仗，两霸是不能统一的。

观察世界形势的时候，不能只从一个方面看问题，也必须看到亚洲、非洲、拉丁美洲等第三世界的力量及第二世界的力量。日本人民对苏联200海里的宣言有很大的愤怒。我通过电视看到了，我想，绝不能轻视日本人民的这股力量。恐惧战争没有用。我们第一反对发动战争；第二，战争发生了也不害怕。害怕又怎么样呢？不仅不能悠闲睡觉，还会神经衰弱、精神错乱。与其那样，还不如不害怕，还是高枕睡觉对身体好吧？当然，战争起来的话，就得死一部分人。

关羽挥舞大刀。他确实死了。当时死了好多的人。在中国的历史上，东汉末年，因为战乱好多人没有生存下来。在那个时代，使用关羽所用的武器，人们被杀掉了。

到了某个时期，就会出现强调武器的理论，第二次世界大战时，主要靠空军，现在主要靠核武器。我们不信那种理论。全人类都消灭了，究竟能怎么样呢？占领殖民地的目的不就是得到那里的劳动力和市场吗？人类能够消灭战争，消灭武器。战争和武器却不能消灭人类。人终究是要死的，但死谁？我不知道。

留下的老家

这是在我辞去理事长职务之前发生的事情。我收到了由协会寄到我家的一封信，里面贴着从《每日新闻》上剪下的一篇文章，内容是一对自称宫崎家亲戚的夫妇在法院起诉我。

据《每日新闻》的文章，起诉的原告是从前协助过邻国革命运动的有名的宫崎滔天的孙女。被告是现任日中友好协会理事长的我。因为是双方时代和政治立场不同而又和中国关系密切的一家内部引起的纠纷，所以，发生了这样有趣的事情。文章明显带有起哄的意思。

直到高中毕业，母亲一直特别疼爱我。可是，自从我第一次结婚后，我感觉母亲对我的疼爱完全变了。就是说，作为母亲她肯定认为她一直倾注全部爱心养育着儿子，儿子由于结婚，似乎是被龙介（滔天的长子）的母亲夺去了。她表面上不反对我结婚，可是，内心无疑受到了巨大的打击。

这样说的原因如前所述。由于妻子死去，我第一次尝到了失去亲人的滋味，完全不知如何是好。正当我发愁今后如何生活下去的时候，母亲和姐姐来信说她们一定要来东京。我正做各种准备，一心期待着她们来了帮我出出主意，可是，她们却没有来。这件事直到现在仍然是我对母亲感情上的一块疙瘩。

可是，因为被人上告，必须站起来接受。无奈，我只好对一个熟悉的律师说明情况，一切都委托他全权处理。

裁判中，原告等原以为在荒尾的房屋及房屋用地是以龙介和我共有的名义登记，可是，一看登记簿，傻眼了，上面只有我的名字。这对原告来说是个晴天霹雳。

可是，问题是在荒尾的房屋及房屋用地，在父亲死后通过其他人转到别人的名下。因为同情这一家族，应中国国民党的邀请，母亲和弟弟世龙访华，得到了赎回房屋及房屋用地的资金。龙介的母亲听了这件事，骂我母亲说，无论生活怎样困难，向他国政府死气白赖地要求援助，简直是给宫崎家丢脸，和讨饭没有什么两样（原告在法庭的陈述）。关于那笔资金，双方的理解也不一致。后来，母亲带着最小的弟弟真英与龙介、龙介的母亲谈判交涉，用这一笔资金赎回房屋及房屋用地。结果，他们让当时住在荒尾的龙介的弟弟震作具体承担谈判事宜。因为母亲当时不是和我而是和真英一起去的，所以，关于那笔资金，母亲什么也没有对我说过。

我是学法律的，我的理解是，在土地登记的时候，必须以旧所有者即卖主和买主两人的名义申请。可是，不知为什么，原告在法庭上证明说，我是和登记所的官吏互相勾结，以不正当的手段登记土地。后来，我从旧文件中发现了旧所有者即卖主证书，作为证据立即提交给法庭。这样，问题就解决了。我最初的理解是，这个民事诉讼第一阶段进行的是判断这个登记是否正当的刑事诉讼，民事诉讼应该附带刑事诉讼。

在这漫长的岁月里，宫崎家发生了许许多多的事情，而且宫崎家人之间也有过这样那样的冲突。只要看看宫崎家三代人的情况，就知道有各种类型。在职业方面，有英文教师、新闻记者、曲艺演员、团体职员等；从意识形态上说，从基督教到共产主义都有。所以，意见不一致是很自然的。只有一个共同点，那就是，他们都各自沿着自己选定的人生道路，执著地向前走。这即是宫崎家血统的长处，也是短处。

1983 年，在世田谷基督教会举行大姐贞葬礼的时候，亲戚、兄弟、堂兄弟们都言归于好了，我心里感到无限宽慰。

生我养我的熊本县荒尾老家，由于宫崎家人和有关人士的共同努力，为了公共利益，为了日中友好，现在被指定为文物保护点。门口竖着写有"宫崎兄弟出生之地"的石碑，与之并列的是由廖承志书写的碑文："孙中山先生曾游之地"的石碑。

协会的私有化

70 年代末，有人认为，为了适应日中友好的新时代，有必要变更协会的组织机构等，这成了大会的决议事项。在这个决议的基础上成立了组织机构改革研讨委员会。在委员会中，N 事物局长既然让我做委员长，却又几次在委员会的会议上打断我的发言，我完全是个有名无实的委员长。

这样，作为 N 既要把协会据为己有，又要保持协会是民主的群众组织，所以，做各种准备工作是必要的，而且，N 常常流露出自己是中国方面窗口的口气。不管是真是假，有几个中央和地方的干部相信了他的话。

在 1980 年大会召开之前，N 感到有必要同时让会长和理事长辞职。他提出为了推动日中友好运动向前发展，让黑田会长、宫崎理事长、N 事务局长等三名干部同时辞职，选举适应新时代的新的三名干部。如果仅仅如此，那倒是个好消息。

我对此正感厌烦之际却生病了，因此，先提出辞去理事长职务的请求。于是，N 说："按你的秉性，我认为你会这样做的，可是，黑田会长不会这样做，有没有办法让他辞职？还想请你给予协助。"我和黑田为了日中友好可以正大光明地讨论，不但不含任何个人成见，反而认为他是很优秀的人物，不能暗地里搞阴谋诡计。因此，我立即拒绝了，说："哪儿的话，自己辞职就辞职，却对后面的人事问题谈什么帮助，这我绝对不干。"

我正式辞去理事长职务是在 1980 年的大会上，黑田寿男会长虽然很惋惜，但也主动辞职了。在新的全体会员的期待下，宇都宫德马会长和栗原俊夫理事长上任了。可是，不知为什么，一直提倡新旧三员全部交替的 N 却作为事务局长留任了。

不仅如此，N 在大会召开之前还提出了修改章程的提案，其中有"专务理事制度"（理事长和事务局长由一人兼任），N 自己想担任这一职务。可是，提案没有吸收协会组织的意见，有独裁的内容，讨论时间只有一周，很唐突，所以，遭到大多数会员的反对，没有被列入大会提案。

关于大会以后的事情，我作为协会的顾问，偶尔也能听到一些。

N在大会后用了一年时间进行周密准备，在1981年大会上做了章程修改。据说修改章程的理由是能够对中国的"四个现代化"做出直接而具体的贡献，日本中国都是地方分权的时代，协会要建立适应这一要求的体制。在这一名义下，章程做了两处大的修改。

一是把全国统一体的协会变成了都道府县的联合体，因此，取消了个人会员的规定，没有中央选出的干部了。联合体方式使地方具有独立性和自发性。这虽然很有效，但作为整体，否定了协会是经过30年风风雨雨在各阶层国民参与下进行的国民群众运动这一性质。为此，实际上无视了会员扩大的必要性，甚至还提出了不要机关报的见解。

二是作为原则，协会由各县选出的一名理事构成。唯一保留了全国理事会，作为协会的正式机关。取消了过去的常任理事会或者常务执行会议，这意味着取消了执行机关。无奈，理事会变成了决议机关和执行机关的运营机构。这样，无论如何也不能适应飞速发展的日中友好运动的现状。大会后，这个精神还前进了一步，不仅不建立全国总部青年部，而且还废除了现有的妇女部。连总部事务局的组织部、财政部也解散了。这是对协会传统、民主的组织原则的否定。

N除了在轮到每年三次数小时的理事会上搪塞之外，不受任何一个正式机关的制约。事实上确定了能够独断专行的、在一年前失败了的、独裁的"专务理事制度"。在这种独裁体制下，N不能集中全体会员的睿智，除了始终在暗中活动，利用协会的名义谋取个人私利以外，没有别的了。

发展到最后，N开始蔑视会长、理事长和理事会，趁无人知道，做了无数件事。他想利用宇都宫会长和协会的名义，从经济界、新闻界筹集资金的"日中祭"事件，仅仅是其一个表现。做这样的事情，只能是和为日本国民和中国人民的友好服务、为亚洲和世界和平作贡献的日中友好协会运动的本来目的背道而驰。

大多数会员都觉察到了 N 的用心，在 1982 年的大会上，以宇都宫会长为首，做出了刷新协会、不许 N 事务局长再当选的决定。保卫作为民主的国民群众组织的协会这一传统，明确了要顺应新时代潮流的日中友好协会运动大方向。

（1982 年 2 月执笔）

合则两利，离则两伤

我 1901 年来到这个世界上，和 20 世纪同行，今年已经到了被人称为米寿①的年龄。就从 1950 年前后决定直接参与日中友好运动算起，到 1980 年辞去理事长职务为止，也超过 30 年了。关于在这 30 年间我作为日中友好协会会员直接承担的工作的主要方面，已经在前面叙述过了。可是，如果回想这 30 年间走过的路，我作为常任理事、理事长，对协会运动的所有方面之所以能做出一定的贡献，这都和共同合作的各友好团体和组织以及日本全国日中友好运动的主流分不开。

这当中，我结识了很多朋友，和他们长期同甘苦、共患难。

中日友好协会的朋友有廖承志、郭沫若、陈毅、王震、赵朴初、夏衍、张香山、孙平化、巴金、周而复、阳翰笙、杨煜、贾惠萱……大使馆的朋友有宋之光、蔡子民等历任大使以及大使馆的其他先生。东京华侨总会的朋友有甘文芳、吴普文、陈焜旺、黄文钦、博仁、陈辉川、陈文贵、陈学全……

日本的政界有园田直、古井喜实、伊藤正义、石桥政嗣、竹入义

---

① 日本对年龄的说法有以下几种：还历（61 岁）、古稀（70 岁）、喜寿（77 岁）、伞寿（80 岁）、米寿（88 岁）、卒寿（90 岁）、白寿（99 岁）。——译者

胜、佐佐木良作、田川诚一、田英夫、黑田寿男、冈田春夫、穗积七郎、久野忠治……经济界有藤山爱一郎、冈崎嘉平太、川濑一贯，萩原定司、所敬之、木村一三、津津良涉……渔业界有村山佐太郎、德岛喜太郎、山崎喜之助、江口作次、中村正道、古谷庄一郎、津田又吉……宗教界有大谷莹润、西川景文、西川监海、大河内隆弘、菅原惠庆、菅原钧、大谷武……劳动界有太田薰、岩井章、市川诚……学术界有茅诚司、井上清、中岛健藏、井上靖、宫川寅雄、平山郁夫、河原崎长十郎、依田义贤、岩尾诚一、谷信一……

日中友好协会有宇都宫德马、西园寺公一、岛津忠承、远藤三郎、藤田茂、小野纯子、细川嘉六、小泽正元、伊藤武雄、赤津益选、田中稔男、三岛一、帆足计、大森真一郎、长谷川敏三、三好一、岩村三千夫、岛田政雄、雨宫礼三、大槻一郎、川津子之吉……

除此之外，朋友有铃木实、相部常德、太田一郎、山本晴夫、二阶堂源六、三诚晁雄、向野元生、松冈平市、谷上荣三、出口昇……

家族有宫崎千代、宫崎世龙、安东哲子、宫崎周、安东谦、宫崎黎、宫崎芳、立花馨……

假如回忆起来了，就没有止境。生来愚钝的我，受到毛泽东主席"人民，只有人民，才是创造世界历史的动力"这一名言启发，作为日中友好人士大海中的一滴，既受到这些友人的教诲，也受到鼓励和训斥。我能全心全意地从事日中友好运动，内心感到无比幸福。

只是非常遗憾，我的记忆力突然衰退，不能把所有人的名字都记在这里，向他们表示感谢。

现在，我曾和朋友一起挖掘的古老的水井中流出的日中友好的泉水，变成了浅溪，汇成了大河，流进大海。日中友好是时代的潮流。

在这里，以日中两国国民的运动为基础，日本的历代首相访华，中国的全国人大副委员长邓颖超、顾问委员会主任邓小平、总书记胡耀邦等也来日访问，都谈到了有关日中友好的美好前景。最近，中曾根康弘首相和胡耀邦总书记确认了日中关系发展的四原则：和平友好、平等互利、相互信赖、长期稳定。日中友好处于："天时、地利、人和"的大好时期。

我还要老骥伏枥，谨记："合则两利，离则两伤"，面向 21 世纪，直到生命的最后一刻，都要为日中友好事业作贡献。

第二部

奇人奇语

向中国的直言

有始有终

在第一部里，我把从出生到辞去日中友好协会理事长职务期间所发生的事情，照回忆原原本本地写出来了。其中，关于协会活动的30年，尤其是理事长时代的17年，有很多问题没有写充足。

这17年间，中国发生"文化大革命"，毛泽东主席、周恩来总理相继去世，首脑阵容改换了。"文化大革命"开始受到批判，中国提出四个现代化战略和实行对外开放政策，发生了巨大的变革。

可是，我1980年8月，因为前列腺肥大住进了顺天堂医院接受手术。在患病初期，我不相信医生的话，一个人硬要认定自己患的是癌症，所以，开始着手整理身边的东西。当时我想，已经到"有始有终"的时刻了，我决心一死。

因此，在9月大会召开之前，我表明了辞去理事长职务的意向。而且从入院直到以后的治疗期间，我开始把想到的所有本书涉及的全部章节和条目文章都原原本本地记录了下来。作为全书，势必增强遗言的味道，比起写成果、写愉快事，也许更有过分强调缺点，突出苦恼、疑问和诚心之嫌。

可是，一个半月后，我出院了，健康大体上恢复到原来的水平。因中国名誉主席宋庆龄去世和辛亥革命70周年纪念活动我都受到了邀请，所以赶上了两次访华机会。于是，我利用留下的时间，整理出第一部，把没有写进去的几篇文章收进第二部。

这些文章的内容全都与日中友好有关，也可以说是我的人生感想。而且，从主观上说，我打算对日本和中国直言。可是，客观上来看，这也许是奇人的奇语吧。

（1983年10月执笔）

历史发展的规律

——中国变得容易交往了吗？

近来，中国决定把工作的重点转移到"四个现代化"建设上来，这之前，批判林彪、"四人帮"是重点。批判"四人帮"运动基本上达到了其政治目的，虽说没有完全达到，但以后只用审判加以明确区别。把全国人民工作的重点转移到当务之急的"四个现代化"上来，但据说弹劾"四人帮"的运动并没有完全停止。说到"四个现代化"，大概就是为了清除"四人帮"的破坏行为给国家建设方面造成的损害和带来的后遗症，从这一层意义上讲，还要弹劾"四人帮"。

总之，自从中国尽力加速改变"四人帮"破坏所造成的国家建设的落后局面，以及日中和平友好条约签订以来，日中两国间的经济、技术和文化交流与合作骤然活跃起来了。这对日本从最近紧张的国际形势、对外贸易无计可施以及石油危机所造成的经济不景气中摆脱出来起了很大的作用，给日本的经济恢复带来了转机，这是无可否认的。

两国的合作关系，用某位中国要人的话说就是："现在，中国要求的是对'四个现代化'起直接具体的作用，除此之外，像过去那种抽象的中日友好运动之类不起什么作用。"

据日本经济界推测，中国终于变得容易和我们交往了。他们说："没有就是没有，不知道就是不知道，干脆说清楚，请指教我们，请援助我们。"甚至有人轻率地断定，中国在体制上也正在接近我国。有一位访华团的团长（宫崎县的某市长）谈到了修正主义问题，断然说："中国责难苏联修正主义化，假使中国经济状况稍微有所好转的话，同样也会变成修正主义。"

正当我思考着这些问题时，爆发了中越事件。越南当局突然对中国血统的越南人强行歧视，没收他们的财产，干扰他们的正常生活，使得这些越籍华人不得不作为难民逃往国外，约有20万人越过国境进入中国。中越事件爆发后，很快就出现了在与中国合作方面犹豫不决的人。

就算不发生越南事件，同样，中国国内的"文化大革命"和林彪、"四人帮"事件等，逐渐又给出现了改善趋势的日中关系蒙上了阴影，刚刚开始商谈的交易又中止了。正如这次，我们在进行友好运动时，有很多次感到很不顺利。特别是"四人帮"事件被新闻媒介揭露和日中邦交正常化以来，对于好不容易在日中贸易方面积极行动起来的大商社等造成了很大的恐慌。由于接连不断地发生各种事件，大商社不能放心地与中国贸易，这确实是他们的真心话，作为把当前的经济利益看得至高无上的这些人是理所当然的。结果，他们认为社会主义国家是很难交往的。

这种到底是难交往还是好交往的经济界的想法，虽然过于短视，但这对于多少懂得一些中国的历史和政治，打算进行友好运动的我们来说，也是非常麻烦的事情。虽说政治变幻莫测，但中国的政局变动到底是反复无常的还是有什么规律可循的呢？于是，研究这种规律就成了我们思考的中心。

可是，事情并不只有中国是如此。在我国，明治维新前后，也引起了社会动乱。30 年代发生了二·二六事件、五·一五事件①；最近，又发生了洛克希德事件②，即内阁总理大臣被怀疑受贿遭逮捕的事件。

就是说，如果我们能够把握人类社会发展的规律，在事前就预知事件的发生，并采取相应措施，那么，想必会对人类社会的和平与繁荣作出贡献吧？

过去，观念论是不断追求永恒不变的真理。在宗教方面，信仰神的存在，信仰神是安心立命的根据。我自己也不太适应瞬息万变的世界，也许是与生俱来的观念论的素质又抬头了。也许认为，除了永恒不变的真理、无限运动的物质和物质运动的规律——即唯物辩证法以外，就不会有别的什么了。

（1979 年 3 月执笔）

不能解答的疑问

最近，中国自粉碎"四人帮"后，在发扬民主、百花齐放的浪潮中，开始议论重新评价"文革"和"文革"期限自然延长的问题，重新评价"亲自发动、亲自领导文革"的毛泽东主席。

---

① 二·二六事件和五·一五事件 日本少壮派军官为了建立军部独裁政权和侵略中国，进行了一系列法西斯恐怖活动。1936 年 2 月 26 日，1400 多名军国主义分子，冲击了一些政府机关和首相官邸，刺杀了前首相斋藤和藏相高桥等 4 人。3 天后暴乱被完全镇压下去了。5 月 15 日，他们又闯入首相官邸，刺杀了犬养毅首相，同时，政友会总部和"三菱"公司也遭炸弹袭击。从此，军国主义分子逐步掌握了日本政权，走上了侵略亚洲各国的法西斯主义道路。——译者

② 洛克希德事件 美国主要的飞机及空间飞行器制造公司——洛克希德公司为争取订货贿赂外国官员，日本前首相田中角荣因涉嫌此案遭逮捕，旋即被保释，案件涉及日本高层人物达 16 人之多，对日本政局影响很大。——译者

176

毛泽东在长期的中国革命中，最初并非作为第一号人物存在。遵义会议后，不仅要应付革命战争，而且必须解决党内的团结问题和克服党内的宗派主义。连张国焘的背叛和林彪的叛逃计算在内，据说得逞一时而被明确提出来的是 11 次路线斗争。当时，在外部，有西方帝国主义、殖民主义各国的侵略；在内部，有封建地主的压迫，人民大众（90％是农民）的生活和文化水平非常低下。他除了指挥革命战争外，还必须组织力量破除民间流行的迷信，克服文盲。在中国社会的现实中，他的全心全意为人民服务的政策，自然获得大众信赖，在这种信赖的基础上，具备了形成巨大权威的条件。

毛泽东所做的事情，往往都超出凡人的意想之外。如果一旦变成了毛主席指示，群众通常都是认可的，且乐于服从。林彪和"四人帮"都利用了这一点。林彪常常是手里举着《毛主席语录》本，"四人帮"蒙蔽群众的眼睛，伪造毛主席指示，欺骗群众，压制反对者。他们阴险地利用了毛主席的权威。

因为毛泽东是人而不是神，他的健康便不可能永远持续下去。到了晚年，他的身体和大脑开始出现衰老，具体情况不是我们外国人所能了解的。据说，对"四人帮"所做的坏事，在很早以前，就发生过大庆、上海、广东的工人和大寨的农民等的反抗活动，既然如此，可为什么能允许"四人帮"阴谋活动进行 10 多年呢？对这种疑问，至今还没有令我们信服的说明。

最近几天，因郭沫若诗碑的奠基仪式访华，和林林谈了"文革"的话题，谈了毛主席的功过。我说："如果没有毛泽东，就没有今天的中国。可是，不管怎么说，毛泽东不是神。"我用这两句话结束我们的谈话。林林连连点头称是。

（1979 年 4 月 10 日执笔）

片言只句

一、有始就有终，始和终的确是事物的两个对立面，可是，如果没有这两者，事物就不存在了。(《矛盾论》)。

我们也许不知道宇宙是何时开始，何时结束的。(时间)

宇宙也许是无边无际的。(空间)

这恐怕超出了人类的认识能力。大概时间和空间是矛盾的最高形式。

二、马克思无比深刻地分析了资本主义社会，创立了唯物辩证论；他把这二者结合起来，又创立了阶级斗争的理论。

还有，马克思在阶级斗争理论中，主张理论和实践结合，这是因为他依靠阶级斗争变革社会实践，是发挥人的主观能动性。否定主观能动性，就是否定马克思主义。

三、任何人都不会原原本本地接受马克思的社会主义论，毛泽东也不例外。毛泽东没有按照马克思的社会主义论，而是根据唯物辩证法分析了中国的半封建农村社会，并把这一分析和马克思的阶级斗争理论结合起来，使中国革命取得了成功。

马克思不是神，但神化马克思的风习在任何国家都没有停止。

四、把马克思形容成"革命的神"是可以的，但把他变成社会主义的神则不可以，因为这违反了实事求是。

五、在实践中，理论和感情是必要的。理论是轨道，是进步的；感情是机车，在轨道上行驶直达目的地，这是机车的力量。

六、感情是力量，是能量之源。

七、世界观是全局的立场。若肚子饿了，最紧迫的当是追求食物，冷则求暖，这是局部的立场。人必须巧妙地运用这两个立场，如果颠倒了两者的关系，就要犯大错误。

（1979 年 12 月执笔）

从"文革"到现代化

关于"文革"，无论《关于建国以来党的若干历史问题的决议》怎样决议，无论世人怎么看待，有一点必须肯定，那就是毛泽东发动"文革"的动机是良好的。至少，我能理解"文革"的理念。

1966 年 3 月，我应邀访华，参加孙中山诞辰 100 周年纪念活动，当时东京也想举办类似的活动。为了会场展览用，我托中日友好协会廖承志会长帮助收集孙中山先生的遗物和照片。到北京后，在北京饭店自己的房间里，看到送来的《人民日报》上登着姚文元以《评新编历史剧〈海瑞罢官〉》为题的长篇大论文章，感觉有些异样。而且，廖会长几次来催要我在大会上宣读的演讲原稿。我眺望着北京饭店前那条广阔大街上的红卫兵人群，担心本日的纪念活动能否按照预定的计划进行。接着，廖会长也没有对我说明目的地，就带着我乘车去了统战部。因为我和统战部长徐冰（当时）是初次见面，所以，廖会长给我作了介绍。饭菜已经在隔壁房间准备好了，不一会儿，我们就坐在饭桌前。徐头发蓬乱，一脸酒气，还再三劝我喝茅台酒。我没喝茅台而拿起了红葡萄酒杯，他说："革命红的好，可酒还是白的好。"他频频劝酒，使我很为难。同席的徐冰夫人替我挡驾说："无论怎样劝也没用……"数日后，应对外文化交流协会 S 会长的邀请赴宴，宴会设在北海公园西太后时代所建的板桥古餐厅。这次访华的客人就是我一个人，所以，连所有招待会上作为惯例所必需的致词都被省略了。可 S 会长还是作了拘泥、客套的致辞，所以，我不得不答谢。随着酒往下进行，接待方面的一个人露出了醉态，这是非常少见的。

这几个现象都是在以往的访华中没有经历过的。后来想了想，这也可以说是"文化大革命"的前兆吧。

"文化大革命"，从姚文元的《评新编历史剧〈海瑞罢官〉》开始，1966年8月1日到12日召开的八届十一中全会上，毛泽东写了《炮打司令部——我的一张大字报》，并通过《关于无产阶级文化大革命的决定》（所谓十六条），变成了党的决议。第二年4月，戚本禹写了《爱国主义还是卖国主义？——评反动影片〈清宫秘史〉》，加强了对刘少奇国家主席的批判，而且发展到对清华大学王光美女士（刘少奇夫人）的斗争。毛泽东发出了"关于夺权斗争的指示"，开始在大集会上揪斗高级干部。因为运动逐渐变得粗暴起来，所以，毛泽东也开始劝诫粗暴的行动。

1976年9月毛泽东去世了。1978年，在中国共产党十一届三中全会上决定，因为1956年生产资料社会主义改造已经基本完成，所以，今后必须把工作重点转移到经济建设和科技革命上来。毛泽东、周恩来在进行社会主义现代化建设事业方面做了很多工作，取得了成果，可是后来由于疾病和林彪、"四人帮"的破坏而中断了。揭批"四人帮"的群众运动基本上达到了预期的目的，可是不能同时结束一切。决定今后应该把全党的工作重点和全国人民的注意力转移到现代化建设上来。而且连续开了五中全会，根据会议决定，要重新认识国家经济比例，实行对外开放，扩大企业自主权，承认个人企业经营和企业联合等，逐渐出台了新经济政策。这是不是坚持社会主义长期政策的短期政策？因为乍一看好像是矛盾的，两个政策的长短关系不明确，所以，必须考虑到可能在群众中引起混乱。

（1980年1月执笔）

哲学杂想

对我来说，一提起哲学，那就是指辩证法的唯物论。辩证法的唯物论，原来是马克思、恩格斯创立的世界观，是构成阶级斗争理论的基础。

我最初之所以能接触到哲学，是因为读了荻慈根的《认识论》。以前，生活在漫长的学生时代，当时，思想界、宗教界及其他学科都陷入了普通所谓的唯心论哲学和形而上学的泥潭，难以自拔。举例说，社会是个人的集合体。因为要理解社会、解决人生问题，首先要理解社会构成单位的个人，必须解决个人问题，这完全是形式论。当时，在青年学生当中，很流行高山樗牛和姊崎潮风等人的著作。一高的一名叫藤村操的学生，感叹"人生奈何"，投身华严瀑布自杀了。

如果现在来看，人类是具有社会性的动物，是从社会中分离出来的，其存在和生存等的意义是不难理解的。可是，当时的我，沉溺于流行思潮，对于进入社会的问题，首先是从个人的问题考虑；关于人生的意义等，想啊想的，彻底考虑了一阵子。也啃过康德和尼采的哲学著作。可是，不用说解决问题，甚至连这些理论的内容都理解不了，得到的只是不安、妄想、厌世、自暴自弃。在日中友好运动中我接触到了毛泽东的哲学思想。当然荻慈根的《认识论》对我学习毛泽东哲学也有很大帮助。后来，我读了《矛盾论》、《实践论》。我把这个哲学和观念论哲学一比较，对我来说，就非常容易理解了。

毛泽东不仅是给经历了数千年的中国封建社会和近百年的半封建、半殖民地社会的历史打上休止符的伟大革命家，而且是伟大的哲学家。中国有悠久的历史文化。古代有孔子的儒家思想和老庄的道家思想两大潮流。后来，又增添了回教、佛教等外来思想。这些哲学，广泛地给人民群众以深刻的影响。说出其传统的特征，那就是两大潮流都在观念论哲学中有很强的现实主义倾向，如王阳明的学派等。即使在其他相同的儒教中，到了近代，也产生出各种派别，可它的影响不衰，不仅对中国，而且也波及日本。

毛泽东是人，他到了晚年，身体和精力都衰退了。虽然他的判断失误受到批评，但是他的错误主要在于主观能动性太强，因此，提出了与中国革命的发展阶段不相应的目标。不是要急于达到目标吗？这不仅因为他是思想家，而且也因为他是对革命负责任的实践家。关于这一点，同他合作过的中国共产党内的其他同志也承认。

据说没有毛泽东就不会有今天的新中国。可是，最近，中国发生了一件可笑的事，特意强调说无论是中国革命的胜利，还是毛泽东的思想形成，都不能归功于他一个人。他进行革命斗争，他为了解决各种问题所写的著作，他独特的思想及独特的人格，在中国革命和毛泽东思想中都占着中心位置。总之，无论是革命的实践还是革命的理论，他的作用都是十分显著的。

自古以来，无论是哪个革命家、思想家，其思想、哲学、革命理论，都不是他一个人创立的。马克思、列宁也不例外。既然个人不能离开社会而存在，这就是理所当然的事情。叫马克思主义、列宁主义，是马克思和列宁从黑格尔和费尔巴哈等先人所写的著作及进行的实践中受到益处，至少是得到了启示，分析综合了过去的历史和当时社会人类的活动而得到的结果。所以，尽管有人说毛泽东思想不是他个人创立的，其实仍然是他个人创立的。至少，特意那样强调是不自然的。据说，1948年，毛泽东在给吴玉章（当时任北京大学校长）[①] 的信中说：毛泽东主义这种东西不存在，鼓吹的话，可以只鼓吹一部分片断，作为体系鼓吹不好，因为我的体系还没有成熟。可见，他是非常谦虚的，不管怎么说，毛泽东思想都是作为毛泽东的思想而存在。

在包罗万象的宇宙中，所有的自然现象（包含人类社会的现象）的变化发展都有其规律。其规律乃是辩证唯物论。马克思、恩格斯主要面对欧洲各国阶级斗争的现实，从古典的先进思想——特别是黑格尔学说中排除了形而上学的要素，创立了辩证法唯物论，以此作为一切事物发

---

① 疑为华北大学的笔误。——译者

展的唯一的普遍规律。列宁、斯大林、毛泽东接受了这一规律，并使其继续发展，把它作为共产主义革命的基本原理，分析自然和人类社会的发展变化，作为指导革命斗争的理论武器。

这一思想在认识论上，与唯心论不同，认为存在的根源不是认识的主体，而是客体；又与形而上学不同，以对立物的统一作为事物发展的规律。

可是，十月革命以后，革命的势头如燎原之火，燃遍了世界。可在社会主义阵营中，首先是苏联修正主义的背叛，伴随而来的是修正主义在各国蔓延。国际共产主义运动的发展踏上了迂回曲折的道路。虽说像中国这样的社会主义国家也被国内"四人帮"极左教条主义势力祸害，然而在较长的过渡时期内，在向共产主义迈进的道路上依然是处于一半还不成熟的现状。也许，不仅因为这一点，而且在这种人类社会的现实中，除了毛泽东的《矛盾论》、《实践论》外，在中国，几乎没有人研究辩证唯物论了。

提出哲学来，肯定被看成是难解的学问。也许因为从前一想起哲学，肯定是指唯心论的哲学吧。那时，甚至连哲学和宗教的区别都不清楚。人们的理解是，哲学只是专门的学者、思想家劳神的难解的学问。毛泽东要求大众必须学习哲学，亲自掌握辩证法，这是惊人的言论。因为对毛泽东来说，他认为辩证法和唯心论哲学相比，是容易理解得多的哲学，是阶级斗争的武器，是无产阶级的世界观，因为据说全世界的人民如果掌握了这个世界观，世界革命就会取得成功。响应毛泽东的号召，有一个时期，中国掀起了学习哲学的群众运动。

他提出的有名的"在战略上以一当十，在战术上以十当一"的必胜不败的战争理论，在抗日战争时期只要抗日任何人也不拒绝的抗日民族统一战线理论，"十大关系论"、"三个世界"国际统一战线理论等，全都是以历史唯物论为基础的。《矛盾论》、《实践论》、《关于正确处理人民内部矛盾的问题》等都是辩证唯物论的哲学篇章。

不仅理论上如此，而且实践上也坚持辩证唯物论。如革命的斗争和取得政权后的社会主义革命、社会主义国家建设，特别是在对外关系方面，处理和尖锐对立的美国、日本的邦交正常化，处理被夸耀成磐石般团结的苏联的对立等对外关系的大转变，如果没有辩证唯物论，那毕竟是不能想象的。

毛泽东把马克思等先哲遗留下的普遍真理、历史唯物论亲自在中国革命的每个阶段的实践中加以检验，不仅确定其真理性，而且在辩证唯物论中还发现了新的规律。比如，内部矛盾和敌我矛盾的区别、局部矛盾被全局矛盾制约的规律。另外，还运用历史唯物论分析了第一次世界大战向第二次世界大战过渡时期，以及苏联变修后复杂的国际关系，提出了新的世界革命战略理论，已经如前所述。

他根据抗日战争、国内革命战争的发展阶段的实际情况，采取各种不同的战略战术。首先作为大的战略，他既要预测未来的敌对关系，为了抗日又要努力采取与蒋介石和解的政策，把统一战线从轻工业民族资产阶级扩大到开明绅士、知识分子、青红帮的大头目杜月笙。抗日战争胜利后，爆发了国内革命战争，他又组织了以国民党军队为敌人的新的反蒋统一战线，取得了反蒋胜利，建立了独立政权中华人民共和国政府。这以后，他组织建立了拥护共产党、赞成社会主义的各政党、各民族、各阶层的统一战线（政治协商会议）。这三个统一战线，第一个抗日民族统一战线中，和日本军国主义的矛盾是主要矛盾；第二个反蒋民主统一战线中，和受美国援助的蒋介石一派的矛盾是主要矛盾；第三个统一战线中，中国的现状和西方发达资本主义国家的矛盾是主要矛盾。

另外，在第二次国内革命战争中，依据战争所处的时间和场所不同，把解放区分成三个。第一是旧解放区；第二是准旧解放区；第三是新解放区。在准旧解放区对已经被分配的土地，除一部分调整外，其余不做太大的变动。在旧解放区第一阶段让富农中立，主要打击地主，分配其动产，分配大中地主的土地，对于富农采取减租减息等宽大的政策。在第二阶段，分配富农租给佃户的土地和超额的土地及财产的一部分。而即使在旧解放区，对离敌人近的大解放区域，按照新解放区的标准对待，采取比较宽大的政策。

这样一来，全国除了西藏和台湾以外，都进行土地改革。对土地首先没有采取国有而是变为集体所有，即使在集体内也不使用行政权力，而是专门激发农民的自发性，从互助组到初级生产合作社，从初级向高级前进。西藏解放是靠花费时间的独特的民族政策来解决，是众所周知的事实。对尚未统一的台湾提出了更加宽大的条件。可以肯定地说，这一切都必须采取符合实际情况的正确缜密的政策。

毛泽东所做的事、说的话、著的书全都贯彻了历史唯物论哲学，即在辩证唯物论中不存在形而上学，而是根据辩证法分析中国历史、世界历史，并把从中学到的政策，全都运用于一切革命斗争的场合。中国革命就是这样把马克思列宁主义的普遍真理同中国革命的具体实践相结合，在毛泽东思想的指导下取得了胜利。

毛泽东领导革命斗争取得胜利，建立了中华人民共和国。他领导中国的内政外交，受到了全国各阶层和各族人民的尊敬。

马克思列宁主义、毛泽东思想，特别是历史唯物论的研究，现在看来已经不如当初那种发展状况了。这不仅由于林彪、"四人帮"长期的破坏，而且也由于毛泽东自身健康的减退，以及长期合作的亲密同志周恩来的去世等相继发生的不幸事件的出现。

毛泽东的哲学在理论方面的功绩，不仅仅是对中国革命。他在革命战争的高潮，特别是党中央所在地延安遭受敌人突袭的情况下，特别注意分析世界形势，并以此对干部和人民进行说明。他所关心的虽然是中国革命，可是，他认为中国革命在世界形势的大局中是局部问题，局部问题不能离开全局去看待。

1974 年 4 月 10 日，在联合国特别大会上，中国代表团团长邓小平发表的"三个世界"的理论，虽然源起于苏联的变修，然而，在普通的国际政治研究专家中，毕竟是不能企及的大胆论断。正因为如此，从这里可以看出，有不少人被他那出色而崭新的对世界形势的展望和宏伟的世界战略再分析吓破了胆。我基本理解了"三个世界"理论意图，访华的时候，对一个有地位的友人说，希望能再深刻地加以说明。其结果如何，我不知道。可是，在1977年11月1日的《人民日报》上发表了一篇题为《三个世界划分的理论是毛主席对马克思列宁主义的重大贡献》的文章。

那时候，在我们协会内部发生的意见分歧正在扩大，事态越来越严重。我想方设法劝阻这些长期从事友好运动的伙伴不要脱离友好运动，就写了一篇题为《发展阶段论》的文章，因为太抽象，感觉有些隔靴搔痒。

虽说如此，我基本上理解了"三个世界"理论，且很佩服这种意见，但并不完全同意。第一，对立的苏美同处于第一世界，两个国家都是超级大国，和第三世界、第二世界各国之间都有难以调和的矛盾，这一点虽然相同，但这两个超级大国也正如毛泽东所说，互相勾结、互相争夺，但争夺才是他们关系的本质。渐渐地随着时间的推移，两者的对立关系变得激烈尖锐起来。现在我写这个稿子的时间是1980年1月，阿富汗问题发展到了前所未有的对立状态，且古巴、东欧各国都变成了苏联的卫星国或从属国。第二世界的日本、西欧各国变成了美国的同盟国。当然，双方互相都不放过对方阵营的国家和美苏两国之间产生的任何一点小矛盾，利用这一矛盾策反其脱离对方阵营。在东欧、罗马尼亚、南斯拉夫、波兰等国都出现了脱离苏联的征兆；在西欧，法国有脱离美国的倾向。最近，中美两国正在巩固友好关系，被认为将来肯定会出现以美国和西欧为一个集团。以苏联和东欧各国、古巴、越南等国为另一个集团的倾向。包括中国在内的其他发展中国家则形成一个阵营（第三世界）。毛泽东预测会实现国际反霸统一战线。

本来，所谓的统一成果、团结实现等，是只有在凶恶的敌人出现于眼前的瞬间才容易成功。中国在抗日战争时期，国内争取大团结的事之所以成功，是因为在中国出现了日本军国主义这种凶恶、狰狞的敌人。可是，也有很多情况是一国为了争取国内团结而故意制造出境外的强敌。日本侵略中国的时候，日本宣传说日本人被杀、中国进行排日侮日的活动，捏造了种种借口。实际上是日本担心国内不景气会引发群众暴动所采取的一个策略，于是，就故意制造外敌，转嫁国内的矛盾。可事实上并没有那样凶恶的中国。如果不让日本人民的战争意识高涨起来，那侵略战争就必定要以失败而告终。

第二点，依据对历史事实的分析，总结出历史发展规律，并使这种规律在相似的历史事实中得到检验，作为真理适用于将来，展望历史的发展，这正是其意义所在。在第二次世界大战中，英法惧怕希特勒的武力，逐渐追随其世界战略。由于1938年英、法、德、意四国签订慕尼黑协定，苏联提出的以英、法、苏三国为主结成反法西斯统一战线的主张遭到拒绝，所以，希特勒侵略军越来越放心大胆地整顿军备，法国竟在1940年投降了德国。同年罗斯福就任美国总统，第二年——1941年，英国首相丘吉尔同意缔结英苏互助条约，接着英美两国签订了大西洋宪章，这样，民主主义各国反法西斯的联合建立了，才促使日、德、意三国最后投降。如果用历史唯物论分析这一时期的局势，可以看出，大战爆发是资本主义各国之间的矛盾；慕尼黑协定前后是资本主义国家和社会主义国家的矛盾；盟军建成后是法西斯势力和反法西斯势力之间的矛盾，即一个矛盾向另一个新的矛盾发展。这个规律能否适用于当前世界所面临的国家之间的矛盾呢？如果适用，则非常有利于解决问题，相反，则过去的历史教训就变得没有意义了。

据马克思的历史唯物论，宇宙即自然，是自我运动的物质的统一体系。信奉这一哲学的毛泽东比任何人都高明的一点是，决定在所有的方面都实践这一哲学。特别是他在担任了中国革命的领导人以后，彻底应用唯物史观，把马克思列宁主义的普遍真理同中国革命的具体实践相结合，这是他领导中国革命的指导思想，是众所周知的。

不用说，因为要把历史唯物论放在几亿中国人民生死攸关的问题上实践，首先必须自己充分研究和理解这一哲学。为此，毛泽东一边从中国古代实事求是的思想、王阳明学派的知行合一论等哲学思想中汲取营养，一边学习外国马克思、恩格斯等革命先哲的哲学著作，写出了《矛盾论》、《实践论》及其他哲学论文。必须肯定，马克思列宁主义的唯物史观，由于他在中国革命中付诸实践，不仅其真理性得到进一步检验，而且在内容上也得到了丰富和发展。

（1980 年 2 月执笔）

社会主义和资本主义

"社会主义"这个词，始于 19 世纪初世人称呼法国的空想社会主义者，英国的欧文主义者也那样称呼自己。"资本主义"这个词，第一次出现在马克思的《资本论》中。

可是，像我国这样的资本主义国家，绝对不自己称自己为资本主义国家，只是为了和社会主义国家区别，称自己为"自由主义国家"。国家的公文、大报纸和日本广播协会等大多数新闻媒体引用别人语言的场合，当然也是一样的。有一个时期，流行把"社会主义"和希特勒的"全体主义国家"并列使用，在这些人看来，社会主义国家是没有自由的。

当然也有这样的情况，即提起资本主义，那就意味着以阶级斗争为前提的资本家阶级一方的统治。大资本家和资本主义国家政府极端讨厌这个词，他们否认资本家和工人这种对立的两个阶级的存在，强辩自己的和平与自由好像就是全体国民的和平与自由。现在资本主义各国所谓的民主主义，就是从这种立场出发的民主主义。就是说现在日本统治阶级给人的印象，好像就是只把本阶级的和平自由与民主主义，当成是全体国民的和平自由与民主主义，很巧妙地推进着自己阶级本位的资本主义制度的延续和繁荣。

当前，在中国，作为打倒"四人帮"后的最重要的政治课题，是埋头大干"四个现代化"，大力发展农业、工业，以经济建设为中心。中国虽然提出了发展经济的各种方针政策，可中国现代化运动的目标是到本世纪末建设成强大的社会主义国家，如果只把富强的国家建设当作目标，追随在美苏之后，这样不是就抹杀了建造新中国基础的大革命的意义吗？中国不仅要强大而且必须是社会主义。就是在社会主义的前提下，全体人民积极参加，努力使这次革命取得成功，而且，今后的国家建设也保持社会主义方向，能够赶上并超过两个超级大国。

可是，社会主义的确能在经济建设方面胜过资本主义吗？中国无论农业、工业不都是向先进的资本主义国家学习吗？不是在寻求资金和技术的援助吗？社会主义果真能战胜资本主义吗？……现在在日本，有人提出了这些疑问。奇怪的是，甚至也有中国人提出同样的疑问。

记得在什么时候，日本数十名大学教授和经济学家聚集起来，曾就有关社会主义是什么的话题进行过讨论。会议记录发表在某杂志上。这些人因为都是大学的教授和学者，所以读了很多书，了解很多事，他们运用自己的全部学识，发表了各种见解和观点，结果，社会主义究竟是什么，对于像我这样的读者终于也没有弄明白。这些人不是自己带着责任运营国家政治，自己不是必须保障几百万、几亿人民生活的人。要说立场，也只不过是无责任的、轻率的评论家的立场。其中有一个人说，中国自称是社会主义，可那不是真正的社会主义，因为没有马克思的社会主义经济理论，所以不是社会主义……那么，社会主义是什么，还是不明白。社会主义是否比资本主义优越也弄不明白。

如果真是那样，可为什么现实中有很多社会主义者？在许多国家还有社会主义政党呢？过去，社会主义者曾冒着生命危险从事社会主义运动。今天，依然有社会主义者和社会主义政党。其中，也有取得了政权的政党。取得了政权的社会主义者，已经不允许轻率地议论社会主义，采取不负责任的立场。因为他们所做的是关系到几万、几亿人民大众的生死问题。

我们生活在资本主义国家中最先进的日本，可是，感到无法忍受这样的社会。我之所以想是否能设法把它变成更好的社会，并不是因为了解了有关各种社会主义晦涩难懂的定义后，憧憬那种社会。在今天，虽然已经有建成的社会主义国家，可在列宁建立社会主义苏联以前却没有。在没有社会主义时代所具有的只是对现实的资本主义社会的厌烦和对社会主义的美好构想及理论的向往。

那么，资本主义的哪一点令人讨厌呢？要回答这一问题，我必须把讨厌资本主义的各点一一列举在读者面前。有钱就有势力，有权也有势力；金钱能变成权力，权力能变成金钱。可是，结果，有权势的在金钱面前也抬不起头来。只要有钱，什么能力也没有的人，除了赚钱什么也不会的人，都是因为有钱而八面威风。在一个家庭中，男子之所以威风，虽说是因为封建制的遗风，但实质并非如此，是因为从外头拿回来钱保障生活的是男子。女子如果赚钱，女子也威风。金钱政治的弊端是闻名的，可不仅政治如此。享受教育，享受医疗，如果没有钱都不行。而且，做学问、当议员也一样，目的都是赚钱。国家和国家之间以夺取他国的资源和劳动力为目的进行战争，这是资本主义、帝国主义、殖民主义、霸权主义。一旦拥有了金钱，就可根据金钱数额的多少来满足自己的物质欲、统治欲、名誉欲。所以，现在的世人，为了赚钱竭尽全力。因此，有时会受到自己在国会制定的法律的牵连而失败。可是，一旦失败了，就希望使自己受到尽量轻的刑罚，这样，他们获得金钱和权力的欲望就越来越强烈。为了摒弃金钱政治而成立了伦理委员会，可这个委员会本身也许变成了合法获得金钱和权力的手段。

金钱很容易被少数人垄断。在少数人垄断金钱的背后，多数人做了他们的牺牲品，而变得贫穷了。对社会贡献最大的优秀精神的具所者、诚实的勤劳者，他们却一贫如洗。少数人的富裕和多数人的贫穷，在资本主义社会是互相关联的。

厌恶这种社会的不只是我一个人吧。如果讨厌这种社会，怎么办才好呢？那除了建立社会主义的社会，或者去社会主义的外国以外，没有别的路可走。

可是，据说在社会主义国家没有自由。那么，在资本主义国家就有自由吗？很早以前，有一个人访问中国回国后，发表了他的见闻和感想。他写道："中国变好了，过去的中国不干净，人性奸猾。可现在变干净了，人是诚实的。虽说是全体主义国家，可是想也不是那么不自由。不仅如此，我还受到了人们特别热情的欢迎。"最后，他补充道："可是，还比不上日本，我深深地明白了，还是日本好。"大家猜，说这话的人是谁？是在日本屈指可数的某大银行的副总裁。除了说合理外不能说别的。

就是在中国这种社会主义国家里，也不能说什么都不自由。新中国成立以后，有信仰自由、思想自由和集会自由。近年，在科学和艺术界再次确认了百家争鸣的方针。居住自由、旅行自由、不能和日本相提并论，因为目前正处于国家建设的高潮时期，但是，不久，这些自由也会被保障的。即使在日本也并不是有了金钱就什么都自由。当然，这样的自由还是没有的好。坚持马克思列宁主义、毛泽东思想，坚持社会主义、坚持共产党的领导和人民民主专政，即所谓的四项基本原则的制约，如果认为这是不自由，那就没有办法了。因为这是为了排除资本主义要的不自由。

总之，在金钱万能的社会，和虽然对眼前的自由多少有些限制，但大多数人的生活受到保障的社会主义社会之间，选择哪个，那是我们的选择问题。

（1980 年 10 月执笔）

关于物质刺激的问题

列宁和托洛茨基相反，采取了社会主义可能在一国首先取得胜利的立场，在资本主义国家的包围圈中成功地建成了社会主义国家苏联。以把世界上所有的国家都建成社会主义为目标，领导国际共产主义运动，第三国际就是为了促进国际共产主义运动而建立的组织。毛主席也参加了这一运动，建成了社会主义的中国。

可是，在世界上不仅有很多资本主义国家存在，而且越来越发展，出现了帝国主义时代以及反对帝国主义的民族独立运动，在亚洲、非洲、拉丁美洲风起云涌，"四海翻腾"。据说这是产生社会主义的时代，不久，在世界上建成了第一个社会主义国家苏联。斯大林死后苏联变成了修正主义，因此，由苏联操纵的第三国际，对于国际共产主义运动来说反而成了障碍，取而代之的是建立欧洲九国共产党工人党情报局，这个组织不久也被解散了。可是，苏联和中国都没有放弃对国际共产主义运动的追求。就是说，并不满足于本国的社会主义，而是要重新燃起国际共产主义的烈火。但苏联和中国的目的和方法存在着显著的不同。

中国在国内不是依靠权力而依靠启蒙，在农民自愿的基础上组织国内的农业合作化；在对外方面，不介入他国的革命。就是说，革命是各国国民自己的事，而不应该由他国输出。相反，苏联看见对方是弱小国家，就趁机从外部策动，在对方国内各派政治势力之间挑拨离间，制造分裂，援助其中一方，强行"革命"。如果成功，这个国家就变成了苏联的卫星国或附属国，苏联的"国际共产主义运动"除了霸权主义的世界战略以外，再没有别的什么东西了。

哪个正确呢？首先一个大前提是，必须解决为什么要进行社会主义的问题。据我理解，社会主义的目的，就是一国为社会上大多数人谋幸福。所谓幸福就是在精神方面享受和平和自由，在物质方面享受富裕的生活。如比较一下苏联和中国的做法，可以看出：苏联的做法粗野而迅速；中国的做法热情而费时。如果只从方法看，则各有千秋。

可是，所谓的社会主义就是过渡到共产主义相当长的政治过渡时期。假如依靠苏联式的外部强压促使社会体制迅速变革，果真能使社会主义长期顺利发展吗？能保障大多数人民的幸福吗？社会主义单单靠政治体制和经济结构的变革是不能完成的。从远古起，在长期的社会生活中，深深地渗透进民众身心的风俗、习惯和信仰等，即使如何受外来压力，也不能那样简单地变化。不处理这些内部变革，单靠形式的、机械的变化，那么被周围的资本主义社会的文化诱发，不能顺应新体制的人们的反抗不一定不强——那不仅东欧各国已经经历过了，而且以后也免不了同样的经历。

中国的农业合作化，虽然多少有些修改，但现在正顺利地向前发展。

社会主义的目的是在特定的社会条件下为大多数的人谋幸福。我所说的这个幸福是指在和平环境下安全且富裕的生活。即使在某一个社会这种愿望被实现，但世界上还有资本主义国家、帝国主义国家，甚至像苏联那样的"社会帝国主义国家"，世界各国人民的幸福——不论是资本主义国家还是社会主义国家，其和平、富裕的社会环境实际上就没有保障。特别是在现在这样的国际形势下，如果爆发世界大战，战争的灾祸哪个国家都难以避免。想保住本国的安全而不受战争蹂躏，那根本不要期望。中国人民目前正在集中精力搞现代化，所以，在这种情况下，不但要保全自己的性命，而且要保全社会主义的强国。保障世界人民幸福的运动，对国际共产主义运动的成功来说是绝对必要的工作。因此，我们外国人衷心地希望中国的现代化运动成功。而且，对为了实现现代化所制定的各项政策，不得不寄予极大的关注。

伴随着中国的现代化运动出台的各种政策，特别是经济政策，受到了日本资本家的大欢迎。一般资本主义国家的人们，是以自己或者自己所属的公司为中心，是短视的。中国和苏联将来的目标是什么，对日本的资本家来说并不是大问题。对他们来说，至高无上的目标是经常不断地扩大目前的利润。也有人认为，"中国虽然称苏联是修正主义，可是，随着生活水平的提高，逐渐又返回到资本主义，中国不也是一样吗？"在中国人民中，也有人对最近的经济政策持这种疑虑，所以，中国共产党领导层再三做了说明，证明中国不会走这样的路。对领导层的劝告和说明，人们是原封不动地接受呢？还是对现代化有厌烦情绪？这一点不一定明确。无论多么英明的领导人，既然他是人，要想纠正左倾，就不能保障不向右转，就是说往往容易变成右倾。想纠正右倾就容易变成左倾。也正如《红旗》的一篇文章所说，马克思主义者不一定就没有左倾和右倾的错误。我不是说因为反对左倾肯定就陷入右倾，所以就不能反对左倾。唯物辩证法认为，事物对立着的两个侧面，在一定条件下发生质的转化，原来的事物就被否定了。而且，依我看，在那个转化前后，两个侧面的矛盾对立是最激烈的时候。在过去的历史中，社会发展的轨迹之所以迂回曲折，就是因为这一点。且将来历史发展的道路也仍然是曲折的。与其从头否定这种历史发展规律，不如肯定它，并极力为缓和那个波状变动而做出努力。这样求得人心稳定，不是更有效果吗？

当前，令人担心的具体问题是逐渐提出的新经济政策。如果必须建设富强的社会主义国家，那么，我认为还是利用价值规律和利润计算好。可是，问题在于采用为促进劳动积极性的奖金制度及其他物质刺激的制度。在资本主义国家日本有奖金制度，一般为一年两次，分夏季和冬季，在每月的工资之外支付。这个奖金，一是对工资低、生活低苦的补助；二是盂兰盆会或年终季节除平时生活费以外有别的花费，以此来补助；三是一年分为上、下两期，根据当时各企业的业绩支付的金额。原来说这是资本家表示温情的手段，可是现在成了工资

194

的另一种形态。在各尽所能、按劳分配的社会主义社会不依靠物质刺激，农民、工人的劳动积极性就不高。当前，如果推进四个现代化是短时期任务的话自不必说，假如要长期进行下去，这不是问题吗？现在，正在强调为了推进现代化而扩大企业自主权的必要性，伴随而来的是个人利益也得到重视，听说这个问题在中国国内人们对其正确与否也议论纷纷。

社会主义政权成立以来，已经有 30 多年了，也许有各种原因，可是，直到现在，中国人民的生活水平提高仍过于缓慢却是事实。第一，中国经济社会主义化要趁资本主义还不十分发达的情况下进行。中国在其社会主义经济建设的初期，使经济得到一定的发展是必要的，当前，在某种程度上提出为了推进现代化而暂时中断这一良好的出发点，其意义是可以理解的。可是，令人担心的是，如果没有个人的物质刺激这种动机，恐怕劳动积极性永远也得不到提高。

到达共产主义社会的社会主义过渡时期，是一个相当长的时期。在此期间，各种情况层出不穷，既要适应内外形势，又要摸索着前人未走过的道路前进，采取适应于前进道路上各阶段的正确政策是绝对必要的。就算方向一致，如果政策不适应具体的时间和地点，则反而会阻止革命前进。列宁也说过，仅仅是一步——哪怕再向前迈一步，稍一过度，真理也会变成错误。相反，如果几亿人民大众忘记了曾被指明的那个远大的目标，那就造成了无法挽救的事态。领导层在口头和文章中都强调，目的就是要建设足以抗衡世界上发达国家的、富强文明的社会主义国家，无论做什么都不能离开社会主义道路。可是，如果这些言论脱离实践，那效果就不大了。重要的是要让人民在实践中熟悉这一方向。而且，正如中国社会科学院副院长于光远所说，虽然说以精神奖励为主，但具体怎样做还有很多问题。

让人们在实践中熟悉这一方向是指这种情况：如果先从刺激个人利益出发，然后就是家族的共同利益或者属该家族的团体利益，再就是单位的利益，接下去是企业全体的利益，沿此顺序逐渐体验从小单位到大单位的共同利益。这时，应该注意的是，为了从一个阶段向另一个阶段过渡，在每一个阶段必须有充足的时间，对那个小的社会的共同观念全身心地投入。如果这种作风固定化，最后也许就放弃个人利益，能为国家、社会服务。这只不过是"在我的实践中"的一例，希望进一步研究有效的方法，再进一步就是奖励。如果每个阶段由集体共同接受，就会出现如何向个人分配的问题。像首都啤酒厂那种情况，让接受这个奖励的集体的工人自己决定，我认为比较好。

（1980 年 4 月 29 日执笔）

在现代化中依然不能忘记社会主义的大方向

中国经过从清朝统治下到辛亥革命后的中华民国时代。中央政权实行反人民政治，封建势力压迫人民，接连不断出现革命战争，接下来由于外国殖民主义等的侵略，作为独立国家的机能衰退，陷入了半殖民地状态。因此，农民、工人都失去了劳动积极性，工农业得不到发展，国力极度疲惫。

中国共产党领导的新民主主义革命刚取得胜利后，紧接着就爆发了八年抗日战争和四年国内革命战争，所以，为了恢复因战争荒废的工农业生产，至少用了三年的时间。再加上，解放后以美国为首的西方发达资本主义国家长期对中国实行严厉的经济封锁政策。其间，爆发了朝鲜战争，一时，国境安全受到了威胁。所以，不得已，新中国刚刚建立就马上派遣了保卫国土的志愿军，去协助朝鲜民主主义人民共和国，在朝鲜战争中，和美帝国主义对峙，中朝合作，挫败了当时世界上号称最强大的美国军队，迫使其签订了停战协定。

这之后，进入了仅仅几年的安定时期。工农业都得到了一定的发展。可从 20 世纪 50 年代末期起，和邻国苏联共产党在意识形态方面发生了意见分歧，直到国家关系破裂。到了 20 世纪 60 年代，中苏两国共产党的矛盾激化，苏联入侵捷克斯洛伐克事件，给中苏两国国家关系造成了决定性的影响，两国的技术合作及贸易关系几乎处于停顿状态。

结果，中国断定赫鲁晓夫等苏联新领导层的政策是现代修正主义，并在国内进行了"无产阶级文化大革命"。进行"无产阶级文化大革命"的目的有两个方面：一个是和已经被发现的"接近修正主义"的领导干部作斗争；另一个是预防将来的修正主义化，在思想上进行斗争。那次"无产阶级文化大革命"是席卷全中国、持续 10 年之久的"大革命"斗争。再加上由于林彪、"四人帮"等极"左"教条主义者钻进党的中枢，夺取了一部分领导权，造成"文化大革命"的混乱和产业、文化的荒废，后果是非同寻常的。

建国以后到林彪因逃亡时飞机坠落而死亡，"四人帮"被粉碎，这不足 30 年时间，如此波澜壮阔，迂回曲折，在解放战争胜利的时候，毛主席展望新中国的前途，是否预料到了呢？所以这样说，是因为我们当时感觉到新中国的发展速度最快，不会是过去 30 年那样缓慢进步。

1978 年，中国共产党召开了十一届三中全会。会议决定把工作的重点从揭批"四人帮"转移到四个现代化建设上来。所谓四个现代化，就是农业、工业、国防和科学技术的四个部门，在 20 世纪内要走到发达国家的最前列。虽说如此，可是最显著、最具体的是发展经济、提高人民的生活水平和加强国防建设。人民生活水平的提高是社会主义的目的，加强国防是为了坚持正确的无产阶级革命路线，在今天这种被资本主义和社会帝国主义包围的国际环境中，说什么也是不可缺少的必要条件。

说起四个现代化，确实是中国的内政。可是，因为我们开展日中友好运动、促进日中邦交恢复和日中和平友好条约签订，希望世世代代日中友好，所以，对中国将来的前途不得不关心。因为日中两国人民决心互相合作，所以那种关心不应该仅仅是观察者的关心。既然如此，虽说是中国的内政，可是，我相信，对于那种做法如有异议，应该允许陈述意见和评论（中国出于自己的责任如何处理则另当别论）。中国既然提出要学习发达国家的技术、经营管理，那么，在这个范围内提意见就没有问题。另外，如果在贸易中，双方当事者陈述自己的要求就是理所当然的。

成为问题的是由于中国要搞现代化，过去是依靠多次斗争和教育运动，众多的人付出生命和物质的代价才取得革命胜利；现在，广大人民群众对社会主义的信念和期待如果逐渐消失，那么用多长时间、用怎样的方法才能挽回呢？比起四个现代化来，我担心那将是更困难的事业。

四个现代化，当前对中国肯定是不可缺少的，可令人担心的是在现代化进行当中，要使 10 亿革命人民的期待和热情不减，这是最难的。

（1980 年 7 月 20 日执笔）

关于历史唯物论和社会主义的优越性

据说中庸之道，从前是亚里士多德提出的，另外，中国的思想史中也提中庸之道。

所谓中庸，简单说就是任何时候都不走极端，以中间为最好。可关于什么是极端，什么是中间，却没有说清楚，这倒是一个难点。

我们就某些政治问题向政府提出一定的主张，提出应该做某事，或不应该做某事，这时候，对方就用这种理论顶回去，说："你们大概不知道，在社会上，有些国民的主张和你们正相反，所以，政府不能只听你们的主张。"这也许可以说是一个中庸论吧。

辩证法和中庸论不同。它认为宇宙间所有的事物都有对立的两个侧面，其中对立的一方，因为有势力就压制另一方，由于被压制对立就解决了，这样一来，事物就发展了，这是事物发展的规律。

中国现在摆脱了过去那种政治斗争时代，进入了社会主义国家建设的时代，反对社会主义的资本家阶级消灭了，即阶级矛盾不存在了，这个时代成了全心全意进行建设的时代，因此，和平的环境是必要的。过去那种暴风雨式的阶级斗争时代将来不会再出现了。以前，对右倾的反面是"左"倾、"左"倾的反面是右倾的这种情况，反复多次进行路线斗争，可路线斗争已经结束了。如果没有反复摇摆，就等于否定了今后的政治中有迂回曲折。这样，辩证法岂不成了无用的多余物？其实，特别是社会主义中国的道路，不得不想将来还会多次出现过去那种尝试错误和迂回曲折。我们期待根据实事求是精神，既能对尝试错误在实践中改正，又能坚持大方向不变。中国的某一时期的某些方针政策，很难想象将来是一条不变的直线。

辩证唯物论认为，不管是自然界还是人类社会，其对象都是全宇宙的存在和发展，把这个理论应用于人类社会，就是历史唯物论。历史唯物论是人类社会一切事物存在和发展的规律。

现代的人类社会，从大的区分，有资本主义社会和社会主义社会。资本主义也好，社会主义也好，都适应这一发展规律，都以历史唯物论为基础。

如果说历史唯物论是唯一正确的社会发展规律，那么，作为正确的世界观，社会主义是以历史唯物论为指导，和以唯心论为指导的资本主义社会当然不同。前者的发展方向（未来）、连续性和速度，和后者相比，应该具有优越性。

就是说，不是走红和专中间的路，而是必须坚持红和专两个方面。总之，社会主义社会的领导为了解放全世界无产阶级，推动革命前进，建设富强的社会主义国家，不能没有历史唯物论的立场，而且只要能灵活运用历史唯物论，相信社会主义的优越性是应该能够体现的。

（1980 年 7 月 31 日执笔）

所谓"革命样板戏"为什么没有意思？

这是"四人帮"横行时代的事。作为我们日中友好协会开展友好运动的一项重要活动，在各地公演中国电影。公演的原则是要根据地方组织的愿望和时事问题的演讲同时进行，后来也借给其他组织观看。因而，在协会的中央事务局，有些职员既担当给地方组织分配胶片和记录重复使用次数的任务，同时又担当着修复胶片的工作。

在中国所寄赠的胶片中，既有纪录片，也有戏剧片。本来戏剧片是应该受欢迎的，可是有一个时期，地方不愿要戏剧片，而愿要纪录片。他们想了解中国社会主义的发展变化，及农村、工厂等在机械方面的进展情况。虽然我们也想让观众看戏剧片，但戏剧片的情节总是那刻板的老一套，一点儿也没有意思，这是一个最大的原因。比如，我记得一个片子的内容是这样的：某钢铁厂为了制造特殊钢，以主张引进外国技术有必要的厂长为首的技术人员为一方，与认为没有必要引进而靠自力更生制造的熟练工人为另一方，形成尖锐对立，斗争的结果总是受劳动大众支持的自力更生派以胜利告终。观看这种千部一腔、千人一面的刻板的东西，令人生厌。

粉碎"四人帮"后，大使馆来联系，要中止几盘胶片的公演。因此，我们猜想那可能是"四人帮"的作品。

可是，在"四人帮"横行时期以前，中国电影里也有一个偏向。虽然是面向已经取得革命胜利的中国国内制作的，但是，依然描写了那种今后要面向资本主义国家，不太现实的超人的自我牺牲的革命英雄形象，这与其说是鼓励观众，倒不如说成了观众的负担，有时，反而起到了相反的作用。

还有我直接经历过的一件事。电影《江姐》和音乐片《黄河大合唱》是中国艺术作品中最让我感动的作品。可是，这些电影，胶片不知为什么竟没有了，或者没有再上演。我想买音乐磁带，曾跑遍了王府井一带的磁带商店也没有买到。当时，我问中国朋友，回答说："是因为太伤感了……"

在"四人帮"横行时代，最让人感到为难的事情是，无论在车站还是在机场的接待室，都要观看体操和舞蹈；更极端的是，在飞机和列车上，体操和舞蹈根本就无法表演，却硬要让人观看。大家也许有过这种经历吧？那不仅没有意思，而且让人看着感觉羞耻。

究竟创作这些"艺术"的人是谁？——是不是"四人帮"中那个女人？她不懂艺术。她的艺术没有辩证法。她不知道如何把人类的悲剧变成巨大的力量，丑恶如何唤起正义的决心，反面教员的作用并不亚于正面教育，也是强有力的。

(1980 年 8 月执笔)

关于最近中国的政治倾向

有益于后世的批判

最近，在中国的文献（《人民日报》、《北京周报》）上，有很多关于毛泽东封建要素的论述。诸如"旧的权威者的一言堂"、"家长制"等词都纷纷冒出来了。

毛泽东对列宁、斯大林关于世界形势的分析，及以后苏联共产党的修正主义化等新形势，做了更进一步的分析，发展了他们的理论。即，苏联共产党进入赫鲁晓夫、勃列日涅夫时代，背叛了共产主义事业，苏联向社会帝国主义转变，因此，中国共产党认为，过去的社会主义阵营已经不存在了。同时，帝国主义阵营的许多国家已经变得不顺从美国的指挥了。在世界上存在两种矛盾三股势力。两种矛盾即是美帝国主义和法国、英国等二流的帝国主义国家之间的矛盾，二流的帝国主义国家和被压迫民族之间的矛盾。三股势力是苏联社会帝国主义、美帝国主义和法国、英国等二流的帝国主义及被压迫民族。毛泽东的这一关于世界形势的再分析，在1974年的联合国特别大会上，中国代表团团长邓小平的演说以"三个世界"论而闻名于世。

毛泽东是彻底的马克思列宁主义的理论家，也是中国革命的实践家。毛泽东去世后，世界形势进一步变化，苏联成了和美国平起平坐的超级大国，特别是在军事力量上可以和美国相抗衡，其不同之处是它的侵略政策和扩张主义的黑手从非洲各国伸到波斯湾各国、印度支那三国及阿富汗。另一方面，出现了波兰那种卫星国要求脱离苏联的现象。而且，美帝国主义和西德、法国等二流的帝国主义国家之间，因欧洲战区的核问题而矛盾逐渐扩大。这是对"三个世界"理论的发展，证明毛泽东的分析是正确的。

可是，虽说是那样，我们不能说在他身上一点封建的因素都没有。只能说他有封建因素，或者说封建因素是他的特征，这种评论也一定对。所谓封建因素是一种社会潮流。在中国社会，完全没有封建因素的人根本没有。我想，毛泽东既然是中国人，他就不可能完全摆脱中国的社会风潮。几亿人民大众和其他领导人，都或多或少地带有封建遗风。把毛泽东变成"权威者的一言堂"和"家长制"的并不是毛泽东本人，而是群众和其他的领导人，他本人曾多次说过要禁止个人崇拜的话。他禁止把自己的名字当成道路、桥梁及其他公共建筑物的名称。甚至传说，他不允许人们祝贺自己的生日。

可是，在伟大领袖身上既有伟大领导者的政治意图，也有其弱点。对本来封建性就强的大众来说，认为他也并不是不考虑领导人的权威有何种程度的政治效果。我不否认对把他家长化、神化的风潮的限制并不是十分彻底的。

不是神而是人的他，当时身心也衰弱了，肯定地说，他是处在孤独的境况中。因此，要批判他的话，作为人应该批判，作为全知全能的神也许不应该批判吧。要弄清楚毛泽东的哪些主张和行为是错误的，这种批判有益于后世。

评价人物很难

这虽然是一般的评论，但是，关于理论的问题，人们通过讨论容易取得一致意见，一旦变成具体的人物评价，由于感情的作用，往往很难取得一致意见。

毛泽东的错误，依我看，大多数都是作为人物评价对待。首先，第一，毛对江青的评价是错误的，再就是和江青结婚也是错误的。据说，何香凝女士（廖仲恺夫人，廖承志的母亲）等人对毛泽东和江青的结婚曾强烈反对，可是与江青结婚是毛泽东强烈希望的，所以就不太好反对。据说，他希望阻止反对意见，这个角色就落到廖承志头上了。（后来，问廖承志，回答说没有那种事。）可是，廖氏（何香凝）的努力没有结果，江青成了主席夫人。另一件事是日中友好协会的第二次地方事务局长代表团访华，和中日友好协会方面会谈的时候，代表团的一个成员提问："一个堂堂的毛主席，为什么竟然要和那样的女人结婚呢？"当时，中国方面的要人沉默不作回答。提问的人不满意。我想如果回答一句"因为毛主席也是人"，不就可以了吗？

下面是1958年的一个例子，即庐山会议后彭德怀将军的下场。我虽然不知道事情的详细经过，可是，可以肯定这是毛泽东的错误。而且，任用"四人帮"及其文革小组的人事等等，也许他的目的是要使领导层年轻化，使工人阶级直接参加领导层，就算是这样，仍然还应该看做是毛泽东的错误吧？

实践和政策

个人也好，生存于一定土地上的个人的集团国家也好，如想要赋予他们存在的意义，必须有两个条件：即经过长期展望之后制订的计划，和为了目前利益所必要的行动。假如把前者叫路线，后者叫政策，那么，路线和政策之间有更多的等级，现在姑且把这叫方针。路线对政策和方针来说，是针对手段的目的，方针和政策则是为路线服务的手段。

没有目的的手段和没有手段的目的，同样是不能想象的。没有路线的方针和政策就失去了其存在的意义。本来，路线、方针和政策是在行动的一条直线上，是相辅相成的关系。

因为毛泽东是彻底的马克思主义者，所以他既不偏向路线，也不偏向政策。在实施战争和政治方面他具有卓越的远见。所谓路线和政策，若按照他的话说就是红和专。关于这两者，他的每一位同志都能脱口而出。可是，理论上容易理解，在实践上却容易偏向其中的一方。比如，有动就有反动，所以，领导人交替的时候，后继的领导者常常非难前任领导者，正如古今东西方的历史所显示的那样。

最困难的是，在某些具体的时间和地点，路线、方针和政策等互有重叠，到底哪个是路线、哪个是方针、哪个是政策？很难区别开来。比如，建立人民公社本来是路线问题，却急于把它当政策处理了。

社会主义是资本主义向社会主义的过渡时期，按毛泽东的说法，这个过渡时期相当长，可究竟多长呢？是几十年或几百年？还是几千年？他没有说，大概是不好说吧。

在毛泽东看来，中国革命是由自己领导着人民大众和革命同志，经过长时期艰苦奋斗，用鲜血和生命换来的，正因为如此，他希望趁中国还没有变成修正主义，没有回到资本主义，早早地到达目的地。

204

在这之前，他极端担心这些努力和牺牲会变成泡影。眼前有苏联的例子，在国内，也有和自己不同路线的同志。他怀疑这些人当中有和苏联通谋的人，对于这样的修正主义，他进行着过于神经质的警戒，以致混同了路线的长短。现在，这大概成了批判他错误判断形势的根据了。毛对苏联的态度变化也是从那时开始的，而发动"文化大革命"也是从那时开始的。

可是，我有一个疑问，那就是，当时他对形势的判断（他怀疑一部分同志有修正主义的倾向）如有错误的话，那么，他判断苏联是不是错误的呢？这是个问题。这以后，中国把苏联叫做社会帝国主义，现在已不那样叫了。今天中苏关系的对立，仅仅是在国家关系上的政策吗？

在意识形态方面，路线、方针和政策互为目的和手段，假如三者相辅相成处于同一条线上，那么，在整个过程中它们各自所处的位置和独立作用就容易被忽略。他混同了这个关系，认为这二者是相互对立的矛盾的两个侧面，这样，它们就会互相排斥、互相斗争。举个实际的例子，如毛泽东在革命战争中把根据地区分为新旧，按照新根据地和旧根据地的不同，采取不同的土地所有、纳税、利息限制等政策。而按阶级区分论，首先把地主和农民严格区分开来，再进一步把农民区分为富农、中农、下中农、贫农、佃农，对各阶级实施不同的详细政策。在革命干部中，如有人把根据区分论区分的各种政策混为一谈，他总是用强烈的言词进行批判，甚至严厉地批判他们是反革命分子，阻止革命。

最近的现代化运动是路线问题。其中，思想解放、民主化等虽然和路线有关，可调整经济，从先进资本主义国家引进经营方式、技术、资金、材料、工厂设备等是政策问题，在经济调整期间实行的这些政策，作为当前暂时的政策是可以的，但要超越社会主义范围，则变成了引进资本主义的要素。这一观念的侧面不是一下就能够克服的。

动和反动

所谓"有动就有反动"虽然谈不上是马克思主义和唯物辩证法，但是，这不仅是人类社会，而且是世界上所有事物运动变化的普遍规律。所谓动和反动，的确是唯物辩证法对立的矛盾的两个侧面，这两个对立的侧面如果激化，就形成斗争，依靠扬弃，对立得到解决。如果对立解决了，矛盾也随之解决了，这样，旧的矛盾被否定，新的矛盾产生了，事物也向前发展了。

如果生产力和生产关系的矛盾发展，那么，生产方式就从奴隶制向封建制，向资本主义社会，向共产主义发展。这是人类社会政治经济发展的规律。而且同一生产方式的社会，比如社会主义社会，在其发展阶段上，某个时期偏左（重视长期路线胜于重视当前的路线），接着又偏右。偏右政治是被偏左政治压迫排挤所引起的现象，偏右政治一结束就是偏左政治。如果单从个人看这一现象就很清楚，在偏左时代压迫变向偏右的政治家，在下一次运动中就压迫偏左的政治家。就是说不管偏左还是偏右，总之，从反对派中掌了权的政治家，动辄就对旧体制的领导者抱有怨恨、蒙生报复的心理是不可避免的。

人和思想

"坏事是毛泽东个人的责任，好事是大家一起做的。"这种论断不符合道理。

中国是一个国土辽阔，人口超过 10 亿的多民族的国家。再加上经过几千年的封建制统治，特别是革命前的 100 年间，各地军阀割据，各帝国主义国家相勾结，没有形成统一的国家，最后沦为半殖民地的社会，资本主义经济也不发达，政治、经济、文化都非常落后。

中国依靠革命，作为统一的社会主义国家获得新生的是毛泽东领导的中国共产党。中国共产党的指导思想是毛泽东思想。所谓毛泽东思想就是马克思主义普遍真理同中国革命具体实践相结合。虽然其中也含有其他同志的经验和理论，但主要的还是以毛泽东个人的经验和理论为中心。可是最近据说，强调毛泽东思想和毛泽东个人的思想是有区别的，主要强调这一区别。而毛泽东思想今天依然是中国共产党的指导思想。可是，毛泽东个人有各种错误，特别是"文化大革命"时期，由于错误地判断了形势，认为优秀的革命家是修正主义并加以镇压。结果，据说好的事情是同志们做的，坏的事情由毛泽东个人承担责任，这不怎么符合道理。况且，许多人写文章批判毛泽东，文章发表在《人民日报》上。这些文章好像都是从一个模型里铸出来的，都频繁使用"权威者的一言堂"、"家长制"、"神化"等等的言词。

非难和赞美

即使被非难的名字没有被登出来，但那是在攻击毛泽东，这在谁的眼睛里也看得非常清楚。我觉得采用这种讽刺的手法是阴险的。

新中国刚刚成立，我去中国访问的时候，在中国农村，我发现农民群众边夸赞他们的新生活边说："大家都是托毛主席的福"。假如这些农民群众以及"文化大革命"期间对祖国的未来满怀希望、不修边幅参加"文化大革命"的青少年、学生，看见在现在的世界上，对毛主席的功罪，怎么想就怎么评价的情景，会怎么想呢？

现代化运动，因为是在党的八大上由毛泽东主席和周恩来总理提出的，所以，既然由于"四人帮"横行，没有被当成工作重点，那么，粉碎"四人帮"后的今天，自然而然是后继的领导人应该继续奋斗的课题。现在，为了现代化，既然国内的团结和周边各国的和平环境成了最大的必要条件，那么，比起专心于毛泽东这个那个的功罪批评来，现在理应再一次赞扬毛泽东主席、周恩来总理的功绩，强调现代化运动是由他们两位领导人提出的。我认为激发人民大众奔向现代化的积极性，再没有比这更重要的事了。

权力的集中

华国锋主席在第 4 届全国人民代表大会上辞去了过去兼任的国务院总理的职务。日本的新闻报道怀疑那是否是真的辞职？这是在那次全国人民代表大会召开之前，在党中央委员会的会议上，决定今后为了专心于党务不再兼任职务。就是说，暗示华国锋是被迫辞职的。

党和政府的最高领导兼职于一身是权力集中的表现，据说好像是不愿重蹈毛泽东在世时的痛苦经验。这件事本身谁也无法站出来提出异议。但是，权力的集中不只是一个人表面上的兼职，而是在策略性的、非公式的能集中的可能性方面有问题。刘少奇国家主席被打倒后，废除了国家主席制度。因为毛泽东没有兼任国家主席，所以形式上只是担任党的主席。可是，他长期对革命领导的功绩和人民群众对他敬爱的心情，与他的本意相反，把他变成了党和政府的最高领导人。很明显，这是由于当时中国的社会潮流，是大势所趋。据我所知，党的其他领导人，在一般大众面前，不仅支持了这个"毛泽东独裁"的体制，而且关于国家未来的问题解决，养成了什么时候都等待毛主席的判断、毛主席的指示习惯，可毛泽东也不是神。如果认为他也是活生生的人，那么，他的健康、判断力绝不会永久正确。这样一来，毛泽东到了晚年，或者在他去世后，成了人们不能预想的悲剧的主人公。

遗憾的是现在批判毛泽东的人们，在毛泽东生前并没有以大无畏的中国共产党员的气概采取策略手段，防止他的独裁重演。

在中国，毛泽东健在的时候，流行批判孔子。发动批判孔子的毛泽东的真正的目的，当然是批判在两千年前就死了的孔子，不仅是为了不再重犯他的错误，而且是批判并改造不理解孔子的历史作用，只是人民心中重视旧传统的精神和对圣贤的言论无条件信奉、尊崇的社会风潮，即所谓的教条主义。正好，"四人帮"利用它对妨碍了自己野心的周恩来，进行打击迫害，指桑骂槐地说周是"现代的大儒"等等。

总之，使担任党、国家和政府最高领导职务的毛泽东主席，成为中国的最高领导人，最终变成了悲剧的主人公。这样的风潮，现在的中国已经克服了吗？

有表面上的最高领导人，另外，又有实质上的最高领导人这件事本身，允许其存在的政治不能说是正常的。除了正式的最高领导人以外，而在此之上，还有一个实力者的政治态势，只能是不正常的。在这种不正常的政治态势下，怎么会有人民的团结呢？

（1980 年 11 月执笔）

重视经济的危险

中国把现代化这种重点课题的完成作为目标，为了各个经济领域的发展，积极地陆续制订出了各种新政策。首先从国家经济全盘的消费和储蓄的比率开始调整。在工业上，根据人民的需要把重点放在轻工业上，改变了重工业优先的政策。在农业上，给企业和生产队更多的自主权，停止大公主义即极左的平均主义，决定采取让条件好的地区和个人先富起来的政策。总的来说，开发能源、扩大运输业，引进先进的工农业技术、企业管理制度、对外贸易等这些被看成了重点中的重点。其结果，工农业生产发展了，人民生活水平有了某种程度的提高。被认为已经是走上了正轨。

面对目前中国这种重视经济的政治和社会倾向，我不禁想起一件事，那就是在我青年时代父亲民藏对我说过的话。他说："共产主义作为理想是非常好的，可一实行就发现问题。因为人类是劳动积极性的源泉……是利己于心。……然而如果到了共产主义社会，……劳动者都成了国家的主人。主人即使不工作也能得到工资，因为不是自发的劳动，……在共产主义社会产业不发展。"

现在，读一读法国的苏联研究专家贝多莱姆写的东西就知道，十月革命后苏联政府所做的事情违背了人民的愿望，和马克思列宁主义的学说相反，其根源是经济主义所致。

即使曾经批判苏联是修正主义的中国，现在也担心为了实现相似于苏联国家计划委员会制定的现代化战略，中国会不会走和苏联同样的道路？现在，被中国称为社会帝国主义的苏联，除了它的几个东欧卫星国和附属国以外，在世界上陷于孤立，其国内的经济也出现了停滞的征兆，其内外政策都源于经济主义。这是作者的结论（贝多莱姆《革命后的社会》）。

因为经济主义是资本主义的母体，所以，在资本主义社会，经济主义越来越走向极端，这并不奇怪。比如，我国和欧美各国，为了当前的利益，甚至不惜使自己遭受战争之灾，那如果我们失败了，就得对苏联提供资金、材料和技术援助，尽管苏联的目标是把我们变成它的附属国。另外虽然不同于苏联，但仍然标榜社会主义，以坚持社会主义、坚持人民民主专政、坚持共产党的领导、坚持马列主义毛泽东思想作为国家原则的中国，我们也要不惜一切地对它的现代化给予合作，可见，这些国家的资本主义是多么被目前的利益所迷惑而不考虑将来的事情！这是由它的本质所决定的。无论中国是什么性质的国家，只要它经济发达，我们就应把它作为先进国家的模范。日本为了得到石油，对利比亚、伊朗、伊拉克等第三世界国家，表现出从未有过的友好姿态。另一方面，对最近意大利大地震中救出的众多受灾者，我国政府只不过拿了2万美元的救济金，我猜想这大概是因为意大利不是产油国吧？也许是我的胡乱猜想。

现在，经济利益无论在意识形态、还是人道主义或者宗教方面，都放在第一位了。不管是社会主义还是资本主义，似乎已成了世界潮流。在这种世界潮流冲击下，毛泽东时代中国人民轰轰烈烈闹革命而甘愿牺牲一切的那种精神头，现在已经消失殆尽。

在今天这种为了争夺霸权而孕育着战争危险的严峻的国际形势下，为保卫自己，而强化经济并不是完全不能理解。可是，那是短期的目标，是为了达到长期目标理应采取的措施。如果没有物质利益驱动，人的劳动积极性就不能调动起来，那人们热中于物质利益的时候，长期的目标就模糊，这恐怕不是人心的实情吧？

总之，虽然当前的问题也不能草率行事，可话说回来，不迷失长期目标才是最重要的。

（1981 年 1 月 31 日执笔）

"革命后的社会"应该是什么样的？

十月革命后，受十月革命的鼓舞，世界各地相继爆发了革命，其中有很多国家在革命胜利后掌握了领导权。在苏联之后，东欧、亚洲、印度支那都先后建立了社会主义国家。

当时，中国共产党的毛泽东主席，对世界进行了战略性的三个区分，即社会主义阵营及被压迫民族和美帝国主义是敌对的两极，英、法、德国等旧的帝国主义国家是中间的世界。

可是，苏联在革命取得胜利后，经过斯大林和赫鲁晓夫时代，偏离了马克思描写的人们想象而期待已久的社会主义道路。1956 年干涉匈牙利，1968 年入侵捷克斯洛伐克，其对外政策引起了世界的震惊。在国内，制订政治、经济、文化政策时，把劳动者排除在外，产生了一种独特的权势集团，并开始压制国民对权势集团所制定政策的意见，限制国民的言语自由。

对此，中国共产党屡次进行了合情合理的批判，苏联竟然充耳不闻。终于导致了两党关系的冷淡，公然开始了中苏论战。

起初，中国认为苏联是变了色的修正主义，但是，土地及其他基本的生产资料还是国有或公有，也还没有资本家阶级形成的迹象。苏联武装入侵捷克事件发生后，中国对苏联的称呼就变成了"社会帝国主义"。而且，中国改变了过去对世界的划分，把美帝国主义和苏联社会帝国主义作为第一世界，把殖民地及其他发展中国家作为第三世界，中间的有英、德、法、日等国家为第二世界。（1974年，中国代表团团长邓小平在联合国发表）

随后，苏联的内外政策都越来越变得强硬，出现了反社会主义的倾向，在对外方面，利用古巴的雇佣军军事干涉非洲的安哥拉事务，以同样的手段干涉埃塞俄比亚、南阿拉伯等国家的内部事务，并将这些国家拉进自己的势力圈。在印度支那唆使越南出兵柬埔寨、老挝。企图实现印度支那联邦的构想。再就是1980年年初，派本国军队入侵阿富汗，使阿富汗人民遭受战争之苦，至今仍占领着阿富汗。

苏联进行这些活动，其借口经常是以援助反对反动政府的人民的反抗来欺骗世人，不过这种欺瞒手法现在已经不实用了。

但是，在国内，苏联多数国民苦于粮食等日用品的不足。相反，对于人民的不满和批判，政府采取强制流放或进收容所等措施压制，而且压制越来越强烈，因此逃亡国外的人络绎不绝。

因为苏联对外政策的变化，各国政府，当然是各国共产党、劳动党提高了对苏联的不信任和警戒，这使得国际共产主义运动遭受了巨大的损失，对于如何建设社会主义的问题，引发了世界各国争论。有人认为苏联依然是社会主义国家，有人认为不是，认为如果没有社会主义，没有资本主义或资本家阶级，也就没有列宁提出的帝国主义，最后，争论没有结果。

最初，在欧洲各国产生了欧洲共产主义，而且，即使在同一欧洲共产主义中，法国、意大利、西班牙各国的共产党，其各自的意识形态也不相同。日本共产党在这种形势下，从党的纲领中删去了无产阶级专政，宣称依靠议会主义向和平过渡，疯狂地为选举运动奔走。也有像南斯拉夫那样的国家，从很早起，就连续采取了劳动者的企业自主管理。也有像波兰那样的国家，现在成立了独立自主的团结工会，正在为了农民自主管理工会合法化而斗争。还有像中国那样的社会主义国家，在四个现代化运动中，正在摸索经济建设的道路。

各社会主义国家都有其各自不同的历史和自然条件，没有都必须同一的道理。可是，①苏联的领导者（统治者）是怎么想的？使苏联在世界上陷于孤立，走上对外侵略对内压迫的道路的呢？或者说原因是什么？②所谓真正的社会主义应该是什么样的呢？③社会主义果真比资本主义优越吗？这些基本问题，目前正在争论着，还没有出现肯定性的结论。

法国的贝多莱姆担心，苏联当然不用说，就中国最近进行的现代化，会不会走上苏联的老路呢？

本来，社会主义就是因为资本主义的各种制度成了阻碍经济发展的桎梏，所以为了人民的利益，才从腐朽的资本横暴中应运而生，也可以说这才是马克思主义的真意所在。

关于前述的有关社会主义的三个问题，终于在实现社会主义的阶段引起了争论。其结论很难得出是马克思主义的危机，对总想从资本主义社会的诸恶中摆脱出来的人来说是很严重的问题。如想得出结论，不负责任的空谈是不可取的，只有对人民的生活负责，在完成这一任务的努力中，才可能得到答案。马克思、恩格斯、列宁、斯大林承担社会主义社会的责任或运营的经验完全没有或者只是非常短暂的一个时期，至少他们不是神，他们学说的真理性有局限，像过去那种无论什么事都用革命导师的教条来套是没有用的。按照马克思的设想，如果不一定变成社会主义社会的话，那么斯维济^①的所谓"革命后的社会"，到底如何呢？这种疑问免不了要提出来。遭批评的苏联内外政治也好，遭怀疑的中国现代化也好，实际上为政者对其国家的独立和人民生活既有责任，又努力地去完成其责任和义务，这个问题肯定也会被提出来的。

但是，问题是革命理论家或者革命政党的领导者，在革命还没有取得胜利的时候，作为执政党对国家的存亡和人民大众的生活，实际上有时处于不能站在担负责任的立场，处于一种大的进退两难的境地。同样像毛泽东或者中国共产党那样，除了把夺取政权的斗争到建设新中国的某一阶段作为过渡时期社会的理想状态加以实地研究以外，没有别的道路。

（1981 年 2 月 1 日执笔）

所谓实事求是

所谓实事求是就是说真理只有接受事实和客观事物的检验，它不是指真理等同于客观事物，当然也不是说理论无用。

实事求是应该属于辩证唯物论认识论的范畴。理论是关于事物的存在、变化、事物之间的关系及区别的认识。认识是初步的感性的认识，通过思维向理性的认识发展，根据多次实践经验验证，才能无限靠近绝对的真理。

事物的发展经过其内在的矛盾运动、一分为二、发生、对立斗争和扬弃诸阶段，最后完成。

这即是辩证唯物论，是马克思主义的哲学。全体劳动者掌握了这一世界观，并用阶级斗争的理论武装自己，那么，革命的成功就是毫无疑问的，这种理论就是无产阶级革命的理论。

---

① 斯维济（1910—），美国社会主义经济学家。——译者

认识的发展和事物发展的客观规律，与客观世界的发展规律相一致，所谓无产阶级的世界观，就是无产阶级的主观愿望和事物发展的客观规律相一致。

主观愿望如不符合客观的规律，其目的就不能达到，这虽然不是新的主张，但是"四人帮"无视事物发展的客观规律，为了揭批"四人帮"破坏中国革命，造成生产停滞达 10 年之久的罪行，最近，中国特别强调实事求是的原则，在强调实事求是的同时，也不能忽视一部分人中存在的把事物等同于真理、理论无用论等错误思想倾向。

要论述这个问题，最终必须挖掘到辩证唯物论上去。即存在于人类社会中的物质和意识的关系。意识是客观存在的反映，本源虽然是物质，但是意识对物质有反作用，即人的主观能动性。因为毛泽东是唯物论者，特别是革命的实践者，所以很重视主观能动性。因而，社会主义国家把投资的比例从重工业第一改为农业第一，改革了各种经济制度，其依据就是人的主观能动性。再就是马克思著作《共产党宣言》和《资本论》，号召人们进行阶级斗争也是意识的发动。而且，帝国主义侵略、霸权主义实行霸权，都是帝国主义乃至霸权主义观念的发动，防卫反击霸权主义也是观念的力量。提出四个现代化，就是因为研究了中国经济的实情后的结果。

不能单纯地理解"化悲痛为力量"这个词仅仅是文字表现。对立矛盾的两个侧面，偶尔转化为对立物，因为江青运用这个艺术理论时无视这一点，其作品因千篇一律而缺乏魅力，变成了既无趣味又可笑的东西。可是，直到宣告江青死刑，中国都无视或轻视观念的力量（理论的批判及感情的推动力），最近很流行"对四个现代化有用的东西只是物质，观念等是无用多余的东西"这种论调。变成了："不要谈理论，不要老考虑过去的事，要追求物质"的极端论调。这明显的是忘却了意识反作用与事物的辩证唯物论的原则。如果这样，艺术的社会功用、爱国心、无产阶级的理想，社会主义的优越性全都被否定了。

可是，被这种潮流所侵蚀，暴露出了党风的弱点，为了刹住这股歪风，有必要重新采取"关于党内政治生活的若干准则"，而且在一般干部和群众当中，因为发生了个人主义和官僚主义，最终是无政府主义的倾向，扰乱社会秩序的倾向，所以，在兴起学雷锋的精神运动和爱国运动的同时，紧急决定完备法制。

再一个问题，就是最近中国显著的动向是坏的东西全部是"左"的思想这种论调。粉碎"四人帮"的时候，把"四人帮"叫做极右派。转眼间又变成了极"左"，之后，又流行坏事全部是从"左"的思想来的这种论调。

毛泽东、周恩来曾经说过支持"左"。支持"左"就是支持社会主义，不是支持资本主义。因为革命战争结束后，新中国决定走社会主义道路，根据毛泽东的判断，中国除了走社会主义道路以外，没有别的道路可走，而且，毛泽东教导说，必须具备红和专两个方面。所谓红，当时是指支持社会主义，共产主义的政治思想；所谓专是指要有为了达到目的的合理手段，科学的方法即专门知识。我认为这确实是符合道理的。

可是，今天断定坏的事全是从"左"的思想来的，让人觉得"左"的思想好像是诸恶的根源，这样，社会思想混乱不是不无道理的吧？《人民日报》上常常登出一些文章，其句型如从一个模子里铸出来的一样，千篇一律，读完后感觉像没有读。这样，不管是道理多么深刻的名句，也不能期待有什么惊人的效力。

极右转变成极左只是个表面问题，现在，既然有必要兼备红与专，那么，就不能说坏事全是来自"左"的思想。至少极右极左都只是一个方面，如果说它们坏，那会怎样呢？

把这个问题挖掘到辩证唯物论上进行探讨并不是没有必要吧？毛泽东在他的《矛盾论》和《实践论》中曾论述过。

216

社会的人们投身于变革在某一发展阶段内的某一客观过程的实践中（不论是变革某一自然过程的实践，或变革某一社会过程的实践），由于客观过程的反映和主观能动性的作用，使得人们的认识由感性的推移到了理性的，造成了大体上相应于该客观过程的法则性的思想、理论、计划或方案，然后再应用于这种思想、理论、计划或方案于该一客观过程的实践，如果能够实现预想的目的，即将预定的思想、理论、计划、方案，在该同一过程的实践中变为事实，或者大体上变为事实，那么，对于这一具体的认识运动就真是完成了。①

　　比如，生产力和生产关系的矛盾，生产力是主要的；理论和实践的矛盾，实践是主要的；经济基础和上层建筑的矛盾，经济基础是主要的；它们的地位并不互相转化。这是机械唯物论的见解，不是辩证唯物论的见解。诚然，生产力、实践、经济基础，一般地表现为主要的决定的作用。谁不承认这一点谁就不是唯物论者。然而，生产关系、理论、上层建筑这些方面，在一定条件之下，又转过来表现其为主要的决定的作用，这也是必须承认的。②

　　因为我们承认总的历史发展中是物质的东西决定精神的东西，是社会的存在决定社会的意识；但是同时又承认而且必须承认精神的东西的反作用，社会意识对于社会存在的反作用、上层建筑对于经济基础的反作用。③

禅问答："是钟响还是橦木响？——钟和橦木之间响"。

（1981 年 4 月执笔）

---

① 外文出版社发行"实践论"，《毛泽东选集》第 1 卷，第 435 页。
② 外文出版社发行"矛盾论"，《毛泽东选集》第 1 卷，第 479 页。
③ 同上书，第 480 页。

中国向何处去?

在我的一生中见识的人类的进步

　　我生于 20 世纪初的 1901 年，从那以后直到今天，人类完成的无数事业中，和其他时代相比，我能够耳闻目睹、亲身经历众多较大事件，深感幸运。可是，在今后的人生中，会发生什么事件？我不知道。

　　为了方便，我把人类完成的大事业分成人文科学和自然科学两大类。人文科学的事业就是革命、战争及国际形势的变化等等，关于人和人的关系。自然科学就是人和自然的关系。在这里应该注意的是，据说这两种类型的事业全都发生在人类社会，这就是说，它们都不是离开人类社会的纯自然界的客观现象。

　　虽说分成两大类，可这两者有着极为密切的关系。从最深一层看，有属于自然科学范畴的医疗和属于人文科学范畴的人类历史和文学。接下去就是作为生产手段非常重要的能源，对我们日常生活最重要的是电。生产电力有水力和火力两种方法。水力电是依靠在高处的水的落差产生的电源（地球的引力）。人类还发现了火力发电法，火力电是依靠木炭、煤、石油、天然气等的力量和空气中的氧气结合，制造氧化物之际发生了热能，热能转换成电、光和动力等的能量。近代工业先驱英国的产业革命，就是热能直接转化而引起的。可是，从 20 世纪中叶开始，热能的生产被石油和天然气所取代——因为石油便宜，运输也方便。可这两者都产于特定的区域，有资源枯竭的缺陷，且有被特定人和国家垄断的担忧。现在，石油成了各国争夺的目标，石油生产国和消费国之间的矛盾开始影响国际政治了。作为我们日常生活不可缺少的物质石油，它的时代要向核时代转移了——原子能发电站出现了。眼下，我们正经历着一场能源革命。

自然科学的事业

先从人类向大自然挑战而发生的事情谈起，第一是宏观世界里飞机的发明。大概在我10岁左右的时候，在附近海滩的填拓地，看见外国人（大概是美国人）带来了自己制作的飞机，在那里进行试验飞行。一个男人用两手抓住推进器后，引擎开始运转。飞机发生猛烈的声音之后螺旋桨开始旋转，飞机启动了。可不知是否因为场所狭小，即使到了防波堤，飞机也没有离开地面，眼看着要爬上防波堤飞越过去，却就那个样子掉到海里了。以后过了数年，又来了别的外国人，这次在熊本的练兵场飞行，飞行很顺利，可以看见在复叶式的飞机翼上站着一个乘员。

以后，飞机渐渐地发达了。从第一次世界大战到第二次世界大战期间非常活跃，作为武器的机能越来越大了。不久就开始运送旅客。在德国开始有了飞艇，飞到日本时，我看见了它的雄姿。也发生过辛丹·布鲁姆号飞机坠落的悲惨事件。当时，我自己还乘飞机到过邻国。不久，螺旋桨式变成了喷气式。

大学毕业的时候，据说世界上已经发明了收音机，没过多久，我们各户都装备了收音机，再下去就是电视机的问世。

火箭的历史好像很悠久，依靠喷气发动机推进的火箭，首先是在第二次世界大战中由德国开发的。德国战败后，美苏两战胜国把各种研究资料和专门技术人才各自带回国内。1957年，苏联开发了陆上弹道导弹，接着发射成功第一颗人造地球卫星斯普特尼科1号。美国也于1958年成功地发射了探险者号。苏联1961年发射成功载人宇宙飞船，接着领先美国发射了登月火箭。美国于1961年公布了阿波罗计划，1967年根据卫星会合计划打算发射载人登月火箭，结果失败，苏联也因事故而失败。1968年美国发射的阿波罗11号在月球表面软着陆成功。人类第一次登上月球直接观察月球表面，采回了数十公斤的岩石，平安地回到了地面。

原来，人造卫星是以开发宇宙（天体研究）为目的的，可是，因为当时恰逢第二次世界大战的最高潮，如前所述，直接动机却是为纳粹德国开发武器。特别是核武器开发以后，作为运载核武器的手段，各国的竞争白热化，技术也高度发展。这之后，美国在木星、土星等太阳系行星的观察上开辟了新天地。于是，对人类来说，过去仅仅是文学世界表现的月亮和星星，现在变成了天文学的研究对象，人类能够降落在月球表面了。1981年，美国的载人航天飞机哥伦比亚号，环绕地球30多圈后安全地返回了地面。这都是推动今后宇宙开发的划时代事件。

下面是微观世界。在我小学和中学的时候，作为物质的最小单位，所学的只是存在的数十种元素和分子式。可后来，元素的数目逐渐增多了，对于构成元素的原子，进一步加深了对其内部结构的认识，并发现了原子核及构成原子核的质子和中子。从放射性元素的发现到人工元素的制造，然后是同位体的发现。原子核分裂，过去是为满足人类日常生活而用于电力生产，可第二次世界大战以来，开辟了制造原子弹、氢弹这种划时代的强有力武器的道路。而且，目前正在加紧研究。能量释放数倍于核分裂的核融合如果成功，人类社会的战争方式就会为之一变。当然也会作为新能源发展起来。

这种无机化学发展的微观方向，对生物学及生物体也有很大影响，产生了分子生物学及分子遗传学等新学科。人们发现，遗传的本体即遗传基因是由DNA（脱氧核糖核酸）和蛋白质构成的；并且知道，切断DNA的螺旋结构，组成双螺旋结构的碱基性氮的排列发生变化，遗传基因乃至染色体随之变化，通常的遗传现象也就起变化了。美国等国家最近出现了想对此进行人工试验的动向。

人文科学的世界——日本侵略中国

以上是在自然科学领域人类完成的事业的概述。下面看看人们彼此之间的关系，即人文科学领域的变化发展概况。

明治维新的时候，日本政府的要人竞相出国去海外，面对欧洲各国繁荣的情况瞠目结舌，了解到它们繁荣主要是依靠对殖民地的榨取。得到这种物质与精神的启发后，特别是日俄战争胜利以来，政府把新兴资本主义扩张的矛头指向邻国中国。不论是学校还是社会都竭尽全力，努力把对中国侵略的"正当性"深深地刻进国民的脑海里。

可是，中国已经被英、法、德、俄等国蚕食，已经没有日本介入的余地。热衷于争夺霸权的这些国家以萨拉热窝事件为契机，爆发了第一次世界大战。很早以前就燃烧着侵略中国野心的日本政府，正好利用这一机会，寻找借口派兵进驻山东半岛，1928 年在这里设置了关东军司令部，引起了中国人民的排日反日运动，因为国内的反对舆论也很强烈，所以又撤了兵。欧洲战争是因 1918 年德军在西部战线溃败，其他德国的同盟国都单独媾和了，同盟国军以失败告终，签订了柏林媾和条约。可是，日本侵略中国却没有结束。1932 年第一次引起上海事件，1937 年再次出动 15 个师团的兵力，开始了对中国的全面侵略。

一方面，在欧洲，德军入侵波兰后开始了第二次世界大战，这次战争也是帝国主义国家争夺霸权的战争，但以 1938 年的慕尼黑协定为基础，结成了德、意、日轴心国和英、法、美、苏等同盟国，成了法西斯与反法西斯的战争。这次战争是德国对英国、法国的战争，日中战争、太平洋战争等几个战争，互相重叠且相当复杂。日中战争在 1931 年的满洲事变①以后继续扩大，在最后阶段，实质上成了日美战争。最终

---

① 指九·一八事变。——译者

1945年以日本的投降而告结束。

俄国革命

　　怀着对长期落后的资本主义封建压制的痛苦和不满的俄国民众，因为1905年的日俄战争失败而被刺激，引起了莫斯科的"血的星期日事件"以后，刮起了全国性的抗议风潮。在当时的欧洲，第一次世界大战已爆发，俄国政府参加了战争，而农业不振、铁路运输混乱，武器、弹药的运输也不及时，前线战士士气低落，继续再战争就很困难。这时，革命的波浪在国内高涨，革命分子在各地组织了苏维埃进行战斗。因为尼古拉二世退位，俄国变成了无政府状态。1917年罗曼诺夫王朝终于崩溃，同年10月，到第一届全国苏维埃大会召开之际，孟什维克还占有优势，之后，布尔什维克的势力也恢复了。由于联合国军的压力，克伦斯基①内阁诞生了，其间科尔尼克夫②尝试的政变以失败而告终，在10月15日的第二届全苏维埃大会上布尔什维克胜利地掌握了政权。

　　这一事件在资本主义世界引起了巨大的震撼，鼓舞了希望民族独立的殖民地等被压迫人民，世界上第一个社会主义国家诞生了。社会主义苏联在第二次世界大战中打败了纳粹德国侵略军，援助了东欧各国的独立，在那里产生了社会主义国家卫星群；支援蒙古，并使其成为独立的社会主义国家；给中国及为了摆脱外国帝国主义的压迫而进行解放战争的各民族和各国人民以极大的鼓励，这是不言而喻的。

---

　　① 克伦斯基（1881—1970），社会革命党人，7月事变后，接替李沃夫任临时政府总理。后来成立了新的联合政府。在十月革命的炮声中乘美国大使馆的车仓皇逃跑了。
　　② 科尔尼克夫（1870—1918），彼得格勒军区司令。在俄国内外反动势力的怂恿和支持下，阴谋通过反革命叛乱摧毁革命力量，建立反革命军事独裁，后叛乱被击溃。

中苏对立

进入 20 世纪 60 年代，在中苏两个社会主义国家之间，以意识形态上的不同为开端，两国关系恶化了。中国共产党的毛泽东主席，批判苏联是修正主义，发表了"三个世界划分"的理论。

第二次世界大战后，朝鲜由于美苏两国对立而被分割成南北两部分占领，结果，北朝鲜建立了朝鲜民主主义人民共和国，南朝鲜建立了大韩民国。1950 年，这两个国家之间爆发了战争，在中国实行殖民地化失败了的美国，立即对此战争进行武力介入。中国派志愿军支援朝鲜民主主义人民共和国。1951 年根据苏联的提案在板门店进行停战谈判，之后，两个朝鲜成了分裂的状态，直到今天。

日本战败后，被美国占领，成了美军武力干涉朝鲜战争的基地，在越南战争中同样也被迫专门为美军服务。日本长时期对中国提出的日中邦交正常提案不仅屡次遭拒绝，而且念念不忘和中国的台湾之间的关系。在长期追随美国、敌视中国的保守党执政的情况下，下决心恢复日中邦交的田中角荣原首相因渎职的嫌疑被逮捕，目前正在审判。

中国的"文革"和现代化运动

1966 年，中国共产党的毛泽东主席发动了"文化大革命"。"文化大革命"的目的是为了铲除旧社会的观念和遗风，保证实现共产主义社会革命路线的一场革命，可是成了极"左"野心家集团"四人帮"乘机利用的环境，造成了中国各项建设特别是生产停滞和破坏的严重后果。1976 年周恩来、毛泽东相继去世，毛泽东受到了批评，以审判搞极"左"的江青和"四人帮"，结束了"文革"，以 20 世纪中国进入发达国家行列为目标，开始了"四个现代化"运动。

越南战争

侵略中国的日本军，虽然经过长时间的战争，仍然不能征服全中国，以封锁援蒋道路为借口，侵入越南，收取大量的粮食，当时，越南在法国的统治下，可是，法军遭到人民军的抵抗在奠边府大败，在日内瓦签订了停战协定，越南被分为南北两部分。因为南越吴庭艳政府依靠美国的支援，不履行协定条款，所以，人民结成越南南方民族解放阵线，美国支持吴政权敌视越南北方。吴政权因政变被打倒后，美国直接派遣本国军队，被中苏两国支援的越南人民军打败，根据巴黎和谈，接受了分阶段撤兵的现实。1969 年越南南方临时共和政府成立，巴黎和平交涉实现了南北统一。越南战争中，第 35 届美国总统肯尼迪在达拉斯被暗杀。

由于苏联的霸权活动，伴随着中苏关系的恶化，苏联让越南站在反中国的一面，梦想建立印度支那联邦，支持越南侵略柬埔寨，并把武力干涉的手伸向非洲，妄图实现扩大自己势力圈的野心。1980 年制造了阿富汗傀儡政权，为了谋求该政权的存续而直接投入了本国军队，和阿富汗人民为敌。其结果，200 万人被杀害，几乎同一数目的难民流向邻国巴基斯坦。

原来是法国殖民地的越南、柬埔寨、老挝等印度支那各国人民，在反法独立战争中取得胜利，可是后来，美国代替法国成了其宗主国。美国妄想把这三个国家变成自己的附属国，所以，这三国人民接受中国、苏联等国的援助，拿起武器不屈不挠地又和美国侵略军战斗，终于取得了胜利。当时，因苏、中关系恶化，越南在苏联的唆使和援助下，想在这三国建立印度支那联邦，向柬埔寨运送大批军队，扶植傀儡政权，老挝也成了苏联的势力范围。

"三个世界"理论以后

适应这种形势，中国的毛泽东主席宣告了社会主义阵营的解散，重新把世界区分：美、苏两个超级大国为第一世界，包括中国在内的亚洲、非洲、拉丁美洲的发展中国家为第三世界，在这两者之间的欧洲各国、日本、澳大利亚、加拿大等国为第二世界。他坚持以解放全人类这种理论代替过去一直在苏联领导下的社会主义阵营，他断定只有包括中国的第三世界才是今后世界革命的主力。根据毛泽东划分三个世界的理论，美帝国主义和苏联社会帝国主义是世界人民最大的敌人。这两个国家互相争夺霸权的矛盾发展下去，虽然有产生新的世界大战的危险，但以后，美国在越南战争中失败，成为内外攻击的众矢之的，国力国威都衰落了，不得不承认苏联军事力量的优势。因此，美国为了保持和苏联的力量平衡，开始接近中国。中国和苏联有很长的国境线，不仅受到苏联的威胁，而且西南部的国境不断受到越南的挑衅，深刻感到来自东西两方面的威胁，把对外方针做了大的调整以适应这种形势，于 1979 年实现了中美两国关系正常化。

另一方面，苏联不仅在亚洲而且在全世界常常以支持革命为借口，以经济援助为诱饵，企图进行军事干涉、侵略和颠覆，所以成了除本国和卫星国以外所有国家警惕的对象，不仅在外孤立，而且国内也有蹂躏人权、民族歧视，经济上特别苦于谷物收成不好。而卫星国像波兰那样，出现了很强的脱离苏联的倾向。

中国和曾经是不共戴天的敌人的美国、日本关系实现了正常化，加强了友好合作关系，这种形势对苏联无疑是个威胁。

最近世界形势的特征

以上是毛泽东提出"三个世界"理论之后的世界形势变化的概

要。毛泽东曾经说过，20世纪是打倒帝国主义的无产阶级革命的时代，可现在的情况怎样呢？苏联的卫星国波兰西方化，日本的"日共"孤立，在世界上也出现了苏联及其卫星国孤立的情况。听说前一段时间有些变化，世界人民厌恶资本主义和心向社会主义的风潮减弱了，现在，国际共产主义运动的活力莫非失掉了？这是形势的大变化。

还有一点，尽管不能说是形势的变化，但也要指出，那就是意识形态的世界正在发生着异变。革命后的社会，用恩格斯的话来说，就是代替资本主义的必然是社会主义，这一常识，竟被怀疑。苏联（这个国家是不是社会主义暂且不说）也好，东欧卫星国也好，包括中国在内，对革命后的国家，不能说一切都好，至少存在很多问题。有人对社会主义的优越性提出了疑问（美国的斯维济，法国的贝多莱姆）。这种情况如果不好，那么，现在的"社会主义国家"都不尽如人意，这是难以避免的尝试错误，而我们的期待过于性急了吧？

革命后的社会

另一方面，资本主义社会国民生活水平比较高，物质文明（科学技术）高速增长，国际力量强大。苏联及其卫星国相继发生逃亡者的事件，对苏联来说也是很痛心的。

在这种形势下，中国推进现代化运动。为了实现现代化，首先要发展工农业、科学技术，扩大统一战线，对青年学生要实行必要的技术教育，这是不言而喻的。

中国党中央和政府非常清楚，要全力抓好各级政务。据《人民日报》报道，其成果是显著的。可据香港情报和日本报纸报道，无论是人民中间还是党内都存在不同意见。为此，全体国民表现出的现代化积极性不太令人满意，遗憾的是，这些问题，《人民日报》和《红旗》杂志都没怎么触及，我们只好根据字面背后隐含的意思推测实情。是否真说好话呢？任何时代，无论哪个国家，负责任的从政者都是只喜欢听人家说自己施政的好的一面，这是常理。《人民日报》、《红旗》杂志等这种党和政府的宣传工具，在"四人帮"时代，一度不能宣传真实的事，一联想到这一点，则让人们完全相信确实很困难。虽然强调要尊重民主主义，可人民想说的话到底能说多少呢？对上层如果有一点点怀疑什么的，那就会大大破坏对党和政府的信赖。要恢复这个信赖，伟大的领导者的长期努力是必要的。上层的领导者应该率先行动，挺身而出，以身示范，绝对不允许公私混乱。

最近，日本外务大臣伊东辞职了，他本人在会见记者时讲述了辞职的理由，就是在不久前和铃木总理大臣同行，出席有关日美首脑会谈之后的共同声明签字仪式，在内阁会议上受到了总理大臣的批评，同时在国会也受到了批评，总理和外务大臣说的话不一致，作为内阁不统一受到在野党的攻击，招致若干混乱。据说是他认为自己负有责任而辞职。而且，引起了外务省亚洲局局长高岛都表示辞职的混乱。亚洲局长高岛的辞呈由于总理的再三挽留而收回。可当时，据报纸报道，外务大臣对自己提出辞呈扩大了混乱反省。我认为，起初大臣的辞职理由是公开对外的语言，实际上，这次访美很费了一番辛苦，却遭到总理接二连三的批评，外务大臣因不满而辞了职，这才是真相。我想外务大臣的不满是理所当然的，值得同情，那只是普通人的情况，像外务大臣那样有影响、有地位的人物，对其政治行为如果夹杂私情，其社会影响不就更严重了吗？就是说，有辉煌历史的中国的党中央主席或者政治局的同志，要求必须有非凡的素质。我想，适应这种严格要求的人物，在拥有 10 亿人口的中国绝对不缺乏。

（1981 年 4 月 20 日执笔）

读《关于建国以来党的若干历史问题的决议》

中国共产党 1981 年 6 月 27 日，在第十一届中央委员会第六次全体会议上通过了《关于建国以来党的若干历史问题的决议》。

我是在毛泽东思想的世界性影响最强的时代进行日中友好运动的人。

那时，当然，这个决议也认为毛泽东思想不仅是中国人民而且是世界人民解放的思想武器。所以，像我这样的外国人也对这次决议有若干的感想。我认为我有叙述感想的资格。

据这次决议认为，形势是焕然一新。变化在于中国形势从社会主义革命时期向社会主义建设时期转变。所以，在这个新的时代，毛泽东的阶级斗争理论不适用了。

可那只是中国社会的情况，现在，以日本为首从敌对转为友好的各国，依然是资本主义社会。在这里，中国的国民和像我们这样的资本主义国家的国民在形势的把握上有不同点。

根据决议，和毛主席一样，在提全世界人民解放的同时也说明本国形势的变化，引人注目。对于社会形势不变的其他国家人民斗争的同情减弱了，根据这种情形，有给人家泼冷水的担心。

今后，因为很难出现和毛泽东相比的英明而又有权威的领导人，所以，要想方设法铲除独断专行的做法，更重要的是在紧急关头，必须考虑怎样才能拿出解决问题的方针政策，因为谁也不愿提出独创性提案而使国家和国民蒙受无法挽回的损害，这是令人担心的。

毛主席已经乘黄鹤而去，再也不能回来。正如历史所证明的那样，用神化、独断专行、家长制的权威、自信和责任来决定国家大事的胆量和见识，这样的人是应该懂得和辩证法结合在一起的道理的。

据日本报纸报道，此决议被反复修改了 6 次，当然，什么立场的人起草决议，自然他们也知道怎样修改。可是，一句话，应该说，决议对毛主席相当严厉，对自己相当宽大。

毛泽东去世后，为了防止将来再发生"四人帮"挑起的"文革"那样的危机，决定坚持党内民主，最重要的是各级领导要以不怕死的勇气发挥其作用。

①读决议，首先感觉党的组织似不团结。

有人认为，党员之间一点没有横向联系。本来这是共产党在非合法时代为了减少牺牲而采取的手段，为了防止宗派主义而遗留下来的。但是，现在已经取得政权就没有那个必要了吧。何况没有横的联系，就不会产生党员之间的团结。

党中央政治局有主席、副主席，也有常务委员和其他的政治局委员，各有各的作用，其机能是一体的，党的各种决定是应该能够执行的。可是，在决议里，好像看不见那种动向的痕迹。只是有这种词句，即"党有错误，我们也有错误"。就是说有人有反对意见，只是主席不听他的。副主席、常务委员及其他政治局委员的作用是什么呢？每个人是否真正团结起来去实现那个责任和义务呢？不明确。

②强调党内民主主义的不是毛主席吗？听着主席的强调，却又不照那样实行，是谁的错呢？把党的全部错误都说成是毛主席的责任，是不民主的。

③下级的一般党员和群众察知了"四人帮"的险恶企图而反对他们，可副主席以下的领导层为什么就没有及早地发现呢？

④根据决议，最先发现"四人帮"野心的是毛主席。看来毛主席不是神，肉体精神都已衰老，不久就要死亡。对这种事，党的首脑如有人早早察觉的话，被认为是能够采取对策的，果真如此吗？

⑤毛泽东为了根除旧世界的观念，发动了"文化大革命"。根除旧观念是建设新的社会主义社会所绝对必要的，这是需要长期艰苦努力的

事业，这既是"文革"的理念也是"文革"的意义。否定这一理念，不就是缺少意识对物质有反作用的辩证唯物主义的观点吗？

⑥把毛主席当成神的是主席自己还是"四人帮"呢？主席不可能自己宣言自己就是神。也不仅仅是"四人帮"的事，群众、党员、就连党的首脑都那样做。对国家来说，每当发生重大的问题，如果没有主席的判断，谁也提不出解决的方法。"万事等待主席的指示"盛行，这已成了党的习惯，这样做毛主席越来越神化。党的首脑没有责任吗？从文件上，看不出反省的迹象。

⑦发生的这些事，不仅是个人的，而且是中国独特的历史的、社会的事件，使党的责任模棱两可，欠缺对自己判断的勇气，也不谦虚。

⑧所说的科学分析，对主席做的事和"四人帮"做的事，区分不明确。

⑨资本主义社会的社会主义者，首先希望打倒资本主义。毛泽东继承辛亥革命的业绩，完成了中国社会的变革，在这一点上，对我们来说，很有魅力。

⑩党成了执政党，革命进入建设时期，随着革命任务的变化，没有考虑应该更换领导者的事，应该说是很可惜的。

（1981 年 7 月 16 日执笔）

辛亥革命和共产主义革命

中国在辛亥革命以前，以太平天国之乱为首经过了大小无数的反体制运动。可是孙中山的辛亥革命和毛泽东的共产主义革命，我认为在中国近代史上有最重要的意义。

辛亥革命经过数次起义，武昌起义才第一次取得了胜利，打倒了清朝的专制君主制，成功地给 1000 多年的封建制度打上了休止符。可惜的是袁世凯夺取了革命的胜利果实，袁为了自己登上帝位，再次复活了军阀政治。孙中山按照理想目标建立的中华民国这一共和国，由于野心家蒋介石的叛变，变成了国民政府统治下的资本主义腐败社会，并且还存续着封建制的遗风、兼并大部分土地的土豪劣绅，和以前一样，压制着人民大众。再加上英、德、法、俄等帝国主义国家掌握了中国的产业、财政以及各地方的特殊权益，把中国变成了半殖民地状态，中国的独立再次被破坏，人民生活一点也没有得到改善。

不仅如此，第二次世界大战一开始，邻国日本即肆无忌惮地把侵略的铁蹄踏向中国，中国的危机迫在眉睫。

中国共产党希望援助孙中山领导的国民党（第一次国共合作），把中国革命向北方扩大（大革命），但在北上途中，蒋介石逮捕、杀戮了多数的共产党员及其他革命的支持者和工人。因为蒋介石背叛了国共合作协定（四·一二事件），所以，共产党右倾机会主义总书记陈独秀被从党的领导座位上拉下来，湖北、湖南、江西、广西、福建等省和国民党军阀正在斗争着，建立了革命根据地。1931 年，在瑞金宣告了中华苏维埃临时政府的成立。而且，在井冈山建立了工农红军的大本营，这个根据地受到数次国民党军队的包围攻击，在党内也受到左右倾路线的干扰。1935 年，突出包围网，途中克服了高山、沼泽地、严寒的气候、粮食、医药品的缺乏，不得已向陕西省的北部小镇延安转移（长征）。

毛泽东在充满困难的长征途上，处理了张国焘的背叛事件等，还要提防来袭击延安的国民党军队和日本侵略军，要解决在国民党军队包围中的几万名战士的粮食、衣服问题等，经历了千辛万苦。为了避开国民党军队的攻击，必须短时间离开根据地。

孙中山和毛泽东都是不屈不挠的优秀的革命家，可孙中山在辛亥革命的初期还没有掌握马克思的阶级斗争理论，不懂得依靠劳苦大众力量的重要性。在革命的后期，俄国十月革命的胜利给了他以鼓舞，1919年在北京发生了青年学生的五四运动，接着，中国共产党成立，还有苏联和共产国际的援助，第二次国共合作实现了。由于以西安事变为契机的第二次国共合作，建立了抗日民族统一战线。可是，国民党比起中华民族的利益来，更重视本阶级的利益。在长期的抗日战争中，国民党军队与抗日相比倒是经常投入力量对付共产党军队。结果，看到败局已定，就随美国逃亡台湾。这是蒋介石再一次背叛了国共合作。

在中国历史上，有变节的革命。在现代发展中国家，往往有武装政变，马克思对资本主义的分析，特别是把剩余价值学说和唯物史观结合起来，创立了阶级斗争的理论，号召各国工人阶级起来革命。受这个号召的鼓舞，被这一理论指导，第一次取得胜利的是在列宁领导下的十月革命。

十月革命和中国革命不同，是没有经过资产阶级民主主义革命的社会主义革命，中国的共产主义革命是把阶级斗争的理论和中国革命的实际情况结合起来才取得胜利的，可比起俄国来，中国在产业方面更落后，在社会主义革命前，首先是依靠新民主主义革命，广泛的抗日民族统一战线的力量，建立了人民民主政权中华人民共和国，以此为基础，对农业实行合作化，对交通、运输、金融等重要的产业实行国有化之后，迈向了社会主义化。

这样打倒旧政权、转向新政权的道路，必然是不同的。何况革命后的社会应该如何运营，新国家的经济应该如何建设，这些问题，还是众说纷纭，莫衷一是。不仅理论上没有定论，而且各国的现实状况也不同。按恩格斯设计的人类社会的发展顺序，首先是原始共同社会的时代、古代奴隶制时代、中世纪封建制时代、近代资本主义时代，最后是共产主义时代。共产主义时代的初级未成熟的阶段是社会主义时代，人们是按劳分配。经过这一成熟的社会主义阶段后，就达到了按需分配的共产主义阶段，这个阶段阶级和国家都消失了。

现在，世界上大部分国家是资本主义国家。一部分国家在某些地方还残留着封建遗风，另一部分国家想依靠革命建立新的社会。这样看来，世界人民的最大多数最初面临的重要的问题就是如何推翻资本主义政权，打倒那个腐败的社会、向新社会过渡的问题。

那是很早以前的事。1922 年日本共产党成立以后，根据他们的宣传，我们大众得到的印象，好像是日本的革命就迫在眼前了。从那以后，经过半个多世纪，到了今天，全然连一点革命的征兆也没有出现，这究竟是怎么回事呢？

我敢说我是代表大多数世界人民。对我们来说，认为革命首先是怎样才能够废除资本主义的腐败政治，可废除的方法有很多吧？阶级斗争，即使如马克思所教导的那种阶级斗争，具体地也未必和列宁领导的俄国革命及毛泽东领导的中国革命相同。在这种情况下，如果不和各国的实际情况相一致，革命成功就没有希望。正如毛泽东所说，只要如同把马克思列宁主义的普遍真理和中国革命的具体实践相结合一样，那日本的革命必然成功。把马克思列宁主义的普遍真理和日本革命的具体条件相结合，除了日本人民以外，任何国家的人民都无法完成此重任。

大约 10 年前，文学团体上演了宫本研的《梦——桃中轩牛右卫门》剧目。桃中轩牛右卫门，是演唱浪花曲①的我叔父宫崎寅藏的艺名。我叔父支持的广州起义失败后，一部分人对同志中出现掉队的情况感到讨厌；另一部分人自嘲；还有一部分人为了点燃革命火焰、扩大支持者队伍而成了桃中轩牛右卫门的弟子，演唱浪花曲。在宫本的脚本中，牛右卫门和长沙师范学校时代的毛泽东会见时有几个争论的场面。这个剧上演的时候，有人担心，毛主席既然在中国被认为"神圣不可侵犯"，能不能让他在这个剧中出现？因为向文学团体提出意见，所以上演时的脚本改为只有"师范学校的学生"出现。这个学生会见宫崎寅藏时，希望用《我作为日本人为什么要参加中国革命》为题进行演讲。对此，寅藏先是推辞，可是，学生再三请求，很难拒绝，他就保留答复。结果，这

---

① 浪花曲，是一种用三弦伴奏的民间说唱歌曲，类似中国的弹词。——译者

次演讲讲了没有？如果讲了，内容是什么？在脚本里不清楚。

　　我自己很早就对叔父一生热衷于支持辛亥革命这一点深怀疑问，读着这个剧本的章节，我觉得那位师范学校的学生把同样的疑问再一次清楚地提出来了。叔父在那种场合，面对咄咄的质问变得手足无措，如果这是事实，那么，对于当时叔父的真实情况，我觉得似乎明白了。

　　因为我们一家，由于明治维新，过去那种武士阶级的生活道路和习惯被断绝了。结果，尤其是父亲之兄八郎，在众多兄弟中，祖父对他期望最高；他虽是自由民权派，却参加了西乡军队，作为贼军战死了。祖父想知道八郎临终的情况，就特意托人做了调查。听了调查报告的祖父长兵卫，没有隐瞒对明治政府的愤怒，宣告："宫崎家的人，今后全都不能吃官饭。"而且，到了我的父亲，土地复权运动成了他一生最大的事业。这个工作不只是某一国家的运动，为了把这一道理向全世界传播，首先要在自己本国内和同志共同徒步周游各地进行宣传。遗憾的是没有取得成果。正好以邻国中国燃起革命运动为契机，可以从中招募土地复权的同志。正当他在中国各地旅行的时候，武昌起义胜利了，中国诞生了新的共和政府，父亲就把自己起草的土地复权倡议书给新政府的每一位参议员都发去了一份。

　　因为从小生活在这样的家庭环境，所以，寅藏叔父并不是把自己国家的事置之度外，而是要阻止西欧民族对世界上落后的国家和民族进行野蛮的侵略和压迫——首先就是帮助邻国中国革命，使它变成富强的民主国家，以此为根据地，使本国兴隆并超过西欧各国，这是他的奋斗目标。关于这一点，如果读读寅藏叔父自己的著作《三十三年之梦》，就明白了。

　　另外，父亲毕生所从事的土地复权运动，成了孙中山的平均地权；然后依靠毛泽东的合作社、人民公社，可以认为，父亲民藏的理想终于变成了现实。这种说法，恐怕不能算是掠人之美吧？

　　话题岔开一下，辛亥革命和共产主义革命，对我们外国人来说，最有魅力的是当时中国统治者打倒清朝政府的历史意义，和实现共产主义革命中推翻帝国主义、封建主义和国民党反动派这三座大山的历史意义。就是说，中国由于辛亥革命，名义上成了共和国，可实际上还残存封建制的遗风，还是以前帝国主义蚕食的半殖民地状态，资本主义也不太发达。就是在这种情况下，共产党军队打败了国民党反动派，由于共产主义革命，中国成了社会主义的国家，可是因为毛泽东的领导过于急躁，被"四人帮"恶毒利用，造成经济建设停滞，所以，按照新领导者的意图，转到了现代化的时代。目前正在学习先进资本主义国家的技术、生产管理方式，为了经济发展和国民生活水平的提高而扩大自留地，以奖金刺激劳动积极性，虽然是作为辅助手段，但也吸收了个人企业等资本主义的要素。

苏联在援助外部阶级斗争的名义下，武力介入他国内政，作为世界和平的敌人很孤立；即使在华沙条约各国当中，也出现了波兰那种有脱离苏联倾向的国家。国内产生了新的特权阶层，基本的人权受到侵犯，民族歧视、农业不景气等都成了突出的问题。

革命有两个方面，一是打倒旧的统治阶级；一是如何建设新社会的国家运行机制。辛亥革命的孙中山也好，共产主义革命的毛泽东也好，对旧统治阶级的打倒是成功了，可是，在新国家的建设、运作方面，不一定取得了完全成功。在世界上还有大多数的国家和人民受着资本主义的压榨，没有被解放，这样，打倒旧统治阶级就成了世界人民最迫切的愿望。

另一方面，资本主义社会的形势也和30—50年前不一样，在国民要求的推动下，也采取某种程度的民主，生产力也还有发展的余地。前些日子，在加拿大召开的第7届发达国家首脑会议上，美国总统里根自豪地说了自由主义（资本主义）的"优越性"。主张社会主义优越性的苏联和中国的代表，除了不理睬里根的这种发言外别无他法。可是，世界人民对资本主义的"金权政治"、金钱万能秩序的不满和反抗是难以消除的，也难以想象资本主义自身会从那个弊端中解脱出来。

革命后的社会应该是什么样的呢？美国人斯维济对此尚无确定的结论。对于依靠阶级斗争的革命后的社会，当今学者从马克思、恩格斯的著作中引用了很多材料，还引用许多研究家的言论，这些都不足为凭。因为马克思、恩格斯关于革命后的社会并没有生活经验，因为当今的学者、研究家不是站在对世界和平、本国防卫及国民生活负有责任的立场上看问题。

因此，想用一句话概括，那就是要大力提倡实事求是，任何人也不是神。前一阵子中国大张旗鼓地倡导实事求是，同样是引用马克思、恩格斯的言论。

(1981 年 9 月执笔)

毛泽东和毛泽东思想

过去，我只认为毛泽东思想就是毛泽东的思想。我想，那样理解的不只是我一个吧。可是，根据最近中国公布的好多文献，强调这两者是有区别的。比如，刚到手的《北京周报》(1981 年第 39 期) 登出了几篇文章，作者是站在不同的立场上论述同一问题的。

张必忠说

毛泽东思想是中国共产党把马克思列宁主义的普遍真理和中国革命的具体实践相结合，在理论上升华的中国共产党的指导思想。1945 年，第七届党的代表大会上的党章修改报告中，刘少奇同志正式提出了毛泽东思想这个概念。可是当时，毛泽东关于七大活动方针又清楚地说明，他并不是一贯正确的，他自己所有观点都是马克思主义的。这表明党没有把毛泽东个人的错误和毛泽东思想混为一谈。毛泽东思想是指中国革命的正确原理和经验总结，不是毛泽东个人的言论和思想的集成，而是集体智慧的结晶，不仅仅是他个人奋斗的成果。

在同一期上还登了刘秀珍的文章——

　　因为我对毛主席无限的感恩，所以，从来不信像毛主席那样的伟人会犯错误。认为毛主席说的话全是正确的，像我这样普通的人，应该诚心诚意遵照毛主席的教导办事，绝不能胡乱议论毛主席的优缺点。可是，随着关于真理标准的讨论进一步深化，而且自己学习了《决议》后，发现自己这种态度是错误的。把人民的利益放在第一位，纠正反人民利益的事是毛泽东同志一贯的教导，是我党的传统作风。六中全会上通过的决议，指出毛泽东同志的功绩远远大于他的错误。

像我这样的一个外国人，对中国的内情，特别是中国共产党的内情等是不可能了解的。可是，我第一次了解到刘少奇在七大党的章程修改报告里正式提出毛泽东思想这个概念，而毛泽东和被区别的毛泽东思想是两个概念。我不由得感到这是一种策略，为什么呢？

　　第一，因为那违反常识。毛泽东思想是毛泽东的思想，这到什么时候也是常识。

　　第二，提出毛泽东思想这个概念的刘少奇，后来是作为毛泽东主席的政敌被打倒的人物。有人认为，他们两人的关系在当时也许已经孕育了矛盾的要素。

　　第三，因为最近中国共产党强调毛泽东和毛泽东思想的区别，说明毛泽东虽然晚年犯了重大的错误，但毛泽东思想不是毛泽东个人的思想、言论的集大成，而是众多革命同志合作的结果，就是说错误是他个人的责任，贡献是大家的。

第四，能保证党中央（集体）的决议绝对没有错误吗？特别是集体领导的情况下，能说绝对没有凭感情发言的人吗？

毛泽东晚年，不善于听取别人的意见，有"独断专行"、"一言堂"、"家长制"等作风，被神化等也受到了批评。可是，刘秀珍的文章针对这样责难毛泽东，讲到了大家都未提到的一点，就是说，责任还在于周围的党员群众。

毛泽东已经成了历史人物，无论发表多少批评言论，都不可能期待他的反应，从这一点来说，已经徒劳无益了。

今后，无论什么领导者，万一也依靠感激或怨恨的情绪，即以私心处理国政，大众是绝对不能允许的。

（1981 年 10 月执笔）

再谈社会主义和资本主义

在非洲各地、印度支那三国、阿富汗、波兰等国家和地区，苏联逐渐在社会主义援助的名义下破坏了当地人民的生活，对世界和平构成了威胁。而在国内，国民的自由显著地受到了限制，把过去资本主义各国人民寄于社会主义的期望完全背叛了。为此，曾经被苏联革命的列宁和中国革命的毛泽东称为帝国主义和无产阶级革命的时代已经过去了。美国总统里根在前年加拿大渥太华召开的发达国家首脑会议上，称现代是"讴歌自由主义优越性的时代和资本主义的时代"。

资本主义是什么？社会主义又是什么？革命是什么？这一问题无论是在完成了革命的国家还是没有完成的国家，都是疑问的焦点、争论的话题。

马克思在《资本论》中对资本主义社会作了精辟的分析，发现了价值规律，提出了剩余价值学说。在《共产党宣言》里，把这一点同历史唯物论结合起来，提倡阶级斗争学说。列宁按照马克思的阶级斗争理论推进了俄国革命，毛泽东把马克思列宁主义和中国革命的具体实践相结合取得了中国革命的胜利。可是，革命后及列宁去世后的苏联的现状，已如上所述。中国革命后及毛泽东去世后，关于如何建设社会主义国家的诸问题，眼下正一边改正错误一边进行尝试。

可是，资本主义究竟是什么，只有产生了社会主义社会这种参照物，问题才在我们头脑中明确了。过去，人类社会从奴隶制、封建制到资本主义制度，一直都是私有制社会。在这种社会里，除了为维护各种社会固有的秩序和制度以外，就是个人主义、利己主义放任的时代。在奴隶制社会，奴隶主对奴隶有生杀大权，依然是为维持那个社会固有的秩序和制度。在封建社会，领主和武士阶级对经营农、工、商的人民，拥有以奴隶制社会为准则的这个社会独特的自由和权利。在资本主义社会，对多数的劳动者来说，除了少数资本家垄断土地等一切生产资料以外，弱肉强食的个人主义、利己主义被放任自流。价值规律是利己主义的发展规律，这个利己主义达到发展的极限就是帝国主义。

最近，在我们日本，资本主义经过长期发展，已高度成熟；为了简化庞大的行政机构，削减行政费用，以及被资本扩大的规律所迫，要弥补财政支出的增大，国债赤字已达到几十兆亿日元的巨额。作为对应政策，在重建财政的旗帜下提出了行政、财政改革的方案。这是为资本主义得到高度发展所必不可少的前提。这与中国在致力于现代化运动中，从美国、日本等资本主义国家不断地引进资金、原材料、设备、科学技术等似有一脉相通之处，这都可以说是适应各国经济发展阶段的政策。

中国 1956 年实现了农业的国营化、集体化，基础工商业、交通、金融的社会主义化。毛泽东说：我国生产资料所有制的社会主义改造基本完成了。当代中国著名经济学家、《社会主义经济理论问题》的作者薛暮桥写道：关于资本主义工商业的改造，我们通过加工、订购，并依靠社会主义国营经济巨大的力量，首先通过征收实物农业税和提高剩余粮价、统一货币、金融，再通过稳定物价斗争掌握了市场的指导权，这以后又把原材料供给和商品销售的环节抓在手中，通过加工、订购让私营资本主义经济走上国家资本主义的轨道。

之后，从 1953 年开始的第一个五年计划时期，经过土地改革和开展农业合作化，中国经济基本上回到了顺利发展的轨道上。可是从 1958 年开始的第二个五年计划，因为对工农业都提出过高的生产目标，反而使农业、轻工业的生产力下降，中国经济陷入了困难的时期。中国政府花了三年时间，调整积累和消费的比例关系，调整农业、轻工业、重工业的比例关系，最终走出了低谷。

这样看来，中国要高度发展社会主义，过去的经济基础是过于低了。认为处于社会主义初级阶段，致力于现代化建设，实行对外开放政策，从日本、美国等资本主义国家大量引进用于开发中国国土的资金、原材料、设备、科学技术、经营管理方式等，一边采取建国以来建立的社会主义的组织、社会主义的运营方式，一边又扩大企业和地方的权限等，输入了资本主义的要素。甚至出现了脱离全民所有制、集体所有制这种社会主义基本模式的倾向。就连生产资料中最重要的土地也让个人所有的政策都出现了，虽然只是一部分。

这样看来，社会主义中国从薛暮桥所说的"转到国家资本主义的轨道上去"的时候起，虽然继续出现尝试错误，却又拿出四项基本原则，看来最终坚持社会主义方向是肯定的。在这种情况下，如果承认利己主义，那么是否能实现其最终目标——高度发达的社会主义呢？即使能实现，那又是什么时候的事呢？令人怀疑。

据最近日本的报纸报道，波兰军管会为了镇压团结工会的罢工，1981 年 12 月 13 日发布了戒严令；但工人始终顽强斗争，国家机能继续减弱。后来，由于格莱姆普大主教和军管会负责人雅鲁泽尔斯基举行会谈，1 月 10 日解除了戒严令。与此相关，中国共产党中央宣传部发表了总结波兰形势的报告。中国的党和政府认为，波兰统一工人党陷入的危机对中国共产党来说是他山之石，使党受到一次深刻的教训。同时承认波兰统一工人党的党风、政府的政策存在若干问题，但仍然从整体上支持雅鲁泽尔斯基政权，对波兰给予经济援助。

表面上，中国支持以雅鲁泽尔斯基为第一书记、对统一工人党的立场，即支持共产党的立场，可是，波兰的风波也许何时会袭击中国，中国以波兰为他山之石，认为有必要作自我反思。

美国和日本的援助历来都是通过政经不可分的原则进行的，而中国和波兰都要向资本主义发达国家学习，双方互相接近，将来的发展去向，有没有可能是国家资本主义呢？

利己心的问题

我在学生时代学习了作为历史发展原理的历史唯物论。根据这一唯物史观，人类社会发展的原动力是生产力，生产力如果发展了，旧的生产关系就成了生产力发展的障碍，因此，生产力和生产关系发生矛盾，就会促使生产关系、社会体制的变革。革命是人为地变革生产关系、社会体制，其结果，生产力得到了发展，优越的社会主义社会就被建成了。

人类社会，原则上是按原始共同体社会、古代奴隶制社会、中世纪封建制社会、近代资本主义社会的顺序发展，最终向共产主义社会过渡。可是从奴隶制社会到资本主义社会的数千年间，在各个历史时期，不管生产关系如何独特，一贯存在的还是私有制。

因此，从资本主义社会向社会主义发展，和从封建制向资本主义的转变不同，这是对人类社会长期存在的私有制彻底铲除的大变革。因此，从资本主义一举过渡到共产主义毕竟是不可能的，其间相当长的社会主义社会过渡时期是必要的。所以，在社会主义社会，生产资料变成国有或公有，劳动者接受按劳分配。在社会主义社会的初级阶段，还存在一部分生产资料的私人占有和货币制度、价值规律等资本主义时代的残渣，这并不奇怪。

可是，我当时的理解是，只要依靠革命变革生产关系和经济政治体制，那么，由此开始的社会主义社会向共产主义社会的发展自然会很顺利。

其后，中国发生了"文化大革命"，毛泽东面对红卫兵说，我们经过长年累月的革命战争，许多革命志士流血牺牲，才在半殖民地半封建的基础上建成了社会主义的新中国，可是，令人担心的是，苏联的党已经变成了修正主义，中国也存在这种危险。如果变成修正主义，那么，我们长年的苦劳、革命的成果就会变成泡影。防止修正主义的斗争就是"文化大革命"。那么，这次革命的对象在哪里呢？那就是在现在作为革命主体进行斗争的各位的头脑中。旧社会的思想、文化、风俗、习惯等就是这次革命的对象。如这次斗争不取得胜利，我党、我国不知何时就会变成修正主义。这个斗争比起和美帝国主义的斗争来是更困难、更长期的斗争。像现在这样的"文化大革命"，即使将来反复进行二次、三次、四次、五次也不能令人放心。据说毛主席是这样说的。而且，当时中国高喊着"斗私批修"、"破私立公"、"为人民服务"等流行的口号。不仅如此，周恩来自己还实践这个口号，作为牺牲自我、为人民服务的模范人物；同时宣传雷锋、欧阳海、麦贤得等人物。

这些事情可以解释为毛泽东重视主观能动性的结果。就是说，过去我认为只要变革经济政治体制，作为向共产主义社会过渡的社会主义自然而然就能实现。我在学生时代的误解，终于在这里被纠正了。

可是，一说到事物和观念哪个是基本的，既然强烈主张主观能动性的毛泽东也是唯物论者，那么最基本的就是正确承认事物。"实事求是"是他喜欢的口头禅，前面已叙述过，今天，所谓检验真理的唯一标准是实践这一命题的源泉就在这里。不变革经济基础，只想用观念的方法改善恶俗的社会，已经证明自古以来好多的宗教家、道德家的努力全都失败了。

我经过"文化大革命"后必须想到的是利己心和共产主义的问题。就是说，不动摇人类的利己心，那么，各尽所能、按需分配的共产主义理想社会是否真能实现。

父亲曾说过："共产主义作为理想是非常好的，但在实行上有问题。因为人类劳动欲望的源泉是可悲的利己心。利己心是人类的本能，要铲除它是不可能的。"遗憾的是，主张以不顺应利己心的方法来发展生产，很难指望。

因此，如果彻底考虑一下，利己心是人类的本能，一定要铲除是很难的。

毛泽东说过，私心即利己心不是本能，而是经过数千年私有制社会生活，人类在后天培植的意识形态的一种，除掉它不是不可能的。

现在，在我们生活着的资本主义社会，财产的私有制是神圣不可侵犯的原则。曾经有人否定私有财产，被当成《治安维持法》惩治的对象。犯了这个法的人被处以极刑。因此，利己主义放任自流。讴歌资本主义的有产阶级，现在也觉得有难以处理的各种过火行为的弊端了。

在利己主义中，既有完全是个人的东西——为了保卫一家利益的利己主义，也有为了公司豁出性命的利己主义。人类从前有为封建君主甘愿自我牺牲的风习，这也有否定利己主义的一面。如站在更高观点上看，仍然是利己主义。如从国际上看，资本主义国家是利己主义集中的国家，帝国主义可能是巨大的发展了的利己主义的妖怪吧。

那么，这个利己心究竟是人类的本性，铲除它是不可能的呢，还是如毛主席所说，利己心不是人类的本能，而是建立在数千年私有制经济基础上的意识形态的一种？按后一种说法，变革它的经济基础，今后再进行"文化大革命"，把利己主义限制在极小范围内，最终使其灭绝，结果，人类是可以铲除利己心的。我认为中国的社会主义社会现在正实现这个目标。

从前，释迦和他的弟子们所说的："烦恼解脱"，仍然是把利己心作为诸恶的根源。"解脱"如顿悟，解除所有的苦恼，不断提倡顿悟，可私有制经济关系原封不动。因为只是说教，所以全部以失败而告终。

在中国，希望实现共产主义的理想社会这种远大目标，发动了"文化大革命"。现在，现代化成了重要的课题，谁也不把"破私立公"等挂在口头上。岂但如此，今天居然有人主张"公"呀、"大"呀的观念成了现代化的阻碍因素。

我过去只把人类利己心的一面当作问题。可是，人类不仅有利己心一面，而且也有利他心的一面——最近终于发现了。因为只是把利己心当作问题，所以认为，只要利己心存在，社会主义最终目标共产主义社会就不可能实现。利己心是不是本能？如果是，就永远也不能铲除。我越来越相信毛泽东的说法，利己心仍然是在财产私有制度上培育成的一种意识形态。那么，长期进行社会制度（生产关系）的改善，就有可能铲除利己心。

那么，如何铲除利己心就成了问题。我想，人类不仅有利己心一面，也有利他心一面。比如战争的情形，如不杀对方则自己就被杀，参加战争，对自己来说总是危险的事。可如果那是为了国家、为了自己民族的话，则牺牲了自己也没有关系。从前，有为了自己家门的荣誉而自愿牺牲的人。就说现在世界上，在资本主义国家，为了公司或国家而牺牲自己，变成罪人也不以为耻，仍大有人在。不仅资本主义社会，就是在社会主义社会，也有权力斗争——为人民为社会而不顾自己失败的危险，去争夺权力。再下降一格，一般的大众在发生火灾、水灾事故的情况下，也因为忘我救他人而牺牲自己。即使没有事故，孩子对父母、父母对孩子、夫妇双方互相为了对方而甘愿做出牺牲的事也有不少。

如果这样看，那么，人类不仅有利己心，而且也有利他心。在资本主义社会，只是利己心的一面放任发展。在社会主义社会，利己心被抑制，比较来说，利他心的一面被强烈地激发。

最近，在中国采用的经济政策中，有公认奖金制度、企业经营自主权等依靠所谓物质刺激而使产业发展的政策，很难认为是社会主义的倾向。可是，如果说这是为了完成社会主义发展的长期目标而采取的中期或短期的政策，就不是不可以理解的了。

（1982 年 3 月执笔）

再谈利己心的问题

有些欲望是与生俱来的东西（本能）。自我保存的欲望（即食欲）和种族保存的欲望（性欲）即属于此。

从与生俱来的欲望派生出来的东西，和与生俱来的欲望相结合，在财产私人所有的环境中就成了利己心，尽情地发展。

在社会主义社会和资本主义社会不一样，不能让那种利己心尽情地发展。可是，即使在中国那样的社会主义国家，也有一部分人受个人经验和外国资本主义社会影响，利己心很重。

结果，正如毛泽东所说，利己心不是本能的东西。利己心是和本能的欲望结合，自然适应环境而发展起来的东西。

另外，如果像我父亲说的那样，利己心是人的本能的话，则利己心只是和本能的欲望相结合，自然在环境中发展起来的；它并不是独立存在的本能，但依然是一种本能（派生的）。

（1984 年 1 月执笔）

第二章

向日本的直言

年号法制化有损国家利益

面临国会审议年号法案（2月2日提案，4月24日众议院通过，6月6日参议院通过），在政界好像有取消和不取消两种论调，实际上似乎是以自民党为首的一派占了优势。在自民党内如果一分为二地看，则福田、中曾根派好像是最积极的。如果是那样，其根据肯定是意识形态。反对法案的是社会党等一部分在野党，他们反对的理由，一句话，就是和主权在民的时代背道而驰，这也是意识形态的论调。我和社会党一样也反对这一法案，可是，意识形态论是社会党等的反对理由，我的反对理由是：作为今后的政治实务及教育方面的问题，年号法制化一般来说，对国家利益有很多损害。

日本再像过去那样，作为东洋的一个君主国自以为是的时代一去不复返了。最近，国内政策和对外政策的关系越来越紧密了。月、日一般是各国都通用的，只是另外建立年号，在政治、经济、文化等所有方面，对万事不便不利。而且，中国和我国都是使用汉字的国家，减少汉字数目，只限当用、常用，那是为了减轻小学生、中学生掌握多数汉字的负担而制定的，并用西历和日本特有的年号，对中学生和小学生来说是多增加一份负担。早些时候，学历史的学生认为好理解。明治××年是西历的哪一年呢？在我国发生的事情，世界史上又是什么年代呢？一下说不出来。相反，西历××××年在其国家发生的事情，而我国又是哪个时代呢？如不一一查找，毕竟是记不住的。必须记住西历的年年，使学生增加了多余的负担。近来，国家利益实际上是和国家利益的内容不相符的无聊的东西。

（1979 年 2 月 11 日执笔）

日本社会的特征

无论在哪个国家，统治者和被统治者的关系，都是由该国家的政情稳定或不稳定决定的。这种统治者和被统治者之间的关系，第一，据说是两者的阶级区分清楚或者不清楚，就是说，中间的人相当多；第二，当然是两者的力量对比关系。

中间的人相当多，两者的对立处于相对不清楚的状况，对统治一方有利，则政治稳定的时候多。即使中间的人比较少，两者的力量的关系如果统治阶级一方绝对强大，当然对统治阶级也有利，相应的政情也稳定。与此相反，无论有多少中间派人，被统治者一方的力量越来越强，则统治者的统治常常发生动摇，政情的稳定度就低。

可是，因为统治者方面力量绝对强大，所以，按其意志被统治的一方以及中间派的利益、愿望等如果被任意侵犯，那么，政治的稳定就会像"山雨欲来风满楼"那样急变，有时向不稳定突然转变。

以上是国内政治力量的平衡，也可以说是涉及影响该国家政情稳定的标准。另外，影响一国政情稳定的还有另一个因素，那就是国际关系，直截了当地说，就是外国的势力。国际关系的秩序是根据联合国及其他国际组织（不结盟各国的联合和东南亚国家联盟，UAF 等地区组织）大体上被限制起来的。像美、苏那样的超级大国一产生，那些国际组织就很难限制它们。索性说，不仅出现了为本国国家利益而利用国际组织的倾向，而且，第二次世界大战以后，日本刚刚恢复国力，就对美国唯命是从，对中国及其他第三世界国家采取地区霸权主义的态度。最近出现了苏联那样的国家，不仅堂而皇之正面厚颜无耻地侵略或武力干涉他国事务，而且怂恿越南和古巴也去侵略别国。以前是美帝国主义的勾当，现在，苏联社会帝国主义干得更露骨。这个国家依靠革命推翻了封建色彩浓厚的帝政，建立了世界上第一个社会主义国家。之后，在内政方面，过分限制人民参与政治，对国内各民族实行民族歧视，招致一部分民族的不满。它所做的许多事都背叛了世界人民的期望。而且，因为这些事情都是在革命或者社会主义建设的名义下进行的；这当然是资本主义时代所没有的新现象。

那么，我们日本又怎么样呢？在国际形势复杂动荡的情况下，以前是把美国作为领航人，在对外和对内经济政策方面都可以说是巧妙周旋吧。

国内政治势力的关系怎么样呢？用前面叙述的标准衡量，自认为处于中间状态的人占绝大多数，这些人最关心的就是自己的家和业余时间的娱乐。其中阶级意识最强的工人们，所关心的焦点不是阶级利益，而是资本家掩护下的私利。当他们的住宅被人嘲笑为"兔窝"时，他们首先反击的目标是嘴上说这种话的外国人，而并不是让自己不得不住在"兔窝"里的资本家们。另外，物价经常上涨，他们面对到手的纸币的购买力下降并不介意，而只是满足于按规定提高自己的工资。日本物美价廉的商品蜂拥而至，对此叫苦不迭的外国人要求日本培养国民的购买力以扩大内需，工人们对这呼声更是不能适应。虽说有破坏性的石油危机，造船业也不景气，可是，国家的财政却年年膨胀，资本家的资产不断增大。国家的钱虽说就是国民的钱，但国家侵夺国民的利益，那些钱被巧施诡计流进了资本家的腰包。然而，国民沉默不语，只是工人每年按惯例进行罢工，当然什么作用也不起。像这样顺从的国民在其他国家是无法相像的，因此，政治对统治者有利，国家稳定。

以上就是影响日本政治的诸要素的大概。可是，这些要素只是表面的东西，如果遗漏了潜在的更深奥的两个要素，那么我们的观察就只能停留在宏观的水平上，有些社会问题终究是不能解决的。

一个是利己主义，一个是传统。在资本主义社会，财力（金钱）是怎样规定了人们的行动呢？一针见血地说，所有社会人的行动目标都是金钱的获得。因为只要有金钱，希望的和想要得到的都能到手。金钱的万能涉及政治、文化、道德、学问、技术等部门。其中，最坏的事是依靠金钱的政治（所谓"金权政治"）。无论怎样有能力，品性多么高洁，没有钱首先不能进学校。各级选举使用巨大的钱财是众所周知的。如使用巨额金钱当了议员，同样，靠金钱的力量能变成政党的实力派。所谓实力派就是政党（特别是执政党）中发言很有分量的人。为了拥有强有力的发言权，需要众多的支持者，笼络这些支持者形成派阀，当然金钱的力量是不可缺少的。支持者越多发言权就越大，如果是执政党，那最高权力的宝座就到手了。

虽说是用金钱才能接近权力，但要说权力仅仅是花钱的事，也不尽然，这样愚笨的人，现在世界上还没有。所谓权力，只当个议员，就是摇钱树；把所用的钱成倍捞回的方法总是有的，不会欠缺。如果是地方自治体的首长、中央政府的大臣什么的，那么，首先是财界的政治捐款，从谋取特殊利益的人那里收贿等，这种事已经到了不能彻底回绝的程度。洛克希德事件、格兰曼事件①虽然喧闹了一阵子，但是，如果外

① 道格拉斯—格兰曼事件：1979 年，美国议会作证揭露出道格拉斯—格兰曼两公司卖给日本飞机时贿赂日本官员，作为政治捐款达 5 亿日元之多，案件涉及很多日本高级官员。此事件早于洛克希德事件发端，却晚于洛克希德事件被揭露。最后，海部八郎被起诉，松野等人辞去国会议员，事件不了了之。——译者

国出的钱途中由国内企业转手，那么，不就容易变成政治捐款了吗？相反，国内企业的政治捐款毕竟是曲折的。允许担任公职和投身公务的人，从声称捐款的特定个人或团体、企业收取金钱的制度，是应该废除的。

问题不仅仅在于从国内外来的政治捐款，有些政党从群众那里募捐几万、几十万，甚至几百万元。即使每人平均是少量的金额，可聚集起来就成了几百万、几千万。把收集的大量钱财都用于选举，这正是"金权政治"。如果取缔了其他收取贿赂和政治资金的方法，也就解决问题了。

洛克希德事件、格兰曼事件发生的时候，总是提出这样的问题："为了今后不再发生这样渎职行为"，怎么办才好呢？但是，就像海滨的细沙一样，这种事从未断绝；那些高喊要杜绝渎职的人没有一个是真心的。

渎职的政治家在执政党里特别多。这不仅是政治家的问题，最近，学校也频频发生渎职事件，甚至法官也有渎职行为。可是，归根结底，从他人那里得到金钱和贵重物品，其原因毋宁说竟在于日本社会自古就有的常情，即所说的纯美风俗。如果是公职人员，就作为渎职被责难、被处罚。执政党的政治家之所以渎职的多，是因为可以用权力代替谢礼，图谋特定个人的利益。特定政党，如长年处于执政的地位，这就越发成了固定的习性。其原因是根深蒂固的，所以，简单地组织渎职杜绝审议会和伦理委员会，是不会起什么作用的。

操纵日本政治的另一力量就是封建时代留下来的传统。所谓传统的力量，就是在生产力发达的今天，过去的东西有一部分也还是被原封不动地保存着。生产力如果发展了，那么政治、经济、文化中应该变的东西就随之自己变化。可封建制变化成资本主义，私有制却没有变化——不下手，丝毫不会变，努力改变封建时代的风习，是必要的。可是，实际上不但不为了改变而努力，反而为了保存而努力。力图保存天皇制就是一例。由于战败，天皇的神的资格被取消了，可是，国民中还有相当一部分人仍把天皇膜拜为神。美国占领军为了占领期间行政需要，或者为了把日本变成顺从的伙伴，决定保留天皇制。日本的资本家和保守党，为自己着想，尽情地利用逐渐减弱的天皇的魅力。靖国神社、伊势神宫的特别处理，年号法制化等，天皇现在仍然站在日本统治阶级的顶点。

（1979 年 8 月 9 日执笔）

金钱万能的社会

洛克希德事件成为全日本的话题，虽然是四五年前的事，可是，这次发生了不亚于那次事件的格兰曼事件，社会舆论又哗然。不过，并没有成为集中读者、听众注意力的更重要话题。这虽是新闻媒体起了很大作用（这也是使各报社、杂志社、电视台把赚钱变成第一位的金钱万能时代的特征之一），但也是由于广大的读者，听众乃至整个日本社会的本质容忍金钱万能主义。特别是在新时代，情况更严重。

如果把对大海大河的污染、空气的污染、噪音公害等当成是对自然污染的话，那么，金钱万能的风潮，则是对人心、社会更深刻的污染。

因为渎职的人物是政府的高官和有实力的政治家，自然而然，执政党的自民党便经常作为恶人受到在野党、文化人和学者的攻击。自民党避开矛头，说这是教育问题，教育界更应负主要责任，应该改变教育界的现实状况。可教育界也避开矛头说，这是家长的管教问题。而且教育界也接连不断发生不正当经营和后门入学的问题。在金钱万能的风潮中，教育界也好，宗教界也好，都不是圣洁的领域。

每当发生重要的收买选举事件、公务员渎职事件的时候，政府当局就说今后要严肃纲纪，灭绝这类不祥事件的发生，可谁也不会相信这个声明，那也是理所当然的。这种风潮的根源是什么？对此一次都没有认真地探求过。

前几天,《读卖新闻》询问了古井法相的见解,古井喜实法相说光是惩罚主义还不行,政界、教育界都必须改,不仅要在国内做,而且希望外国的公司协助我们,不要贿赂官员,这一点是必要的。这是枝节问题,并不是真正的原因。原因不明白,就不能防止现象发生。和对自然界的污染相比,探求这种社会的、精神的污染的根源更困难。因为其原因久远且深刻。

在净琉璃①的词句中有这样一句:"比钱更珍贵的是忠兵卫先生。"在这里,说忠兵卫比钱重要,看来说到重要的东西就是钱,钱在过去是一切珍贵东西的象征。经济第一主义也好,拜金主义也好,把钱看得比生命重要不只是我国的风习。

可是,我国封建时代,还不是像今天这种金钱万能的时代。我国金钱万能时代的开始是在德川幕府②的末期,这不正是和资本主义同时兴起的事吗?池田首相曾经提出所得倍增计划,亲自访问各国,努力扩大贸易,因此,日本的首相被称为推销员,从此,日本人被人轻蔑地称为经济动物,其结果是今天日本以经济大国跋扈起来。虽说如此,可在私有制绝对不可侵犯的基础上扶植那垄断基本生产资料的财界、让金钱开道进行选举从而长期执政的自民党,在历史上就产生了这样的潮流。

财界为保护自己的政党而提供选举资金是当然的,并且用政治资金法确认下来了。可资金一不足,探求资金的渠道就伸向国外。这种倾向经常侵蚀社会,无论是学校,还是其他的机关,不使用金钱事情就不会顺利地进行。现在,金钱的受赠彻底成了行政事务和社交的润滑剂。为此,金钱的受赠已经成了一般的社会常识,成了世上的常道。公务员如此,作为违反法律会受到惩罚,但不能引起道德的责任感,偶尔被发

---

① 净琉璃,名称来自初创时期博得好评的《净琉璃物语》,是一种用三弦伴奏的说唱曲艺或所说唱的故事,现成为"义大夫节"的通称。——译者
② 德川幕府也即江户幕府(1603—1867)。——译者

觉、被惩罚了的人只是"运气不佳"。

从前，看见人的脸色就打招呼说："脸色通红像赚了大钱。"这是用来形容大阪商人露骨的赚钱主义的语言。可在今天，学者、医生、政治家、孩子都一样，不管见了谁打招呼都说"赚了钱吧"。

那么，制造这个根源的元凶是谁呢？依然是连续长期执政的自民党。

（1979 年 12 月执笔）

支持总评议会的物价春季斗争

日本工会总评议会决定反对物价上涨是今年春季斗争的主要课题。偶尔传说物价要异常上涨，所以，这个方针很受欢迎。

过去的春季斗争大多是把提高工资作为主要目的，而由此取得的成果最多不过是物价上涨额不要太过分，有时尚且有物价下降的事。

众所周知，在日本，物价数十年来就没有下降过，只有上升。如果是物价问题，所得也用货币收取、财产的大部分仍然以货币储蓄的勤劳大众，和拥有土地、房屋、工厂、机械设备、燃料、原料、材料制品等的地主、资本家相比，利害完全相反。由于物价上涨，前者损失的总额全部变成了后者的所得。

而且，由于物价上涨而遭受损失的前者的人数是获利的后者人数的几倍、几十倍，在物价上涨后再平均后者每人所得的金额，计算一下，就是前者每人平均损失额的几倍、几十倍。

数十年来，经过长期积累，两者的差距虽然在战争刚结束的短时期内缩小，但今天又扩大了，以致贫富悬殊。今天，我们周围有不惜使用几十万日元享乐闲暇的人，也有因为生活困苦而自杀和全家自杀的人，这和长期慢性的物价上涨没有关系吗？

其结果，形成两派，一派是因涨价而受损失的一方，一派是因涨价而获利的一方，他们对物价政策的态度正好相反。前一段时期实行的公平调整是原政府的功劳，可是，在政府和财界有特殊关系的我国这样的社会，政府常常寄希望于财界。

因此，占国民绝大多数的劳苦大众，为了保卫自己的生活，自己和高物价政策作斗争，以免受害，或者尽量减少受害。可是，遗憾的是，劳苦大众不能统一其见解和行动。即使那样做，大家为每日的生活所迫，也不能进行十分强硬的阻止物价上涨的行动，不得不依赖消费者团体和个人。从过去的经验看，团体的活动及其效果是很微弱的。

这时候，劳苦大众的核心——工人组织站在运动的最前列，完全是工人正当的任务。

可是，必须预先考虑的是，由于物价上涨而获利的企业，在罢工后被增加支付工资的总额，和因物价上涨而获利的总额相比，据说恐怕仅仅相当于几分之一。因此，应该预料到，即使作为大幅增加工资的代价，那不想失掉物价上涨所带来的巨大利益的企业方面，和支持这一点的政府方面对物价春季斗争的抵抗，是相当激烈的。

可是不能畏怯。总评议会的物价春季斗争，不仅是工人有组织地要求增加工资，而且是真正阻止物价上涨，保护全体劳苦大众的生活。那么，和过去不同，消费者团体、妇女团体等的合作自不用说，全体劳苦大众肯定愿意支持这个斗争。

只要总评议会以这种精神不屈不挠地斗争，那一般国民都能忍受斗争期限延长、失去交通工具或者日常生活不便等。像过去那样信口发泄对斗争的不满、拉斗争后腿的事情就不会发生。

不仅如此，随着斗争的深入，周围的支援会越来越强，会出现过去不团结的工会团体实现团结的机会，那肯定对斗争有利。

（载《朝日新闻》1980年3月6日，"论坛"专栏）

两个道中风景

一

因避暑我和夫人去信州旅行。

归途，电车在横川东站停下。在这以前一直睡着的夫人，看见人家都去买有名小吃小锅烩饭，她也想去买，所以，我急忙下车去月台上买了两个。口渴了，想喝茶，一问卖茶的青年小贩，他二话没说就跑了，盒饭店的服务员解释说："因为卖完了，所以回去拿一下。"我正想着必须得等一会儿，突然，任何信号也没有门就关了，电车开动了。我想这下可坏了，可为时已晚。

我去站长室说明了事情的经过，站长看了一下时间表对我说："过不了 10 分钟临时电车就来了，所以请乘那趟车吧。我可以给司机打一下招呼，也请您给您的同行者往高崎车站打个电话，让她在上野等着联络吧！"过了一会儿，电车来了，站长从窗外目送着我直到电车出发。

我正想着就到了高崎，突然，车室的门打开了，车站的人领着我夫人并帮她提着行李进来了。我边吃小锅烩饭边听夫人讲，在高崎车站的人来和司机商量，说与其在上野等，还不如在这里换乘后面的电车，这样，比较方便。

大家都是热情的人。

二

从池袋到西武线时，前面座位上有个五六岁的小女孩，一个人占着一个大座位。因为我带着较重的行李，所以，对小女孩说："对不起，请让我放在这儿。"那女孩大声说："不行！"站在旁边的像中学一年级学生的男孩对我说："不仅可以，而且还可以坐啊！"那女孩说："靠那边有座位。"女孩子又清楚地说了一次"不行"，男孩叫道："混蛋！"

不一会儿，电车到站停下了，坐在女孩对面穿红衣服的妇女，拉着女孩的手，睨视着那男孩，说："什么叫混蛋"下车去了。

（1980 年 7 月 24 日执笔）

出席柬埔寨国际会议　日本组委员会

一直对柬埔寨的事态发展感到棘手的我，因为收到了出席柬埔寨国际会议日本组委员会"召集人会议"的请帖，所以，二话没说，就答应出席会议。

我出席会议，对在国际会议这种世界舞台上将要做什么，预先根本不知道。我的出发点只是为了从柬埔寨赶出越南侵略军，保卫民主柬埔寨的主权独立，做一点自己的贡献。

所以，随着会议的进行，我发现，在那里人们只是热衷于国际会议盛大地运营和如何按照计划顺利进行，而我出席国际会议是希望大家绞尽脑汁，认真探讨实现会议的最终目的有什么困难，或者克服困难达到会议的目的，应该采用什么具体方法等，可是，令人感觉有点不满意的就是会议缺乏那种认真劲。这样的会议通常被叫做"代代木风"①的国际会议主义。推想一下，第一，召开国际会议本身不是这个运动的最终目的吧？第二，可是，对苏联和越南这种对手看得过于单纯了吧？

可是，越南也好，苏联也好，它们尚且无视压倒多数通过的联合国决议，况且这种民间人士的会议，有解决问题的力量不是太简单的想法吗？30 年来一直进行的禁止水下核试验就是一个好的例证。美苏两个超级大国所拥有的核武器数量，在那以后增加了数十倍，而在这两国之

---

① 代代木是东京的地名，原日本共产党总部所在地，由于日共搞形式主义，以后就把搞形式主义叫"代代木风"。——译者

外，也陆续出现了制造核武器、拥有核武器的国家。

可是，我并不是说这个国际会议没有意义，只是会议的机能不是被大体上限定在以下三个项目内了吗？（如果不是那样，其他又有什么机能呢?）

一、通过参加会议的民主柬埔寨代表，激励民主柬埔寨的爱国人民和政府。

二、通过参加会议的各国代表，广泛开展各种国内活动，特别是在成了会议举办点的我国，我们的任务重要是不用说的了。

三、根据以上两条，爱好和平的各国政府，加强支援民主柬埔寨的态度，巩固各国政府间的团结。

幸运的是我国政府对这个问题的态度，现在基本上和我们是一致的。可是，我国政府对苏联曾采取过被称为全方位外交的绥靖政策，而且在国内，虽然是少数，但有支持苏联和越南所做事情的势力。因为屡次进行蛊惑世人判断的新闻报道，所以，令人很不放心。这样一来，首先我们的第一个任务就是，使政府从现在的态度上一点也不能后退，巩固与爱好和平的国家的团结，鼓励人们坚决反对大大小小的霸权主义。而且对于出席国际会议的代表，充分运用刚才提的三个机能，那就和越南侵略军完全撤退、保障柬埔寨人民自决权的最终目的联系起来了。迫切希望这一活动充分活跃起来。

（1980 年 7 月 25 日执笔）

关于绿卡制

最近，有关绿卡制的是非引起了各种议论。我不能说这种议论哪个好，哪个不好。我认为这些议论都是无的放矢。

所以说像过去那样，如果通货膨胀、高物价持续，那么连 300 万日元长期存款的无税制等也只是尽量防止储蓄金的实际价值下降，另外，作为没有收入的老人的生活费是完全不成问题的。

另外，考虑一下富豪们，在几十年来货币购买力低下的社会里，在一些只要熟悉理财之道的富豪中间，可能不会有只想靠货币来积蓄钱财的蠢货吧！

货币的购买力一刻一刻地减少的另一面，是土地、房屋等不动产和工厂、机械、资材、能源、制成品等所有现场财产一刻一刻地涨价。按以前的说法，不卖都市中央的土地，持有小小的蓝色东西，是比什么都重要的证据。

贫穷的人劳动一生，所储存的钱虽然明知道一天天减少了，可是擅长只掌握货币的生活，除了眼睁睁地看着实际价值下降的储金以外，并没有其他蓄财的方法。

如果绿卡制真能公平征收税款，增加租税收入，谋求国家财政的重建，那么，财政当局为什么要搞土地等现物财产的登记簿，并对此不征收税金呢？如果说是技术的困难，那么，和揭发货币的衣柜储藏、地下埋藏等相比，不会有问题吧？

(1981 年 7 月 11 日执笔)

国防费用应该由经济界负担

中国从两三年前开始的四个现代化运动，是为了把中国的社会主义推向更高的阶段，中国过去经济基础太低，这是和扭转经济基础落后局面成为必要的中国实际情况相适应的。和中国一样，最近日本提出的行政财政改革是适应在资本主义成熟发展中有必要简化臃肿的政府行政财政的日本实情。为了日本资本主义的发展，可以说是完全适合时宜的。

自民党内阁为了弥补长期连续积累的巨大政务开支而发行国债，各方面对此前景不断敲起警钟，因此，行政财政改革对政府来说也是一件大事。铃木首相指定现任阁僚中曾根担任行政管理厅长官，前经团联会长土光敏夫为第二临时行政财调查会长，甚至声明把自己的政治生命赌在行政财政改革上。可是，一到实行起来，就是所谓"抽象赞成，具体反对"，在各方面陆续出现一些异议。甚至在阁僚中、在执政的自民党内也有不同的议论。铃木首相和土光敏夫都不顾这种"抽象赞成，具体反对"。可是，关于防卫问题，对美国方面的迫切希望却不能那样简单地对付。

　　苏联实行扩张主义，陆、海、空军事力量增强，震荡着世界形势，也对我国国民的舆论产生了影响。与国民对苏联的威胁感和国防意识的增强相呼应，美国对我国政府向国防方面的力量配置的不满也逐渐增强，变得具体化了。这一问题一到预算编成的时期就更加尖锐。对我国来说所以尤其难办，是因为被日美贸易不平衡所束缚。和原来相比，国防问题和贸易问题虽然是个别问题，可是我国的在野党（社会党、共产党）批判这是复活军国主义，而且有人提出这是违反和平宪法的论点，同时也有美国国民的舆论——认为世界上第二经济大国违反了西方各国共同对苏防卫的义务，再加上因为日本的汽车出口而美国企业被迫陷入破产和实行就业限制，失业者对日本不满。美国的事情如果让我站在同样的境地考虑，可以理解，并值得同情。

　　可是，日本政府特别是大藏省以没有财源为理由，认为没有免于防卫、福利、行政改革的圣地，顶回去了防卫厅和厚生省的要求。可是，1981 年 12 月 26 日的报纸报道，与改革了军费的前年度相比，军费增加了 7.7％。这不会是行政改革的目标，其主要目标不会是决心增发公债。如果不是那样笨拙而解出下面的方程，自然而然财源的出处就明白了。

美国方面	日本方面
对苏联威胁的认识	对苏联威胁的认识
西方各国合作的必要性	西方各国合作的必要性
日本作为西方的一员分担责任	日本作为西方的一员分担责任
美国的财政困难	日本的财政困难
对日贸易赤字☆	对美贸易黑字☆
工业不景气，失业扩大	宪法上的限制

　　如果研究一下上表的左右各项，就会发现：苏联的威胁、西方各国合作的必要性、日本分担义务的认识等项目对日美两国来说是共同的项目；因为双方都有各种财政困难的实际情况，所以，这些项目，双方解决后就不会抵触了；留下的项目除了美国对日本贸易赤字和日本对美贸易黑字①外，只有宪法上的制约一项了。日本国宪法的问题，日本国民只是拒绝用自己纳的税来负担国防费的增加额。这样看来，日本的对美黑字和美国的对日赤字平衡是一目了然的。就是说，美国对日本防卫预算的不满，在于对美贸易上赚了黑字的日本经济界，所以，国防费还是应该由经济界负担。

（1981 年 12 月 26 日执笔）

胜者王侯败者贼

　　德富芦花②是明治时代的文豪，是我的家乡土肥后的先辈。在芦花作品《灰烬》的开头有一句这样的话："胜者王侯败者贼……"我最初读这故事时，书的开头用叉号表示避讳的字，想来与其说是芦花写避讳字，倒不如说是政府当局在写。即使立场相反，可这个意思也许能清楚地了解。

----

　　① 黑字：盈余，赚钱。

　　② 德富芦花（1868—1927）小说家。有《不如旧》、《黑潮》等作品。德富苏峰之弟。——译者

姑且不论哪个避讳字，先说这个故事的梗概。在九州丰前之国的上田的素封家①，有个三儿子，年不满 20 岁就在明治 10 年西南战役中参加了西乡隆盛②的军队。西乡在城山战死，萨军③的败局很难改变，青年上田茂黑夜翻越可爱之岳，行动中误陷谷底，与自己的部队失散了。茂装扮成老百姓的模样，顺着后山悄悄地回到自己家里。不管怎么说，他的家毕竟被当地人称赞——"虽然没有称呼上田老爷，可哪怕一次也想试试，让人叫上田老爷"，是富裕的素封家。三儿子茂参加西乡军队后，长子觉因智力不足而被除去继承人的资格，所以，次子猛想，弟茂参加了西乡部队，如果失败战死或者自杀就不能回来了，那样的话，自己就可以独吞上田家全部财产。正当他幻想美梦的时候，茂却回来了。当时，西乡是贼军，是罪人。次子猛说，如果窝藏了罪人，那么连父母都要受牵连，所以，强迫茂自杀。父亲因身患疾病，在次子面前抬不起头；母亲虽然不想残害自己的亲生儿子，可不敢反对丈夫和次子猛。茂被迫自杀了。这件事泄露到外头后，遭到人们的非难。为了逃避过去一直非难猛傲慢的周围人的声音，猛带着父亲去附近的温泉洗澡。看守家的只有母亲和智力不足的长兄及数名用人。有一天晚上，狂风大作，悲愤过度的母亲正在房里做针线活儿，忽然看见纸灯笼下有一个人，母亲由于精神恍惚，看见了悲痛欲绝的三子茂。她陷入这样的错觉，在房间中不断喊着"茂、茂"，到处奔跑。纸灯笼被打倒，发生了火灾。风借火势，转眼之间一座豪华的住宅化为灰烬。这就是故事的梗概。

1911 年（明治 44 年）1 月，芦花执笔写了为所谓"大逆事件"头目幸德秋水④以下 12 名死囚请愿的文章，题目是《愿为天皇陛下服

① 素封家，指代代相传的财主（富户）。——译者
② 西乡隆盛（1827—1877），萨摩藩（今鹿儿岛县）下级武士，因提出"征朝"主张而遭到反对，1877 年举行叛乱，兵败后自杀。日本史上称为西南战争。——译者
③ 指西乡军。——译者
④ 幸德秋水（1871—1911），评论家，社会活动家，无政府主义者，曾与人合译《共产党宣言》，1911 年因"大逆事件"被绞死。——译者

第二部 奇人奇语

务》。可是，在文章送出的第二天，死刑已经被执行，请求饶命是不可能了。以后过了数日，芦花在第一高中的辩论部把请愿的事原原本本作了讲演，他给自己的讲稿定名为《谋反论》，满堂听众倾耳细听。

其中讲道："12颗头颅排成一字，列于大殿之中，无一人曾服膺于帝王之师，更无一个甘冒天颜，进谏陛下……处死此12位无政府主义者，即是播下无政府主义者生生不息之种子。""幸德秋水等辈之死，我5000万人必须共负责任，而应负莫大责任者为当局人士。""当忆花井律师在议会发言之所陈，当大逆不道案审判之时，当道之人无一至法庭旁听。""身之死也本不足惜，所可畏者乃心之死。陈规旧说，因袭不变，令有所言则言之，令有所行则行之，如同木偶玩具，任人摆布。人生几如死水，平静无波，久习之，心安之，而使一切自立、自信、自我演化、奋发自励之心荡然失之，此即人心之死也。""吾辈定要生存，为求生存，就须谋划生路，变革人生。古人云，世间任何真理，都不允许停滞，人生一旦停滞，便将成为丘墓。人生之本，乃在不断解脱自我而已。"

至于我为什么举芦花的《灰烬》，是因为开头写着"胜者王侯败者贼"。芦花使用这句话，恐怕包含谋反的西乡如果胜了就会建立政权、变成官军的意思。有一首《城山》的琵琶歌说："西乡率队攻打，顿时喜上眉梢。我们的伙伴啊，是何等英豪！……愤怒吧，野猪！愤怒的野猪，一时被激起五六千骑……"在他来说，这五六千骑是唯一的依靠，而他的政敌——同乡人大久保和明治新政府的要人桂等，一同前往欧美国家，在某种程度上是掌握了世界的大趋势。洋枪洋炮等许多近代武器都进口了。熊本城攻防战的时候，西乡被蔑视为"百姓兵"，被官军打败，背上了"贼"的名。

末松谦澄的士兵儿歌里有"胜是官，败是贼的说法。""胜者王侯败者贼"这句话的确充满了辩证法，谁也不能否定，不管古今东西都是真理。

据濑口吉之助所著《宫崎八郎的生涯》记载，中江兆民听说我叔父宫崎八郎参加败于"征韩论"的西乡隆盛的军队，特意从东京赶来，面对八郎说："西乡隆盛本非自由民权主义之倡导者，若率领熊本协同队并入西乡阵营，势必沦为附庸，徒为他人效劳。敬请三思而后行。"叔父回答说："让西乡得天下，连谋反也不胜痛快！"

八郎叔父参加西乡的军队，28 岁时年纪轻轻就战死在沙场，这确有其事。也许因为这个故事说的是我家的事，所以，即使到了记忆力衰退的年岁也难以忘记。

（1983 年 12 月执笔）

后 记

《宫崎世民回忆录》是我 1992 年在山西大学读硕士研究生期间利用业余时间翻译的，转眼间近 20 年过去了，在中日建交 40 周年之际，终于要和读者见面了，很不容易！

这 20 多年，我的工作和学习也经历了很多变动，但始终没有放弃出版它的努力，有好几次差不多都要出版了，却因为这样那样的事情不能出版，所以延搁至今。不管怎么难，书总算要出版了，心情还是有些激动的，当时翻译此书的一些情景浮现出来了。

决定翻译它也是一次偶然的机会。那时候我还是一个年青的小伙子，对学术充满着无限的热情和冲动。平常，除了吃饭睡觉时间，我整天都泡在图书馆里，看资料，做卡片，其乐无穷！由于我的专业是东亚国际关系，所以对中日关系就比较关注。在翻看日文书籍的时候看到了《宫崎世民回忆录》，粗粗地读了一遍，觉得其中有些史料过去从来没有见到过，对研究中日关系很有帮助，心中就动了翻译的念头。说干就干，首先是联系出版社的工作，很快得到了回复，愿意出版，版权问题要我解决。我立即又和作者的夫人取得了联系，也得到了肯定的答复，无偿授权某某出版社出版中文版。万事具备只欠东风！我开始制定了一个详细的翻译计划，就开始工作。规定一天至少要翻译四千字，这样我花了两个月左右的时间初稿就翻译出来了。又用一个月左右的时间校对，查找资料做注解，誊清后就交出版社了。那时候我还没有用电脑，全部书稿都要用手一遍遍的誊抄，辛苦是不言而喻的，但成功感还是可以抵消这些的。

在本书翻译过程中给过我莫大帮助的几位先生是不能不提的。一位是欧阳绛教授，他是数学史专家，思维学专家，还出版有很多翻译专著。他是我走上学术道路的引路人，在本书的出版和翻译过程中，都包含着他的帮助，是他帮助我联系出版社，并在翻译过程中出现难题的时候，我们一起讨论解决；一位是陈霞村教授，他的专业是古典文学，翻译中有些日文是古文，我先把日文的古文译成中文，再请陈教授给我翻译成中文古文，给我的译文增色不少；一位是已故的日语专家王一凡副教授，他曾经是新华社的高级翻译，有很好的文字翻译功夫，有些翻译文字，我翻译出来怎么读都觉得别扭的时候，就请王教授给翻译一遍，通过对比，使我学到了很多翻译的技巧。在此向他们三位表示由衷的感谢。

我还请作者夫人宫琦千代先生写了中文版序言，其时在东京访问的北京大学教授贾蕙萱先生把它翻译成中文。一切就绪，就等着书的出版，结果却等来了不能出版的消息，就此搁置了下来。

宫崎夫人在中文序言里说这本书出版后将陈列在荒尾市宫崎家的纪念馆里，我也觉得这是个不错的想法，2006 年我去日本鹿儿岛访问，本想顺道去熊本县宫崎家的纪念馆看看，想想自己的努力还没有兑现，《宫崎世民回忆录》还没有陈列在那里，去了说什么呀，有了这样的念头终于也没有成行，只好等哪天书出版了再去参观也不迟。

在书即将出版的时候，特别要提到母亲。那时候，父亲在大学做教授，母亲操持家务，没有社会名誉，也没有社会地位，她的全部世界就是我们的家——我们兄弟姊妹六人和父亲。解放前，母亲家是当地的大户人家，虽然生活殷实，但观念却是落后的，不让家里的女孩子读书，所以，母亲不识字，也没有上过学，虽如此，母亲却懂得很多大道理，尤其是深深知道没有文化的缺憾，所以，对父亲的事业无条件地支持，对我们兄弟姊妹上学的事无条件地支持。父亲一直忙着自己的事业，教育子女的任务自然就落在了母亲的肩上。这样，很多人生的道理母亲理所当然地就成了传授者。日子一天一天地过去，我们也一个一个长大成人了，懂得母亲的辛劳了，母亲也老了！我们的事有些她理解，有些她不理解，但只要我们的事业遇到困难，母亲总是一百个支持，毫无怨言。母亲就是这样，谁做自己认为的大事，她就会支持谁，为父亲，为子女操劳了一辈子。母亲总是说，她这一辈子，一事无成，一生都围着锅台转，要是小时候家里让她读书，她今天也可以做教授，这是母亲的遗憾。其实，在我们姊妹的心中，勤劳一生的母亲，她是成功的，是伟大的，虽然没有做成教授，但她是一个伟大的人！伟大的母亲！还有什么比这更成功呢！记得翻译此书的日子里，母亲看着我每天忙碌的样子，就想方设法从饮食上给我增加营养，时常在一旁数数我翻译的稿纸，提醒我今天的任务还没有完成！当遇到我翻译到深夜还在灯下抄写的时候，就提醒我事情要一点一点地完成，不能指望一口吃成个胖子。一杯水，一个苹果，一句提醒的话，没有大道理，点点滴滴积累了母亲在我们心中的形象，母亲就是这样关心着自己的孩子！母亲于 2010 年元旦去世了，她不能看到此书的出版了，但她泉下会有知的。

　　本书能得以出版，是与王静鸿博士的大力支持和郭晓鸿博士的辛勤劳动分不开的，在此，深表谢意。

杨贵言

于兰州雁滩民建省委

2011 年 5 月 12 日

shygy@yeah.net